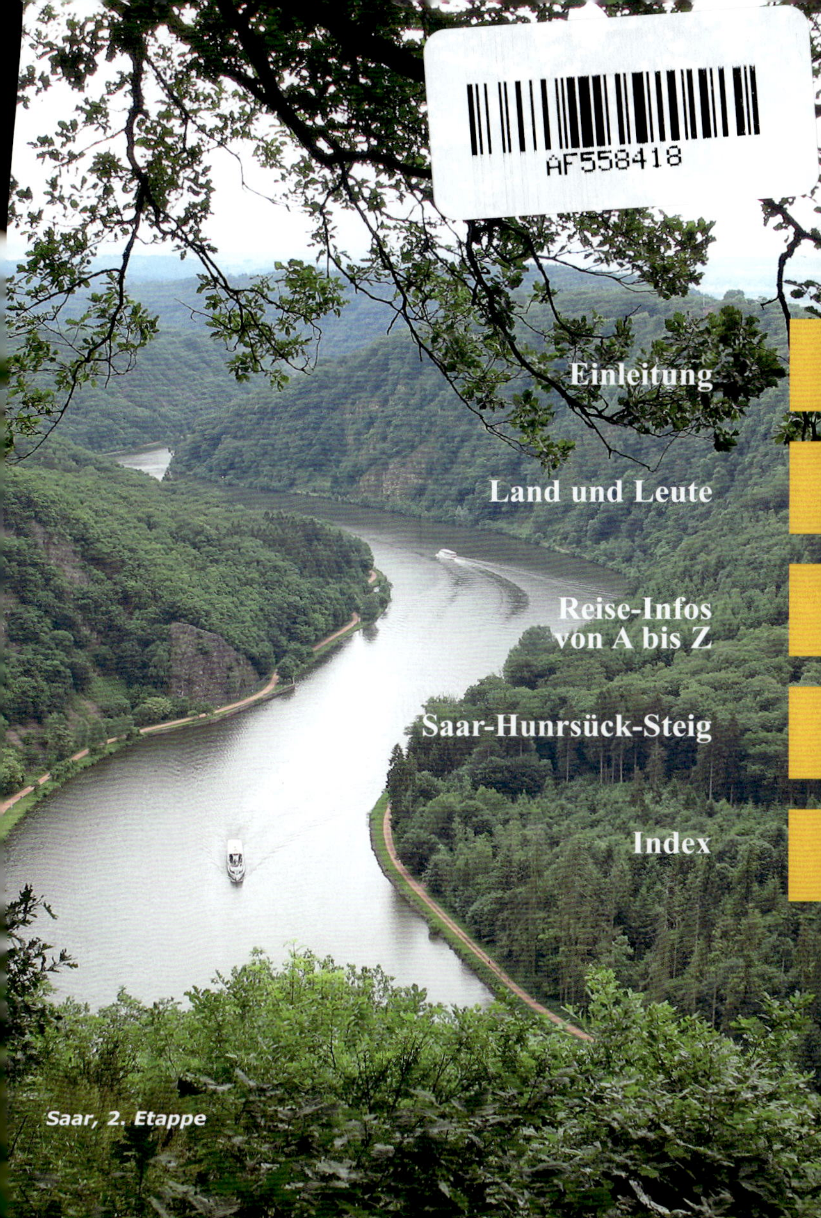

Saar, 2. Etappe

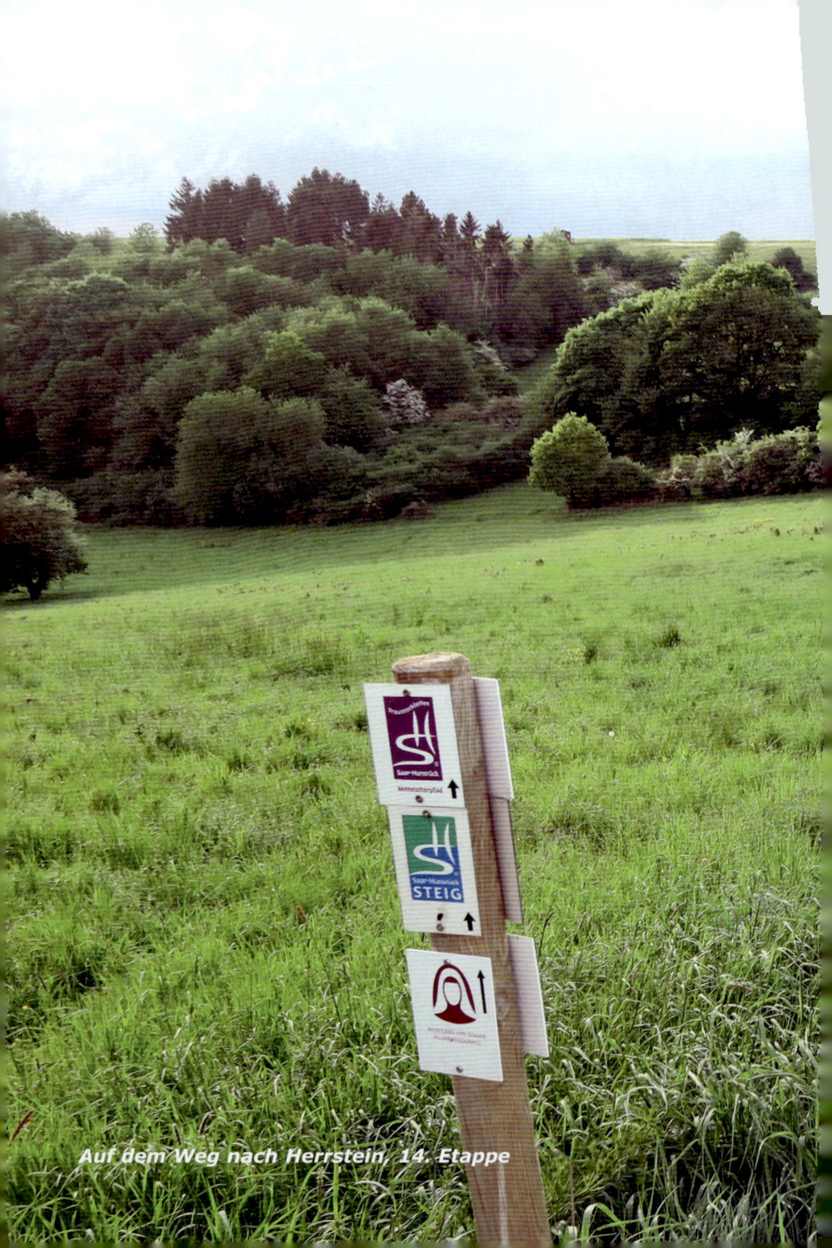

Auf dem Weg nach Herrstein, 14. Etappe

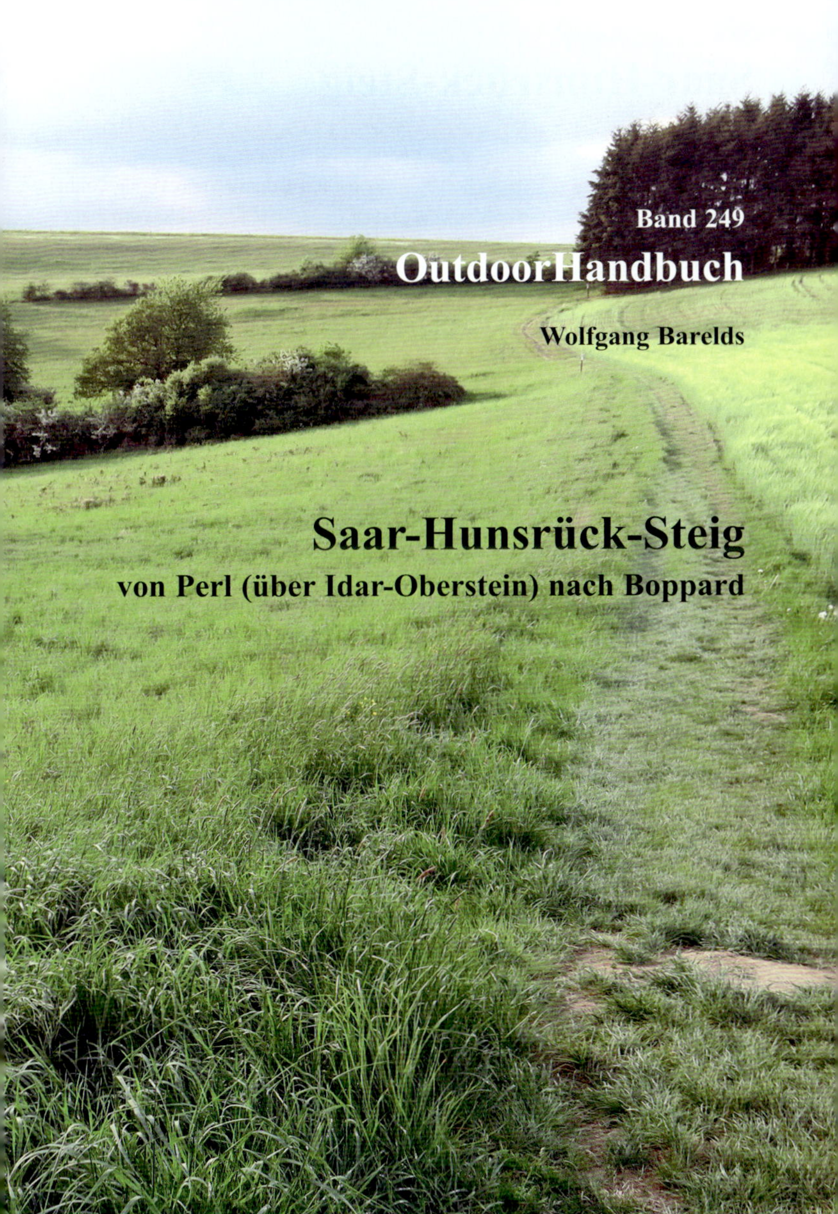

Band 249

OutdoorHandbuch

Wolfgang Barelds

Saar-Hunsrück-Steig

von Perl (über Idar-Oberstein) nach Boppard

Saar-Hunsrück-Steig

Alle Informationen, schriftlich und zeichnerisch, wurden nach bestem Wissen zusammengestellt und überprüft. Sie waren korrekt zum Zeitpunkt der Recherche. Eine Garantie für den Inhalt, z. B. die immerwährende Richtigkeit von Preisen, Adressen, Telefon- und Faxnummern sowie Internetadressen, Zeit- und sonstigen Angaben, kann naturgemäß von Verlag und Autor - auch im Sinne der Produkthaftung - nicht übernommen werden.

Der Autor und der Verlag sind für Lesertipps und Verbesserungen (besonders per E-Mail) unter Angabe der Auflagen- und Seitennummer dankbar.

Dieses OutdoorHandbuch hat 256 Seiten mit 78 farbigen Abbildungen sowie 34 farbigen Kartenskizzen im Maßstab 1:80.000, 27 farbigen Höhenprofilen, 3 farbigen Stadtkarten und einer farbigen, ausklappbaren Übersichtskarte. Es wurde auf chlorfrei gebleichtem, FSC®-zertifiziertem Papier gedruckt, in Deutschland klimaneutral hergestellt und transportiert und wegen der größeren Strapazierfähigkeit mit PUR-Kleber gebunden.

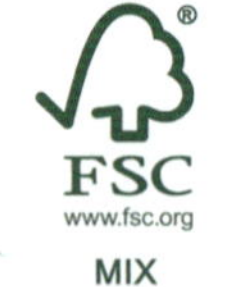

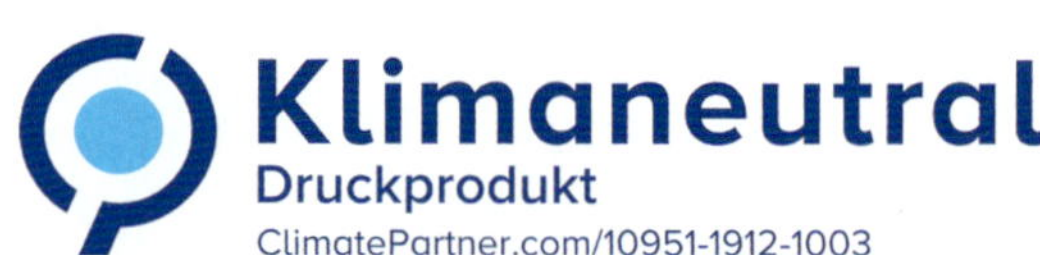

Dieses Buch ist im Buchhandel und in Outdoor-Läden erhältlich und kann im Internet oder direkt beim Verlag bestellt werden.

OutdoorHandbuch aus der Reihe „Der Weg ist das Ziel", Band 249

ISBN 978-3-86686-629-4 2., überarbeitete Auflage 2020

Text: Wolfgang Barelds
Fotos: Idhuna Barelds
Karten: Manuela Dastig
Lektorat: Anna-Lena Ebner
Layout: Alexandra Sauerland

Gesamtherstellung: gutenberg beuys feindruckerei

Dieses OutdoorHandbuch wurde konzipiert und redaktionell erstellt vom:

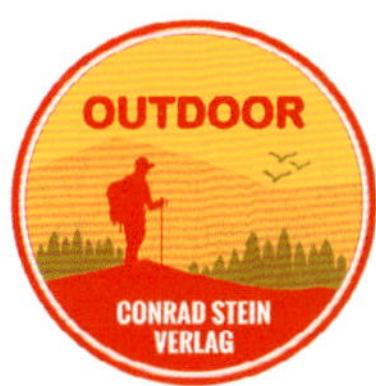

Conrad Stein Verlag GmbH, Kiefernstr. 6, 59514 Welver,
☏ 023 84/96 39 12, FAX 023 84/96 39 13,
info@conrad-stein-verlag.de,
www.conrad-stein-verlag.de

Besuchen Sie uns bei Facebook & Instagram:

 www.facebook.com/outdoorverlag

 www.instagram.com/outdoorverlag

Titelfoto: Kirschweiler Festung, 11. Etappe

Inhalt

Einleitung

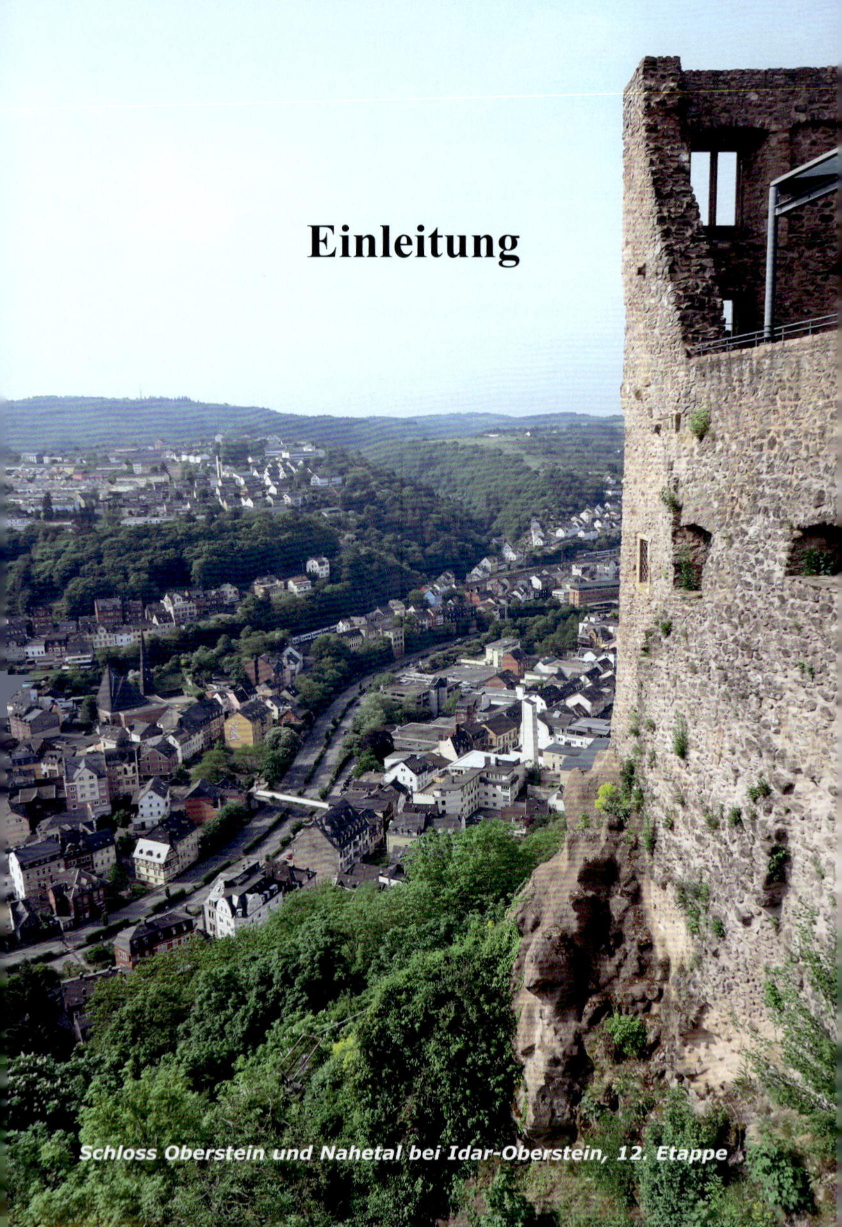

Schloss Oberstein und Nahetal bei Idar-Oberstein, 12. Etappe

Der im Frühjahr 2007 eröffnete Saar-Hunsrück-Steig entwickelte sich in wenigen Jahren zu einem der beliebtesten deutschen Fernwanderwege. Seine Attraktion liegt nicht nur darin, dass er vorbei an Sehenswürdigkeiten durch zwei Bundesländer verläuft, sondern dass Teilstücke – etwa bei Losheim oder im nördlichen Hunsrück – schon Jahre vor der Prämierung als „Qualitätswanderwege" bzw. „Traumschleifen" beliebte Wanderwege waren. Solche „Premiumwege" sind vom Deutschen Wanderinstitut überdurchschnittlich bewertete Wege, die sich u. a. durch eine wohl überlegte Wegführung auszeichnen: abwechslungsreiche Landschaften, keine zu langen An- und Abstiege, viel Wasser (Bäche) und kaum Asphalt. Nicht umsonst wird der Saar-Hunsrück-Steig mit dem Motto „Erlebe die Vielfalt" beworben.

Nach mehreren Verlängerungen sowohl in östliche Richtung (von Orscholz nach Perl) als auch in nördliche (von Idar-Oberstein nach Boppard) misst der Saar-Hunsrück-Steig mittlerweile 410 km und gehört damit nicht nur zu den schönsten, sondern auch längsten deutschen Fernwanderwegen. Der Saar-Hunsrück-Steig wurde mehrfach als „schönster deutscher Wanderweg" ausgezeichnet, zuletzt 2017 vom Deutschen Wandermagazin in der Kategorie „Routen". Bei der (alle 3 Jahre obligatorischen) Nachzertifizierung zum Premiumweg 2018 erhielt der zu rund 60 % über naturnahe Wege verlaufende Saar-Hunsrück-Steig 66 Punkte – und liegt damit bei den Fernwanderwegen weit im oberen Bereich.

Die Wegführung verbessert sich stetig: Kontinuierlich wächst der Anteil kleiner abenteuerlicher Pfade anstelle langweiliger Forstwege. Das geht oft nur stückweise, denn das Anlegen eines Fernwanderweges ist ein komplizierter Prozess, bei dem mit zahlreichen Nutzergruppen in langwierigen Gesprächen Kompromisse gesucht werden müssen: mit Landwirten, Jägern, Forst- und Naturschutzbehörden, Tourismusplanern, Angelteichpächtern, Kommunalpolitikern und anderen. Das Ganze zum Wohle des Fremdenverkehrs in Form von Wandertourismus.

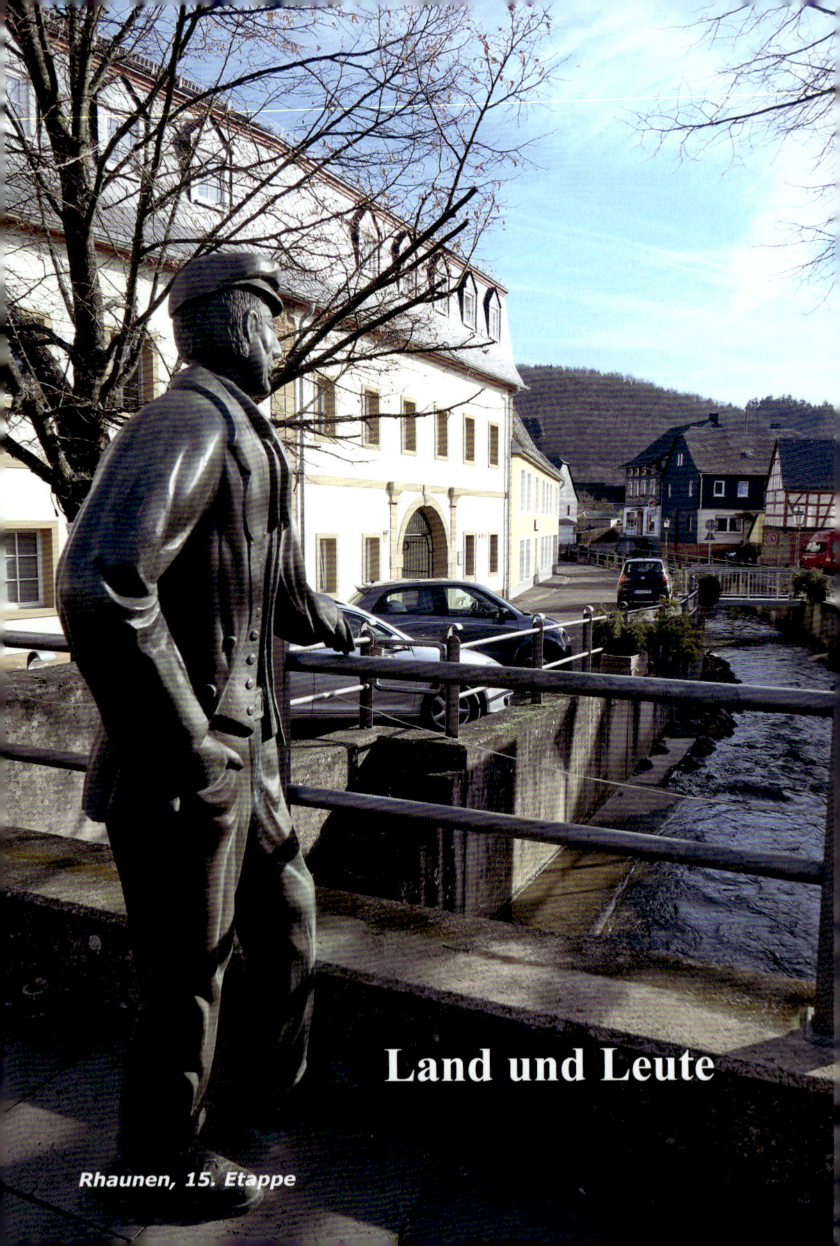

Land und Leute

Rhaunen, 15. Etappe

Geografie

Die beiden Bundesländer Saarland und Rheinland-Pfalz liegen im Südwesten Deutschlands und grenzen an Luxemburg und Frankreich. Passend dazu ist der Startpunkt des Saar-Hunsrück-Steigs: Perl am Dreiländereck mit dem Nachbarort Schengen, Synonym für grenzenloses Reisen in Europa. Die Landschaft entlang des Saar-Hunsrück-Steigs, v. a. des saarländischen Hochwaldes, ist von weiten Waldgebieten, romantischen Bachtälern und dem Wechsel von Wald, Feld und Flur geprägt.

Die höchste Erhebung am Saar-Hunsrück-Steig und gleichzeitig im gesamten Hunsrück und Bundesland Rheinland-Pfalz ist der Erbeskopf (816 m).

„Hunsrück" ist die Bezeichnung einer von Hunsrückhochfläche und der Simmerner Mulde gebildeten Region südwestlich des Rheinischen Schiefergebirges. Deren natürliche Grenzen sind die Mosel im Nordwesten, die Nahe im Süden und der Rhein im Osten. Im Westen wird der Hunsrück durch den Osburger Hochwald, den Schwarzwälder Hochwald sowie die Saar und die Ruwer begrenzt. Der dünn besiedelte Hunsrück besteht aus bewaldeten Höhenzügen sowie landwirtschaftlichen Nutzflächen unterhalb der Höhen.

Über die Herkunft des Namens „Hunsrück" gibt es mehrere Theorien. Am schlüssigsten ist wohl, dass die Landschaftsform an einen Hunderücken erinnert und die Region daher nach einem Tierteil benannt wurde – wie anderswo Katzenbuckel oder Eselsrück. Eine andere Theorie leitet die Bezeichnung vom althochdeutschen Wort „Hohun" ab, das einen Bergrücken bezeichnet. Aber auch die Ableitung von den Hunnen wäre denkbar, zumal einige keltische Wälle im Hochwald als Hunnenringe bezeichnet wurden.

National- und Naturpark Hunsrück

Rund 30 km des Saar-Hunsrück-Steigs (9. bis 11. Etappe) verlaufen durch den 2015 gegründeten Nationalpark Hunsrück-Hochwald und ein noch längerer Teil durch den 1980 gegründeten Naturpark Saar-Hunsrück.

Der 2015 als 16. deutscher Park gegründete, 10.120 ha große **Nationalpark Hunsrück-Hochwald** liegt überwiegend in Rheinland-Pfalz und nur zu einem kleinen Teil (986 ha) im Saarland. Nach dem Nationalparkgesetz sollen 75 % der Fläche sich selbst überlassen werden und 30 Jahre nach der Gründung vollständige Wildnisbereiche sein. Übergangsweise wird ein Teil des Wildnisbereichs als Entwicklungsbereich geführt. Beide zusammen bilden die sogenannte „Naturzone", die wiederum von einer extensiv genutzten Pflegezone umgeben wird. Drei sogenannte „Nationalpark-Tore" dienen als Anlaufstelle für Besucher: das Hunsrückhaus am Erbeskopf (10. Etappe), die Wildenburg bei Kempfeld (Etappe 11) und der Keltenpark bei Otzenhausen (9. Etappe).

Im Nationalpark laufen eine Reihe von Projekten, etwa zur Umweltbildung, Bestandsaufnahme, Kartierung und Herrichtung von bestimmten Biotopen.

Der **Naturpark Saar-Hunsrück** verteilt sich gleichmäßig auf die Bundesländer Rheinland-Pfalz (918 m^2) und Saarland (1.020 m^2) und besteht zu 47 % aus Wäldern, überwiegend Nadelwaldforsten. Als einer der zehn größten Naturparks in Deutschland erstreckt sich der Naturpark Saar-Hunsrück vom unteren Saartal und oberen Moseltal im Westen und dem Mosel-, Saar- und Niedgau im Südwesten über die Höhenzüge des Hunsrücks im Nordosten bis in das obere Nahebergland im Osten.

Die Besonderheit des Naturparks Saar-Hunsrück liegt in der Vielfalt der einbezogenen Einzellandschaften: Der Westen des Naturparks mit seinen tief eingeschnittenen Tälern, Sandstein- und Kalkhängen sowie Hochflächen gehört zum lothringischen Schichtstufenland. Auf das Schichtstufenland folgen nach Nordosten die Quarzitrücken der Hochwälder.

Mehrere Infozentren beleuchten die Flora und Fauna des National- und Naturparks, u. a. in Hermeskeil, bei der Wildenburg, am Erbeskopf sowie bei Weiskirchen (☞ Infos dort).

ℹ Nationalpark Hunsrück-Hochwald, Brückener Straße 24, 55765 Birkenfeld, ☏ 067 82/878 00, ✉ poststelle@nlphh.de, 💻 www.nationalpark-hunsrueck-hochwald.de

ℹ Naturpark Saar-Hunsrück, Trierer Str. 51, 54411 Hermeskeil, ☏ 065 03/92 14-0, 💻 www.naturpark.org, 🚪 Mo bis Fr 9:00 bis 12:00 sowie Di bis Do 14:00 bis 16:00

Geologie

Der zum variskischen deutschen Mittelgebirge gehörende Hunsrück ist Teil der rheinischen Masse, die in das Senkungsfeld des Pariser Beckens hineinragt. Der Westen des Hunsrücks ist mit Rotliegendem und mesozoischem Buntsandstein sowie Muschelkalk bedeckt. Der harte und damit nur langsam verwitternde Taunusquarzit erstreckt sich als Höhenzug durch den Hunsrück bis zur Saarschleife bei Mettlach – mit dem Schwarzwälder und Osburger Hochwald sowie dem Idarwald. Diese Höhenzüge entstanden durch die Erosion der weicheren Tonschiefer durch große Temperaturunterschiede und Niederschläge.

Eine rund 2.000 Jahre lange Tradition hat der Abbau von Schiefergestein – seit Zeiten der Kelten und Römer. In dem u. a. für Dächer und Fassaden verwendeten Schiefer tauchen immer wieder Versteinerungen auf.

Die Region um Idar-Oberstein ist bekannt für ihre Edelsteine, v. a. Achate, die vom 14. bis zum 19. Jh. abgebaut und verarbeitet wurden.

Das Saarland bildet einen Teil des südlichen Hunsrück-Vorlandes. Im Ostteil bestimmen die sanften Formen des Pfälzer Berglandes und des Naheberglandes aus Muschelkalk bzw. Buntsandstein das Landschaftsbild. Im Westen liegen die Schichtstufen- und Tafellandschaft der Merziger Muschelkalkplatte und der lothringischen Hochfläche – mit Muschelkalk im Übergang zum Keuper. Dazu gehören der Bliesgau mit Muschelkalk und das weite Moseltal bis zum Luxemburger Gutland.

Flora und Fauna

Die Vegetation – ursprünglich artenreiche Urwälder – ist seit der Besiedlung durch den Menschen tiefgreifend verändert worden. Die Fichten-Monokulturen der dominanten Wälder gehen vor allem auf die Preußen im 19. Jh. zurück, die nach langem Raubbau eine schnelle Wiederaufforstung anstrebten und dafür Fichten als schnell wachsende und damit profitable „Brotbäume“ anlegten. Dazu schufen sie ein ausgedehntes Waldwegenetz – Grundlage der ersten Wanderwege.

Inzwischen weichen die kurzfristig ertragsorientierten Monokulturen mit den sturm- und schädlingsanfälligen Fichten einem naturnahen Waldbau, vor allem mit Berg-Buchenwald. Um den Boden vor Erosion und Nährstoffauswaschung zu schützen, sollen keine Kahlschläge mehr durchgeführt werden. Ziel der naturnahen Waldwirtschaft ist die Entwicklung von Mischwäldern mit unterschiedlicher Altersstruktur der Bäume. In den Wäldern des Naturparks stößt man auf folgende Waldtypen: Kalk-Buchenwald, Fichten-Douglasien-Wald, Hangbrüche, Blockhalden-Wald sowie Schluchtwälder. Im Saartal werden die Hänge weinbaulich und die Talböden als Grünland genutzt.

Die größten Säugetierarten in den Wäldern sind Rehe und Rothirsche sowie Wildschweine, Füchse, Marder und seltener auch Wildkatzen. Letztere ziehen im Hochwald in den Hohlräumen der Quarzitblöcke von Rosselhalden ihre Jungen groß.

Zu großer Bekanntheit im Hunsrück haben es die Mopsfledermäuse gebracht: Die ursprünglich für ausgestorben gehaltene Fledermausart verzögerte den Ausbau der Start-/Landebahn des Flughafens Hahn, ehe sich NABU und BUND mit dem Flughafenbetreiber 2005 und 2006 auf einen Kompromiss einigten.

An Vögeln können Spechte, Raub-, Singvögel und sogar der seltene Schwarzstorch sowie Fischadler beobachtet werden. In Feuchtgebieten und schattigen Tälern sind vor allem Amphibien wie der Feuersalamander sowie Insekten zu Hause, während auf Flächen mit Trockenrasen und Geröllhalden Reptilien wie die Blindschleiche anzutreffen sind.

Wölfe am SHS

Die sich von den östlichen Bundesländern ausbreitenden Wölfe haben mittlerweile auch Rheinland-Pfalz erreicht; 2012 zuerst im Westerwald. Es gab seitdem mehrere Meldungen über angebliche Wölfe im Hunsrück, die aber zu Redaktionsschluss nicht eindeutig belegt werden konnten. Aber das könnte sich bald ändern. 2018 soll im saarländischen Kirkeler Wald ein Wolf gesichtet worden sein. Der letzte Hunsrücker Wolf in freier Wildbahn wurde 1879 am Erbeskopf erschossen. Entlang des SHS informieren zwei Parks mit recht großen Gehegen über Wölfe bzw. zeigen diese.

In dem nördlich von **Merzig** gelegenen, rund 8 ha großen **Wolfspark** sind in sieben Gehegen rund 25 europäische, indische, sibirische und kanadische Wölfe sowie Polarwölfe zu sehen. Gegründet wurde der Wolfspark 1977 von dem ehemaligen Fallschirmjäger und Raubtierpfleger Werner Freund, der sich jahrzehntelang erst mit Bären und später mit Wölfen beschäftigte.

Der nach seinem Gründer benannte Wolfspark liegt im Kammerforst Merzig nördlich von Merzig in der Waldstraße 204.

♦ 💻 www.wolfspark-wernerfreund.de, 🚪 täglich von Sonnenauf- bis Sonnenuntergang, Eintritt gratis

Außerdem hat das **Wildfreigehege Wildenburg** 2015 (11. Etappe) ein 1,2 ha großes Wolfsgehege mit vier Grauwölfen aus Sachsen (Gotha) eingerichtet.

♦ 💻 www.wildfreigehege-wildenburg.de, 🚪 ganzjährig täglich 9:00 bis 17:00, € 6

Geschichte

Zeugnisse menschlicher Besiedlung des heutigen Saarlandes reichen bis in die Altsteinzeit vor rund 100.000 Jahren zurück. Eine Besiedlung des Hunsrücks seit der Jungsteinzeit ist durch Funde von Steinbeilen nachgewiesen.

Im saarländischen Hochwald siedelten Kelten und Römer. Sie begründeten die Anfänge der Eisenindustrie im Saarland und des Schieferabbaus im Hunsrück. Aber alles der Reihe nach:

In den letzten vorchristlichen Jahrhunderten lebten die keltischen Stämme der Mediomatriker und der Treverer in der Region. Die La-Tène-Zeit (450-25 v. Chr.) mit ihren üppigen Grabstätten gilt als Blütezeit der keltischen Kultur.

Nach der Eroberung durch die Römer entstanden zahlreiche kleine Landstädte und ländliche Villen. Trier wurde unter den Römern zu einer bedeutenden Stadt ausgebaut, in der sogar Kaiser residierten. Im Hunsrück legten die Römer ein weit verzweigtes Straßennetz an, u. a. mit der bekannten Ausoniusstraße – benannt nach dem römischen Dichter Ausonius.

Nach der Christianisierung gehörte das Land an der Saar zum Bistum Metz und zum Erzbistum Trier.

Seit dem Spätmittelalter entstanden verschiedene Territorien: Das Kurfürstentum Trier, das Herzogtum Pfalz-Zweibrücken und das Herzogtum Lothringen ragten von außen in das heutige Saarland hinein. Dazwischen lagen mehrere Kleinterritorien. Im Hunsrück herrschten die Pfalzgrafen, die Erzbischöfe von Trier und die Grafen von Sponheim. Dort entwickelte sich Simmern zu einer wichtigen Residenzstadt.

Im 16. Jh. wurde in Nassau-Saarbrücken und in Pfalz-Zweibrücken die Reformation eingeführt. 1680 bis 1697 bildete Frankreich im Rahmen der Reunionen aus den kleinen Territorien eine Saarprovinz.

Im 18 Jh. begann der Kohlebergbau, der 1750 verstaatlicht wurde.

Nach der Französischen Revolution wurden die Fürsten 1793 vertrieben und das Gebiet links (westlich) vom Rhein an Frankreich angeschlossen. Nach dem Wiener Kongress 1815 fiel das heutige Saarland an die Königreiche Preußen und Bayern und an einige kleinere Staaten des Deutschen Bundes. Der Hunsrück fiel zum größten Teil als Rheinprovinz an Preußen, der heutige Landkreis Birkenfeld an den oldenburgischen Fürsten.

Im 19. Jh. entwickelten sich im Saarland nach Anfängen im 18. Jh. der Steinkohlebergbau und die Eisen- und Stahlindustrie. Dagegen herrschte im Hunsrück von 1820 bis 1845 als Folge von vielen Missernten große Armut, sodass viele Bauern nach Brasilien auswanderten, v. a. in den heutigen Bundesstaat Rio Grande do Sul, um 1900 gefolgt von Handwerkern der Edelsteinbearbeitung aus der Region Idar-Oberstein. Mit zunehmender Industrialisierung wanderten viele Bewohner des Hunsrücks in das Ruhrgebiet ab. In der Umgebung von Idar-Oberstein, am Idarbach und der Nahe, entwickelten sich Edelsteinverarbeitung und -handel zu wichtigen Wirtschaftszweigen – mehr als 150 oft von Wasserkraft betriebene Schleifmühlen sollen hier einst Edelsteine veredelt haben.

Die Gründung des Deutschen Reiches 1871 und die Annexion Elsass-Lothringens führten zur Bildung eines gemeinsamen Wirtschaftsraumes bis zur französischen Grenze. An der Saar entstand das drittgrößte Schwerindustriegebiet des Deutschen Reiches. Folgende Zahlen untermauern die wirtschaftliche Bedeutung der saarländischen Industrie vor dem Ersten Weltkrieg: Im Jahr 1913 kamen 8,6 % der Kohle, 11,2 % des Roheisens, 14,5 % des Rohstahls und 24 % des Tafelglases aus dem Saarland (bezogen auf den deutschen Bedarf).

Nach der deutschen Niederlage im Ersten Weltkrieg wurde das Saargebiet mit den wertvollen Kohlebergbau- und Eisenindustriebetrieben durch den Versailler Friedensvertrag 1919 vom Deutschen Reich abgetrennt und einer Regierungskommission des Völkerbundes als eigene Verwaltungseinheit unterstellt. Frankreich hatte eine Annexion angestrebt, aber es erhielt nur die Steinkohlegruben und damit einen starken wirtschaftlichen Einfluss.

Bei der Volksabstimmung am 13. Januar 1935 stimmten trotz der nationalsozialistischen Herrschaft über 90 % der Stimmberechtigten für die Rückkehr ins Deutsche Reich. Der Zweite Weltkrieg führte zu einer erneuten Annexion des Moseldepartements innerhalb des Gaues Westmark, der auch die Pfalz umfasste.

Nach dem Kriegsende setzte Frankreich eine Autonomieregelung und einen wirtschaftlichen Anschluss für das Saarland durch, die 1947 in der saarländischen Verfassung festgelegt und in der folgenden Landtagswahl von der Bevölkerung gebilligt wurden. Der Hunsrück wurde Teil des neuen Bundeslandes Rheinland-Pfalz.

Nach langen Auseinandersetzungen zwischen Frankreich und der neu gegründeten Bundesrepublik Deutschland einigten sich beide Staaten auf ein europäisches Statut für das Saarland, das aber in der Volksabstimmung vom 23. Oktober 1955 abgelehnt wurde. In dem Luxemburger Vertrag vereinbarten Frankreich und die Bundesrepublik Deutschland 1956 die Rückgliederung des Saarlandes als Bundesland. Am 6. Juli 1959 folgte die wirtschaftliche Rückgliederung aus dem französischen in den deutschen Wirtschaftsraum, bei der u. a. in einem Währungsumtausch der französische Franc durch die Mark ersetzt wurde.

In den folgenden Jahren wurden Recht, Wirtschaft, Gesellschaft und Politik an das System der Bundesrepublik angepasst und die Infrastruktur ausgebaut. In den 60er-Jahren begann die große Kohlenkrise, in den 70er-Jahren die Krise der Eisen- und Stahlindustrie und damit der strukturelle Umbruch der Wirtschaft. Der Niedergang der Eisen- und Stahlindustrie konnte in den 1990er-Jahren gebremst werden; die Anzahl der Beschäftigten im Steinkohlenbergbau nahm weiter ab.

1974 wurden im Zuge der saarländischen Verwaltungs- und Gebietsreform viele bis dahin selbstständige Dörfer eingemeindet, etwa in Mettlach.

In der Zeit des Kalten Krieges war der periphere Hunsrück eine strategisch wichtige Region mit militärischen Flugplätzen, Munitionslagern und Raketenabschussbasen. Die Raketenstation Pydna geriet 1986/87 in die Schlagzeilen, als hier im Rahmen des NATO-Doppelbeschlusses 96 Cruise-Missile-Raketen mit Atomsprengköpfen gelagert werden sollten. Große und meistens friedliche Demos der Friedensbewegung waren die Antwort – mit bis zu 200.000 Menschen. Der US-Luftwaffenstützpunkt Hahn wurde in den 1990er-Jahren in den zivilen Flughafen Frankfurt-Hahn umgewandelt, der allerdings noch rund 1,5 Autostunden von Frankfurt entfernt liegt und vor allem von Billigfluglinien sowie Frachtflugzeugen bedient wird.

Reise-Infos von A bis Z

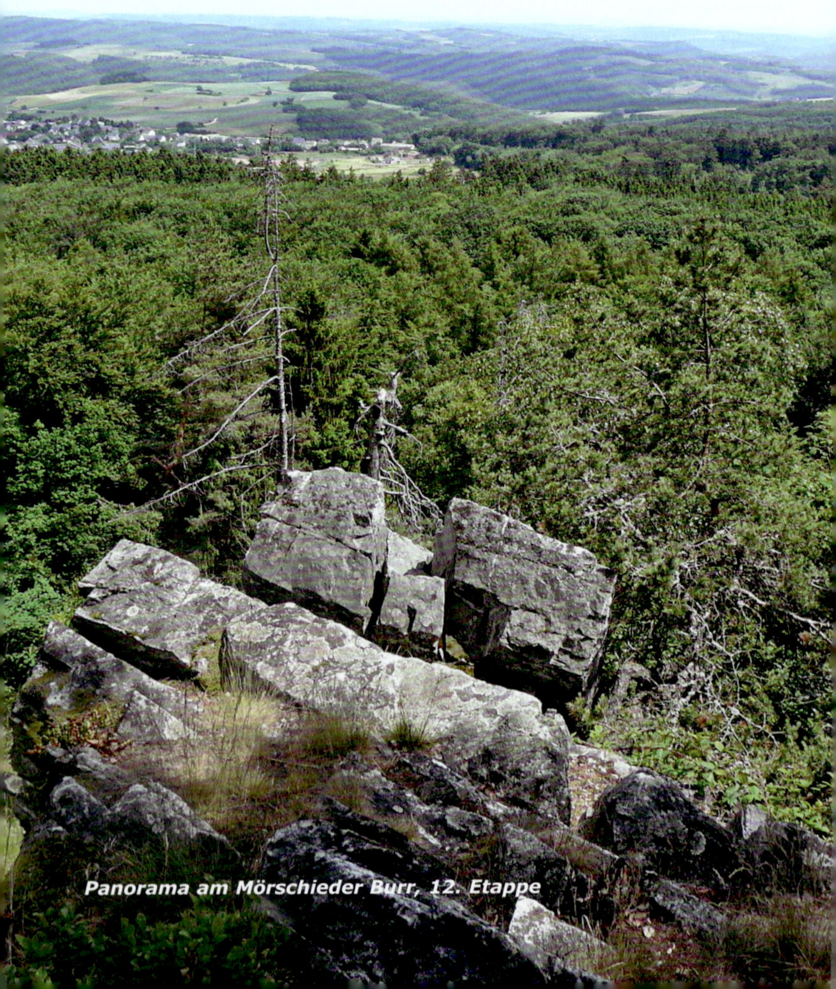

Panorama am Mörschieder Burr, 12. Etappe

Anreise

Mit der **Bahn** gelangen Sie an folgenden Orten zum Saar-Hunsrück-Steig:

- ♦ Idar-Oberstein und Fischbach mit stündlichen bis halbstündlichen Verbindungen auf der von Vlexx betriebenen Strecke durch das Nahetal: Mainz – Bad Kreuznach – Kirn – Idar-Oberstein – Türkismühle – Saarbrücken
- ♦ Trier, Mettlach und Merzig mit stündlichen Verbindungen auf der DB-Strecke Koblenz – Wittlich – Trier – Mettlach – Merzig – Saarbrücken
- ♦ Perl mit stündlichen Verbindungen Richtung Trier
- ♦ Boppard auf der linksrheinischen Rheinstrecke Koblenz – Boppard – Bingen – Mainz mit stündlich zwei Verbindungen in jede Richtung

www.bahn.de

Der Bahnhof Trier liegt etwa 2 km vom Saar-Hunsrück-Steig-Zubringer entfernt, den Sie entweder zu Fuß oder per Bus (Haltestelle „Amphitheater") erreichen. Oder Sie fahren mit den Buslinien 6, 16, 30, 33 und 87 direkt nach Olewig zum Beginn des Saar-Hunsrück-Steigs (Haltestelle „Kleeburger Weg").

Der Bahnhof Perl liegt unterhalb des Ortes; der SHS beginnt/endet am Bahnhof.

Der Bahnhof Boppard ist etwa 1 km entfernt vom Start/Ende des SHS im Mühltal im Norden von Boppard.

Günstig mit der Bahn durch das Saarland und Rheinland-Pfalz

Für Reisen im Saarland und in Rheinland-Pfalz ist das Saarland-/Rheinland-Pfalz-Ticket der Bahn eine echte Empfehlung: Für € 25 pro Person sowie € 5 für jede weitere Person (max. 5), am Bahnschalter € 2 Aufpreis (Stand: 2019), können Sie mit dem öffentlichen Nahverkehr der Bahn unbegrenzt im Land reisen. Das Ticket gilt Mo bis Fr ab 9:00. Sa und So kann das Ticket ganztägig genutzt werden und ist damit günstiger als das Quer-durchs-Land-Ticket der Bahn (2019: € 44).

Neben der Bahn gilt das Ticket in allen Verkehrsmitteln des Saarländischen Verkehrsverbunds SaarVV sowie in allen Verkehrsmitteln der Verbünde Verkehrsverbund Rhein-Mosel (VRM) und Verkehrsverbund Region Trier (VRT) und in allen Verkehrsmitteln der linksrheinischen Gebiete des Rhein-Nahe-Nahverkehrsverbunds (RNN).

www.bahn.de/regional/view/regionen/saar/freizeit/saar_ticket.shtml

Sollten Sie mit dem Auto anreisen, können Sie dieses am Beginn des Weges abstellen: Am Bahnhof Perl gibt es gebührenfreie unbewachte Parkplätze. An den Start-/Zielorten Boppard und Trier ist Langzeitparken nur gebührenpflichtig möglich.

☺ Ansonsten empfiehlt sich nach voriger Absprache Langzeitparken bei Ihrer Unterkunft am Anfang oder Ende der Tour, sofern möglich.

Apps

☞ Internet-Adressen

Ausrüstung

Die Zusammenstellung der Ausrüstung hängt im Wesentlichen von der Jahreszeit der Wanderung sowie der Art der Wanderung ab (Etappen als Tageswanderungen oder Mehrtageswanderung). Im Folgenden finden Sie eine grobe Ausrüstungsliste, wobei die Punkte Wanderstiefel, Regenzeug und Erste Hilfe ausführlicher behandelt sind. Sollten Sie Ihr gesamtes Gewicht ständig selbst mit sich tragen (Alternative: gebuchte Pauschalen mit Gepäcktransport, ☞ S. 34), sollten Sie versuchen, das Gesamtgewicht des Rucksackes möglichst auf ca. 17 kg zu beschränken – anders ist das Wandern keine echte Freude!

Obligatorisch

Auf jeden Fall sollten bei jeder Wanderung dabei sein:

- gut sitzende Wanderstiefel, möglichst knöchelhoch (☞ S.24)
- Regenzeug (☞ S.25)
- Erste-Hilfe-Set (☞ S. 27)
- Sonnenschutz: Sonnenbrille, Sonnenmütze/-hut, Sonnencreme (empfohlen: im Sommer mind. Faktor 20)
- Wasserflasche (mind. 1 Liter)
- Energiereserve in Form von Müsliriegel, Trockenobst, Nüssen
- Taschenmesser, Multitool o. Ä.
- Handy/Smartphone mit geladenem Akku, idealerweise auch Powerbank
- Karte, mind. im Maßstab 1:50.000
- Adresse der nächsten Unterkunft und/oder Wanderreisebuch
- Für Camper: leichtes Zelt, Isomatte & Schlafsack, Kochgeschirr und Kocher

Empfohlen

Eine sinnvolle Ergänzung der Ausrüstung, aber nicht notwendig sind folgende Dinge:

- ▷ Brotzeit
- ▷ GPS-Handempfänger bzw. Smartphone mit GPS-Empfang mit gespeicherten Daten (☞ GPS)
- ▷ Kleidung möglichst aus modernem Kunstgewebe (Multifunktionswäsche)
- ▷ Sitzkissen, falls Ihnen Holzbänke, Steinmauern o. Ä. als Sitzuntergrund zu hart sind

Wanderstiefel

Wanderstiefel müssen gut sitzen, um die Gefahr der Entstehung von Blasen zu minimieren. Wichtig ist, dass die Wanderstiefel „eingelaufen" sind, was man am besten mit leichten kurzen Touren zu Hause macht. Denn Blasen bilden sich vor allem an Stellen, wo sich der Stiefel noch nicht der Passform des Fußes oder Knöchels angepasst hat. Wenn sich dennoch die ersten Scheuerstellen bilden, ist man mit Hansaplast oder einem in der Apotheke erhältlichen Blasenstick gut bedient. Bei bereits vorhandenen Blasen sind Blasenpflaster erste Wahl (z. B. Compeed), die in fast allen Apotheken in verschiedenen Größen erhältlich sind.

Bezüglich des Materials hat jeder seine Favoriten: Viele favorisieren leichte Materialien, die auch schneller trocknen als etwa Leder. Dafür bieten die relativ schweren Lederstiefel besonders stabilen Halt. Manche Wanderstiefel sind mit wasserabstoßenden Schichten wie Goretex versehen – ein Verkaufsargument, dessen Nutzen unterwegs allerdings umstritten ist. Wohl ist eine Goretex-Schicht besser als gar keine, aber eine Garantie auf trockene Füße ist damit nicht gegeben. Wenn es kräftig genug regnet, ist es erfahrungsgemäß auch bei

Die richtige Aussrüstung ist sehr wichtig

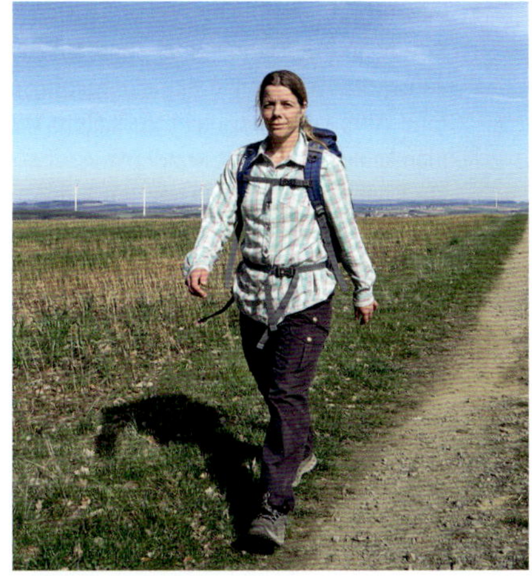

Goretex-Wanderstiefeln nur eine Frage der Zeit, bis diese Wasser nach innen durchlassen. Relativ sicher gegen von außen eindringendes Wasser sind Stulpen, von denen die besseren aus atmungsaktivem Material gefertigt sind.

Immer häufiger wählen Wanderer relativ flache Trekkingschuhe. Diese sind luftiger, leichter und damit bequemer und auch durchaus geeignet für sehr erfahrene und trittsichere Wanderer in einfacherem Gelände.

Wer nicht ganz trittsicher ist, sollte lieber einen knöchelhohen Schuh wählen; es gibt zwar keine langen „alpinen" Passagen, aber doch einige kurze An-/Abstiege, die bei Nässe sehr rutschig sein können. Knöchelhohe Wanderstiefel schützen und stützen den Fuß besser als die kürzeren Trekkingschuhe, was negative Folgen beim Abrutschen an steilen, felsigen oder nassen Stellen minimiert und so Verletzungen verhindern kann. Außerdem schützen knöchelhohe Wanderstiefel besser vor Nässe bzw. Schlamm, wenn das Wetter mal nicht ganz so toll ist.

Regenzeug

Einige Methoden gegen Regen und deren Vor- und Nachteile:

- ▷ Normale Regenjacke (oft auch Goretex): Diese ist schnell anziehbar, allerdings schwitzt man nach längerer Zeit kräftiger (auch bei Goretex), weil Schweiß nur bedingt nach außen austreten kann.
- ▷ Regenhose: Sie hält die Beine trocken sowie die Stiefel, weil kein Wasser in die Stiefel hereinlaufen kann. Nachteil wie oben: Die Hose wird schnell von innen feucht, weil Schweiß kondensiert. Ein weiterer Nachteil: Viele Regenhosen sind umständlich an- und auszuziehen. Nicht selten hat der Regen aufgehört, wenn man seine Regenhose gerade mühsam angezogen hat. Eine Alternative bei nicht zu kaltem Wetter sind kurze Hosen – dann hat man keinen Ärger mit Kondenswasser sowie ständigem An- und Ausziehen. Und nackte Beine trocknen auf jeden Fall schneller als Hosen – aus welchem Material auch immer. Lediglich die Stiefel sollte man dann im Schaftbereich ggf. mit kurzen Stulpen vor hereinlaufendem Wasser schützen.
- ▷ Regenüberzug für Rucksack: Dieser schützt Ihre Ausrüstung vor dem Regen. Bei vielen Rucksackmodellen ist ein Regenüberzug integriert. Wenn Sie einen Regenponcho oder einen sehr weiten Regenschirm verwenden (☞ S. 26), erübrigt sich der Rucksack-Regenüberzug.
- ▷ Regenponcho: Dieser sieht nicht elegant aus, hat aber den Vorteil, dass er den Wanderer mitsamt Ausrüstung gut vor Regen schützt und gleichzeitig wegen seiner weiten Form für mehr Durchlüftung sorgt, d. h., man schwitzt nicht so schnell und hat innen weniger Kondenswasser.

▷ Regenschirm: lange Zeit bei Outdoor-Freaks verpönt, aber inzwischen bei vielen Wanderprofis der „Hit".
Der Vorteil: Regenschirme schützen Wanderer (und Ausrüstung) gut vor Regen, wobei für genügend Durchlüftung gesorgt ist, und man schwitzt kaum. Außerdem hat man einen trockenen „Raum" vor sich, etwa für Wanderkarte, Wanderführer, Smartphone, Kamera, GPS-Gerät. Der Schirm ist schnell aus- und eingeklappt, d. h., man ist auch bei kurzen Regenschauern äußerst flexibel – anders als etwa bei Regenhosen und -ponchos. Inzwischen bieten viele Outdoorläden sturmerprobte und langlebige Schirme für unterwegs an.
Allerdings ist der Einsatzbereich von Schirmen eingeschränkt: Bei starkem Wind oder bei kleinen Pfaden im Unterholz mit vielen Sträuchern ist der Schirm keine echte Hilfe.

☺ Der Autor bevorzugt die Kombination aus leichter, regenundurchlässiger, beschichteter Outdoorjacke (Goretex o. Ä.) mit Schirm. Für ganz harte Fälle, d. h. sehr viel Regen, ist der Regenponcho eine erprobte Lösung.

Zeckenrisiko?

Erst einmal (überwiegend) Entwarnung: Die Region des Saar-Hunsrück-Steigs gilt überwiegend nicht als Risikogebiet für Zecken bzw. FSME. Ausnahme ist die Region rund um Idar-Oberstein, das entspricht der 11. bis 15. Etappe. Hier ist besondere Vorsicht geboten. Was nicht heißt, dass FSME anderswo nicht vorkommt; die Erreger halten sich bekanntlich nicht an willkürlich gezogene Grenzen...

Zecken übertragen mehrere Krankheitserreger, von denen die bekanntesten Borreliose und FSME sind.

Borreliose ist eine von Bakterien übertragene Krankheit, die viele Symptome (Unwohlsein, Kopfschmerzen etc.) haben kann und sich schwierig diagnostizieren lässt. Charakteristisch ist eine ringförmige Hautrötung um die Einstichstelle einige Tage bis Wochen nach der Infizierung durch eine Zecke. In späteren Stadien kann es zur Gesichtslähmung, Hirnhautentzündung oder Herzproblemen kommen. Daher im Verdachtsfall zum Arzt gehen! In Deutschland sind rund ein Viertel aller Zecken mit Borrelien infiziert, allerdings im ganzen Land. Eine Impfung ist nicht möglich, anders als bei ...

FSME steht für „Frühsommer-Meningoenzephalitis". Diese Erkrankung des zentralen Nervensystems, die sich ebenfalls in einer Hirnhautentzündung äußern kann, wird von einem Virus ausgelöst, der beim Menschen vor allem von Zecken übertragen wird. Die ersten Symptome gleichen denen einer Grippe. Da FSME nicht behandelt werden kann, ist eine vorherige Impfung sinnvoll, wenn Sie sich in einem Risikogebiet mit hoher Verbreitung der FMSE aufhalten – wie rund um Idar-Oberstein.

Hinsichtlich der **Vorbeugung vor Zecken(bissen)** werden folgende Punkte empfohlen:

- ☐ möglichst wenig Aufenthalt im hohen Gras oder Unterholz
- ☐ lange und vor allem geschlossene Kleidung
- ☐ helle Kleidung
- ☐ ggf. Insektenschutzmittel
- ☐ Absuchen des Körpers im Anschluss an den Aufenthalt in der Natur, vor allem an dünnen und warmen Hautpartien

💻 www.zecken.de

Erste Hilfe & Medikamente

- ☐ Verbandszeug
- ☐ Desinfektionsmittel
- ☐ Pflaster
- ☐ Zeckenzange
- ☐ Aspirin- oder Paracetamol-Tabletten
- ☐ Tabletten gegen Durchfall
- ☐ Salbe gegen Insektenbisse/-stiche

☺ Abschließend zwei allgemeine Tipps zur Ausrüstung:

▷ An Sonntagen im Herbst sollten Wanderer möglichst helle Kleidung tragen, evtl. mit Reflektoren, denn zu diesen Zeiten wird eifrig gejagt.

▷ Bei allen Teilen der Ausrüstung gilt: Praktische und einfache Dinge sind wichtiger als modische oder nutzlose High-Tech-Accessoires.

Einkaufen

Entlang des SHS finden Sie zahlreiche Einkaufsgelegenheiten: in größeren Orten Supermärkte und Bäckereien, in kleineren Dorfläden u. a. mit Backwaren. Entsprechende Hinweise finden Sie bei den jeweiligen Etappen.

Essen & Trinken

Sie finden entlang des Saar-Hunsrück-Steigs zahlreiche Hotels, Gasthöfe und Cafés, die im Routenteil angegeben sind. Falls Sie Selbstversorger sind bzw. für die Mittagsrast selbst sorgen, finden Sie im Routenteil einige Einkaufsgelegenheiten wie Supermärkte und Bäcker.

Wie für Unterkünfte gibt es auch für gastronomische Betriebe das Siegel „Qualitätsgastgeber Wanderbares Deutschland", das die Wandereignung von Restaurants, Bistros etc. bemisst. Die Wirte müssen dazu folgende Kriterien erfüllen: Lage in Wandergebiet, Trocknungsmöglichkeit, Wanderapotheke (z. B. Blasenpflaster), Nichtraucherbereich, Wetter- und Wanderinformation, Karten und Infos zu Sehenswürdigkeiten, lokale und frisch zubereitete Speisen – auch vegetarisch. Außerdem sollte sich der Wanderer nicht nur kostenpflichtig mit Bier o. Ä. abfüllen können, sondern auch seine Flasche kostenlos mit Leitungswasser.

💻 www.wanderbares-deutschland.de ☞ Gastgeber

GPS

Wenn Sie ein eigenes Outdoor-GPS-Gerät (z. B. Garmin) haben, ist das hilfreich, aber kein Muss, da der Saar-Hunsrück-Steig sehr gut ausgeschildert ist. Auf vielen Schildern des Saar-Hunsrück-Steigs sind die GPS-Koordinaten angegeben, sodass Sie auf der Karte Ihren Standpunkt identifizieren können.

Sie können die GPS-Tracks zum Saar-Hunsrück-Steig und separat auch die GPS-Tracks für die im Buch vorgestellten Traumschleifen herunterladen:

💻 www.conrad-stein-verlag.de, Homepage des Verlages

💻 www.wibarelds.de, Homepage des Autors mit GPS-Daten, Karten und Updates

📖 **GPS** *Grundlagen · Tourenplanung · Navigation* von Michael Hennemann, Conrad Stein Verlag, Basiswissen für draußen, ISBN 978-3-86686-495-5, € 9,90

Hund

Der SHS ist großteils auch mit Hund begehbar. Lediglich einige kurze felsige bzw. steinige Abschnitte sowie Stufen können kleine Hunde stellenweise vor Probleme stellen; hier muss der Vierbeiner ggf. kurzzeitig getragen werden. Viele Etappen führen zwar großteils an Gewässern entlang, deren Wasser aber mit auch für Hunden schädlichen Umweltgiften oder Krankheitserregern wie Giardien belastet sein

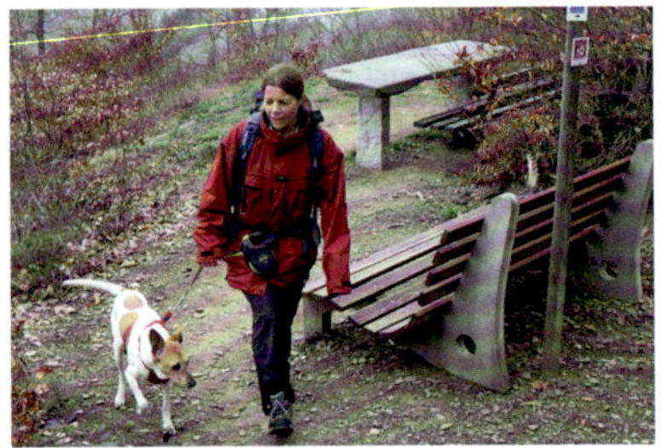
Der SHS ist großteils mit Hund begehbar

kann. Im Idealfall nimmt man Wasser mit. Bei Unterkünften ist das Symbol 🐕 angegeben, wenn dort auch Vierbeiner nächtigen dürfen, das ist allerdings meistens mit einem Aufschlag verbunden: Spitzenreiter ist dabei das Parkhotel Weiskirchen mit € 14 pro Nacht für den Hund – und dann ist noch nicht mal Hundefutter dabei (aber immerhin ein Snack).

Information

Viele Orte verfügen über Touristbüros. Diese sind bei den Orten angegeben – mit Internet-Adresse. Für überregionale Infos wenden Sie sich an:

- Wanderbüro Saar-Hunsrück-Steig, Zum Stausee 198, 66679 Losheim am See, ☎ 068 72/901 81 00, FAX 068 72/901 81 10, ✉ info@saar-hunsrueck-steig.de, 💻 www.saar-hunsrueck-steig.de
- Saarschleifenland Tourismus GmbH, Torstraße 45, 66663 Merzig, ☎ 068 61/804 40, FAX 068 61/804 44, ✉ tourismus@saarschleifenland.de, 💻 www.saarschleifenland.de
- Hunsrück-Touristik GmbH, Gebäude 663, 55483 Hahn-Flughafen, ☎ 065 43/50 77 10, 💻 www.hunsruecktouristik.de
- Naheland-Touristik GmbH, Bahnhofstraße 37, 55606 Kirn, ☎ 067 52/137 60, ✉ info@naheland.net, 💻 www.naheland.net
- Touristinformation Deutsche Edelsteinstraße, Brühlstraße 16, 55756 Herrstein, ☎ 067 85/791 03, ✉ info@edelsteinstrasse.de, 💻 www.deutsche-edelsteinstrasse.de
- Für den Saar-Hunsrück-Steig gibt es eine Hotline, wo Sie Infos, u. a. Serviceleistungen, zum Saar-Hunsrück-Steig abrufen sowie fehlende Beschilderung oder Wegemängel melden können: ☎ 018 05/90 50 96 (14 Cent pro Min.).

Internet-Adressen & Apps

Verkehr

- 💻 www.bahn.de, Bahn mit Planer für gesamten öffentlichen Nahverkehr Deutschlands (inkl. Busse)

- www.saarfahrplan.de, Planer für öffentlichen Nahverkehr im Saarland
- www.saarvv.de, Saarländischer Verkehrsverbund mit Planer und Tarifinfos
- www.vrt-info.de, Verkehrsverbund Region Trier
- www.rnn.info, Rhein-Nahe-Verkehrsverbund mit Stadtbus Idar-Oberstein

Wandern

- www.saar-hunsrueck-steig.de, offizielle Homepage zum Saar-Hunsrück-Steig mit vielen Infos
- www.wanderinstitut.de, Homepage des Deutschen Wanderinstituts, das Rund- und Streckenwanderungen in Deutschland zertifiziert und mit Punkten bewertet
- www.wanderbares-deutschland.de, Homepage des Deutschen Wanderverbands, der Wanderwege in Deutschland mit einem Qualitätssiegel auszeichnet
- www.wibarelds.de, Homepage des Autors mit u. a. GPS-Daten und weiteren Infos zum Saar-Hunsrück-Steig

Apps

- Wandern Saar-Hunsrück-Steig (keine offizielle App), mit aufdringlicher, nervender Werbung
- Rheinland-Pfalz erleben: „Gastlandschaften Rheinland-Pfalz“ (offiziell) – in Kooperation mit „outdooractive mobile“
- Saarland: Touren-App (offiziell) – in Kooperation mit „outdooractive mobile“. Gute und wirklich interaktive App; hier können Wanderer z. B. Mängel am Weg (defekte Wegweiser, Hindernisse) direkt mit Foto an die zuständige Stelle weiterleiten – mit wenig „Wischen“

Klima & Wetter

Das Klima der Region ist gemäßigt-kontinental mit jährlichen Niederschlägen von rund 800 mm. Das Klima des Saarlandes wird in erster Linie durch seine verhältnismäßig südliche Breite, die geringe Entfernung zum Atlantischen Ozean sowie die Höhengliederung bestimmt. Die mittlere Jahrestemperatur liegt je nach Höhe und Region bei rund 7° C.

Die Niederschläge verteilen sich relativ gleichmäßig über das Jahr und nehmen mit zunehmender Höhe zu. So weisen Gipfel wie der Erbeskopf oder die Hochflächen des Berg- und Hügellandes jährliche Mittelwerte über 1.000 mm auf, während im mittleren Saartal Niederschlagswerte unter 750 mm gemessen werden. Der geringste Niederschlag fällt in der Regel im April, der meiste im Sommer und Dezember.

Beispielhaft die durchschnittlichen monatlichen Klimadaten für die Region Idar-Oberstein:

	Jan	Feb	März	April	Mai	Juni	Juli	Aug	Sep	Okt	Nov	Dez
Ø Temperatur (° C)	0	1	4	8	12	15	17	16	14	9	4	1
Ø Sonnenstunden am Tag	0	3	4	5	7	7	7	7	5	3	2	1
Ø Niederschlagsmenge (mm)	58	51	46	43	59	66	67	74	55	50	58	67
Ø Regentage im Monat	12	10	12	10	12	11	10	10	9	9	12	12

Weitere Hinweise zur Reisezeit: ☞ Reisezeit & Veranstaltungen

Landkarten

In diesem Buch sind zwar einige Skizzen eingebaut, mithilfe derer der Weg und die wichtigsten Punkte zu finden sind, aber natürlich ersetzen sie keine gute Landkarte bzw. keinen besseren Stadtplan.

Wanderkarten exklusiv zum SHS:

- Publicpress: SHS 1, Perl – Idar-Oberstein, Kell am See – Trier, 1:25.000, ISBN 978-3-89920-496-4, € 12,99
- Publicpress: SHS 2, Idar-Oberstein – Boppard, 1:25.000, ISBN 978-3-89920-683-8 € 12,99

Es handelt sich um handliche Karten zum SHS zum Falten.

Allgemeine Wanderkarten (analog)

Die bei den Landesämtern für Geovermessung erhältlichen **topografischen Karten** sind für den SHS weniger zu empfehlen, weil wegen der ungünstigen Zuschnitte eine Menge Karten nötig wären (die jeweils zwischen € 3 und € 8,90 kosten – je nach Quelle). Zuständig sind die Landesvermessungsämter von Rheinland-Pfalz (RP) und dem Saarland. Diese Karten werden nicht mehr neu aufgelegt und die Reste daher relativ günstig verkauft.

Das Landesvermessungsamt Rheinland-Pfalz bietet neben den amtlichen topografischen Karten (gefaltet, € 5 pro Stück) fast flächendeckend topografische

Freizeitkarten mit Wander- und Radwanderwegen, und zwar zu den Naturparks der Region (€ 3 pro Stück für ältere Karten). Beim saarländischen Landesamt für Vermessung und Geoinformation lassen sich die Ausschnitte sowie einige Parameter selbst auswählen und die Karte wird maßgeschneidert geplottet und versandt.

Maßstab 1:50.000:

- Naturpark Saar-Hunsrück, Blatt West mit der Obermosel von Perl bis Trier (SHW)
- Naturpark Saar-Hunsrück, Blatt Ost (SHO)
- Naturpark Soonwald-Nahe mit Soonwaldsteig (S)

Maßstab 1:25.000:

- Naturpark Soonwald-Nahe: Blatt 1 – Simmern/Hunsrück, Kirchberg/Hunsrück (SN1) und Blatt 2 – Kirn (SN2)
- Wandergebiet Rhein: Blatt 2 – Loreley – Boppard (OM2)

Erhältlich sind die topografischen Karten bei den Landesvermessungsämtern: 💻 www.lvermgeo.rlp.de und www.shop.lvgl.saarland.de oder (teurer) bei www.mapfox.de.

☺ Einfacher und günstiger ist es, sich gezielt eine Wanderkarte für den SHS zu besorgen (s. o.).

Digitale Karten

Für ein GPS-Gerät bzw. Smartphone mit entsprechenden Funktionen/Apps sind digitale Karten ein nützliches Hilfsmittel. Wenn man sein Smartphone zur Orientierung einsetzt (und eine Flatrate hat, sonst wird es teuer), werden meistens Google Earth oder Bing Maps verwendet bzw. daraus abgeleitete Karten.

☺ Praktischer und schneller allerdings ist eine Karte, die sich auf das Gerät aufspielen und damit auch offline nutzen lässt.

Digitale Karten gibt es käuflich (z. B. bei den topografischen Landesämtern oder bei Apps) sowie gratis als OSM im Internet: OSM steht für „OpenStreetMap" und funktioniert für Karten ähnlich wie Wikipedia für Wissen. Nutzer arbeiten bzw. aktualisieren für Nutzer. Auf diese Art ist inzwischen ein Kartenwerk entstanden, das für viele Gebiete die käuflichen digitalen Karten in den Schatten stellt und zudem meistens aktueller ist.

💻 http://wiki.openstreetmap.org

☺ 💻 www.wanderreitkarte.de, dort gibt es übersichtlich (gratis) Karten für Deutschland und große Teile Europas. Die Karten basieren auf OSM.

☺ Die Kartenempfehlungen wurden von der Geobuchhandlung Kiel überprüft. 💻 www.geobuchhandlung.de

Literatur

Bücher zur Vorbereitung bzw. Lektüre für unterwegs:

📖 Uwe Anhäuser: **Schinderhannes und seine Bande**, 173 S., ISBN 978-3-89801-014-6, € 15,90. Dieses Buch beleuchtet das Leben des berüchtigten Räubers Schinderhannes.

📖 Stephan Moll: **Tatort Hunsrück – Die Bestie vom Saar-Hunsrück-Steig**, 217 S., ISBN 978-3-94076-007-4, € 9,80. Wenige Monate nach der Eröffnung des Saar-Hunsrück-Steigs erschien dieser Krimi zum Wanderweg, der hoffentlich nicht auf wahren Begebenheiten beruht. Hauptkommissar Heiner Spürmann und seine Kollegin Leni Schiffmann sind brutalen Morden an verschiedenen historischen Plätzen auf dem Saar-Hunsrück-Steig auf der Spur.

Markierung

Wegweiser & Schilder am SHS

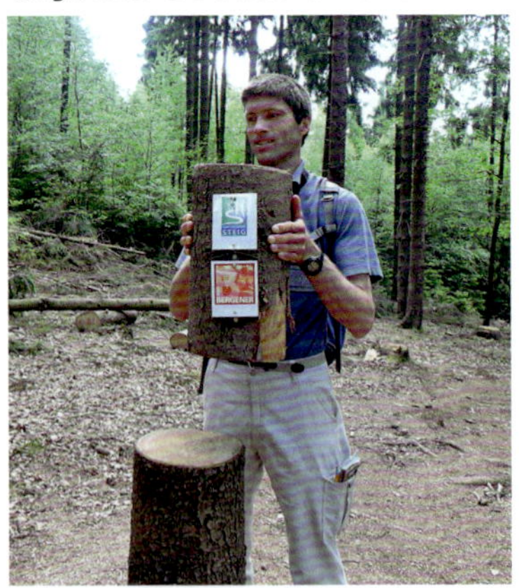

Der Saar-Hunsrück-Steig ist durchgehend durch ein grün-blaues Viereck mit einem stilisierten „SH" in weißer Farbe markiert. Die Wegweiser befinden sich meistens auf Holzpfosten sowie an markanten Punkten wie auffälligen Bäumen.

Zubringerwege sind mit einem Logo des Saar-Hunsrück-Steigs in oranger Farbe markiert.

Auf einigen Saar-Hunsrück-Steig-Schildern befinden sich die GPS-Koordinaten des jeweiligen Punktes.

Der SHS ist laut Eigenwerbung „unverlaufbar" gekennzeichnet, von daher verzichtet der Wanderführer auf eine lückenlose Beschreibung des Wegverlaufs und konzentriert sich auf Infos zu Sehenswürdigkeiten und praktischen Details entlang der Strecke und möglichen Zubringerwegen von/zu Orten am Wegesrand, offiziell als „Zuwegung" bezeichnet.

Neben den Markierungen laden in regelmäßigen Abständen Pausenplätze mit Sitzgelegenheiten ein, darunter auch viele sogenannte „Sinnesbänke"; das sind mit Holzlamellen unterlegte Bänke mit gerundeter Form, wo halb liegend mehrere Sinne angeregt werden sollen. Diese Bänke erfreuen sich bei Wegeplanern und Touristikverbänden großer Beliebtheit und sind als Wellenbänke im Handel ab rund € 700 erhältlich – inzwischen auch aus recyceltem Kunststoff.

Medizinische Versorgung

In allen größeren Orten gibt es Arztpraxen und Apotheken. Krankenhäuser befinden sich entlang des SHS in Trier, Hermeskeil, Idar-Oberstein und Boppard sowie in unmittelbarer Nähe zum Steig in Wadern und Simmern.

Pauschalen/Wandern ohne Gepäck

Der Saar-Hunsrück-Steig kann mit vorgebuchten Unterkünften begangen werden, ein Gepäcktransfer ist optional dazu buchbar. Solche Pauschalen bietet etwa die Hunsrück-Touristik für verschiedene Abschnitte. 2019 standen neun Pauschalen zur Wahl mit ÜF, von einer kurzen Auszeit (3 Tage) ab etwa € 200 bis zur zweiwöchigen Tour auf einer Hälfte des SHS (Mittelpunkt Idar-Oberstein) ab etwa € 900. Für den dazu buchbaren Gepäcktransfer sollten Sie grob € 20 pro Transfer rechnen. Angeboten werden die Pauschalen von der Hunsrück-Touristik, die zwar auch eine eigene Website hat, aber zuletzt waren die Infos zu den Pauschalen auf der Website des Saar-Hunsrück-Steigs ausführlicher:

ℹ Hunsrück-Touristik GmbH, Gebäude 663, 55483 Hahn-Flughafen,
☎ 065 43/50 77 10, 💻 www.hunsruecktouristik.de

💻 www.saar-hunsrueck-steig.de/pauschalen

Weitere Touren auf dem Saar-Hunsrück-Steig bieten Reiseveranstalter wie der Wanderspezialist Wikinger-Reisen, 💻 www.wikinger.de:

▷ einwöchige Gruppenreise mit Standort Kempfeld bei der Wildenburg, mit qualifizierter Wanderreiseleitung und Wanderungen auf ausgewählten schönen Etappen des Saar-Hunsrück-Steigs bzw. Traumschleifen zwischen Wildenburg und Hängebrücke Geierlay, mit HP ab etwa € 795

- ▷ Kurzprogramm für individuelle Wanderungen mit Standort Weiskirchen auf ausgewählten Etappen des Saar-Hunsrück-Steigs bzw. Traumschleifen zwischen Orscholz und Weiskirchen mit drei Nächten und detaillierten Unterlagen, ab etwa € 332

Radfahren

Der SHS ist primär ein Fußweg auf kleinen Pfaden, daher auch die vielen Erlebnispunkte. Lediglich kurze Abschnitte sind auch mit dem Rad befahrbar.

Reisezeit & Veranstaltungen

Der Saar-Hunsrück-Steig ist im Prinzip ganzjährig begehbar, allerdings ist im Winter aus folgenden Gründen mit zahlreichen Einschränkungen bzw. Sperrungen zu rechnen:

- ▷ Schneedecke in Hochlagen, vor allem am Erbeskopf
- ▷ Regen/Schnee und Hochwasser in Schluchten, vor allem der Baybach- und Ehrbachklamm
- ▷ Forstarbeiten sowie Jagd auf mehreren (auch längeren) Abschnitten.

Über aktuelle Sperrungen informiert die Website zum SHS:

www.saar-hunsrueck-steig.de/baustellen-und-sperrungen.

Wer kann, sollte die Haupturlaubszeit im Sommer meiden – dann sind in vielen Unterkünften nur schwer spontan Plätze zu bekommen und vor allem rund um die Stauseen bei Losheim und Kell ist viel los. Von der Vegetation her ist der Frühling mit bunten Blumenblüten angenehm, während andererseits auch der Herbst mit dem bunt gefärbten Laub der Bäume nicht zu verachten ist.

Wenn Sie Ruhe am Saar-Hunsrück-Steig suchen, sollten Sie Zeiten mit folgenden Großveranstaltungen meiden:

- ▷ Ende Mai: Bike-Marathon mit mehr als 1.000 Besuchern (Teilstück zwischen Britten und Orscholz, 2. und 3. Etappe) – an entspanntes Wandern ist dann nicht zu denken, wenn Hunderte von Bikern um die Kurven preschen.
- ▷ Anfang Juni: Wandermarathon auf jährlich wechselnden Abschnitten des SHS mit jeweils Kurz-/Mittel-/Langstrecke
- ▷ Juli: Beller Markt, riesiger Jahrmarkt in Bell mit mehr als 400 Ständen (21. Etappe)

- ▷ August: Techno-Festival „Nature One“ in ehemaliger Raketenbasis Pydna bei Hasselbach südlich von Kastellaun (20., 21. Etappe) mit Zehntausenden Teilnehmern. In dieser Zeit ist so ziemlich alles in der Region ausgebucht.
- ▷ August: Rallye Deutschland zwischen Trier und Baumholder mit mehr als 200.000 Zuschauern. Organisator ist der ADAC, der sich ansonsten durch Schulungen für umweltbewusstes Autofahren ein grünes Mäntelchen umhängt und dieser automobilen Großveranstaltung großspurig „Bestnoten in Sachen Umwelt“ verleiht.

Die genauen Termine von Veranstaltungen erfahren Sie auf den Websites der Tourismus-Zentralen:

- www.tourismus.saarland.de ☞ Infos ☞ Veranstaltungen (1. bis 8. Etappe)
- www.hunsruecktouristik.de ☞ Reisethemen ☞ Veranstaltungen (8. bis 24. Etappe)

Jagdzeit ist keine Wanderzeit

Im Herbst sowie generell an Samstagen wird wie andernorts in Deutschland viel gejagt, was des Wanderers Wohlbefinden nicht unbedingt fördert; teilweise werden ganze Abschnitte des SHS infolge von Treibjagd gesperrt. Im Durchschnitt zählt man alle 1 bis 2 km entlang des Saar-Hunsrück-Steigs hölzerne Hochsitze, die sich dann in Lodenmantel-Burgen verwandeln, wo überwiegend Hirsche, Rehe, Wildschweine und Kleinsäuger ins Visier genommen werden.

Zur Beruhigung: „Nur“ rund 800 Mal im Jahr kommt es in Deutschland vor, dass beim waidmännischen Jagdvergnügen versehentlich auch mal auf Menschen angelegt ... und geschossen wird. So viele Jagdunfälle werden nämlich den landwirtschaftlichen Berufsgenossenschaften im Jahr gemeldet, davon in den letzten Jahren mehr als ein Dutzend pro Jahr für Menschen tödlich. Außerdem richten Jäger ihre Flinte auf Tausende Haustiere: Dadurch sowie durch die von Jägern aufgestellten Fallen werden im Jahr rund 30.000 Hunde und 300.000 Katzen getötet.

Da sollten Jäger ihre Flinte doch lieber ins Korn werfen ...

Argumente pro und contra Jagd bieten folgende Internet-Adressen:

- www.jagd-fakten.de, www.abschaffung-der-jagd.de

Rundwanderungen

☞ Wandern auf Premium-Niveau/Rundtouren

Schwierigkeit & Wegbeschaffenheit

Der Saar-Hunsrück-Steig gehört zu den mittelschweren Fernwanderwegen in Deutschland. Die hier angegebenen Etappen haben eine Länge von durchschnittlich 16 km und zählen durchschnittlich (kumuliert) 420 Höhenmeter (jeweils bergauf und bergab).

Der längste Anstieg am Stück erwartet Sie auf der 18. Etappe von Altlay nach Blankenrath beim Aufstieg vor Schauren (🡅 230 m), der längste Abstieg am Stück auf der 10. Etappe von Börfink nach Morbach beim Abstieg vom Erbeskopf (🡇 310 m).

Sie wandern überwiegend auf Wald- und Feldwegen bzw. -pfaden mit Untergrund aus Waldboden, feinem Schotter und Gras. Das Deutsche Wanderinstitut Marburg ermittelte bei der Zertifizierung einen Naturweganteil von 70 %. Nur selten wandern Sie auf Asphalt (weniger als 5 %).

Telekommunikation: Mobiltelefon und WLAN

Verlassen Sie sich nicht immer auf Ihr Handy/Smartphone! Vor allem in dünn besiedelten und schmalen bewaldeten Tälern gibt es Abschnitte, wo der Netzempfang schwierig sein kann.

Internet: Fast alle Unterkünfte (mit Ausnahme von Ferienwohnungen) sowie einige Einkehrgelegenheiten bieten WLAN an, in der Regel gratis.

Unterkunft

Die Unterkunftsdichte ist sehr unterschiedlich: In der Nähe von Städten oder etwa dem Flughafen Hahn gibt es eine große Auswahl, auf dem Land ist es stellenweise sehr schwierig, eine Bleibe zu finden; in manchen Etappenorten stehen nur Ferienwohnungen zur Wahl.

Ansonsten sind die **Hotels** entlang des Saar-Hunsrück-Steigs sehr unterschiedlich: Es gibt zwar ausgewiesene „Wanderhotels“, aber dennoch sind einige Hotels am Saar-Hunsrück-Steig relativ wenig auf die Zielgruppe Wanderer eingestellt und so manche Wirtsleute, gerade kleiner Hotels, sollten die Winterpause mal zum Besuch eines Seminars für guten Service nutzen ... Vielleicht ist das auch ein Grund dafür, warum in den letzten Jahren (Jahrzehnten) viele kleinere Gasthäuser auf dem Land ihren Betrieb einstellen mussten. Umso erfreulicher ist es, wenn hier und da einige Unterkünfte mit modernen Konzepten – auch auf dem Land – entstehen. Das ist etwa der Fall zwischen Mettlach und Losheim, wo mehrere Niederländer mit neuen/neu belebten Unterkünften aufwarten. Ansonsten geht der Trend zu **Ferienwohnungen**, die nicht selten (teilweise gegen Aufpreis) auch für nur eine Nacht vermietet werden. Für Ferienwohnungen (FeWo) gibt es eine Reihe von Websites:

♦ 💻 www.booking.com, 💻 www.fewo-direkt.de, 💻 www.tourist-online.de

Manche Hoteliers sind relativ unflexibel. Mag der wöchentliche Ruhetag bei kleinen Hotels noch nachvollziehbar sein (wenn auch für Wanderer ärgerlich), so ist es für Wanderer kaum akzeptabel, wenn bei langen Etappen das Frühstück nicht vor 8:30 angeboten wird.

Für den Saar-Hunsrück-Steig wird jährlich ein offizielles Gastgeberverzeichnis herausgegeben (gedruckt und digital), in dem aber nur ein Teil der möglichen Unterkünfte aufgeführt wird (vermutlich gegen Bezahlung). Außerdem enthält das offizielle Verzeichnis an wesentlichen Stellen Fehler, so sind etwa die Entfernungen der Unterkünfte zum SHS gelegentlich geschönt angegeben, und zwar kürzer als tatsächlich.

💻 www.saar-hunsrueck-steig.de/unterkuenfte

Einige der Unterkünfte sind mit dem **Siegel „Qualitätsgastgeber Wanderbares Deutschland"** ausgezeichnet (abgekürzt mit „wd"), das die Wandereignung von Hotels und Pensionen und auch gastronomischen Betrieben anhand von 23 obligatorischen Kern- und 18 Wahlkriterien bemisst. Von Letzteren müssen 8 erfüllt werden.

Wichtige Kriterien sind z. B. die Lage der Unterkünfte, Trocknungsmöglichkeiten, Wanderapotheke (Blasenpflaster), Wetterinformationen, Aufnahme von Gästen für nur eine Nacht, Gepäck- und Bringservice zum Weg, Reservierungsservice für nächste Unterkunft, Wanderkartenverkauf, Fahrpläne und Infos zu regionalen Sehenswürdigkeiten.

💻 www.wanderbares-deutschland.de

B&B In einigen Orten sind auch **private Zimmer** buchbar, oft mit Frühstück. Einige private Zimmervermieter sind im Routenteil angegeben. Hilfreiche Websites für die weitere Recherche:

💻 www.bedandbreakfast.eu, www.airbnb.de

Die im Routenteil angegebenen Unterkünfte wurden so ausgewählt, dass möglichst das ganze (Preis-)Spektrum vertreten ist und die Unterkünfte am Weg liegen. Die angegebenen Übernachtungspreise sind Richtwerte (Stand: 2019) und beziehen sich auf eine Übernachtung mit Frühstück für eine Person in einem Doppelzimmer. Dazu kommt gelegentlich noch ein Übernachtungsaufschlag für nur eine Nacht, teilweise eine Kurtaxe, z. B. € 1,40 in Weiskirchen, sowie ein Hauptsaisonaufschlag.

In vielen Hotels ist auch Halbpension (Abendessen) möglich, wenn man nicht gerade am Ruhetag anreist (angegeben). Dann bleibt oft (für Hotelgäste aber nicht immer) die Küche kalt.

Eine zwar nicht mehr spottbillige, aber immer noch verhältnismäßig preiswerte Alternative sind **Jugendherbergen** (JH), die entlang des SHS in folgenden Orten liegen: Weiskirchen, Hermeskeil, Idar-Oberstein, Trier. Die JH von heute hat wenig mit den Schlafsälen und Kontrollgängen des Herbergsvaters von einst gemein: Es dominieren 2- bis 4-Bett- sowie Familienzimmer, in der Regel mit eigenen sanitären Anlagen. Entsprechend höher sind natürlich die Preise: zwischen € 22 und etwa 30 p. P. inkl. Bettwäsche. www.djh.de

Es gibt eine Reihe von **Campingplätzen** entlang des SHS – aber nicht flächendeckend. Darunter sind einige kleine, die urig in Tälern liegen, manchmal sind es auch nur einige Zeltplätze neben einem Gasthaus. Die Campingplatzgebühren sind nicht immer angegeben, da diese sich nur marginal voneinander unterscheiden und zudem aus verschiedenen Komponenten zusammengesetzt sind. Richtwert: Für ein Zelt zahlt man rund € 5, für eine Person etwa € 6. Die Campingplätze sind in der Regel mit Waschmaschine und -trockner ausgestattet.

Updates

Es gibt immer wieder Änderungen auf dem Weg. Der Conrad Stein Verlag veröffentlicht deshalb Updates zu diesem Buch, die direkt vom Autor oder von Lesern dieses Buches stammen. Bitte schauen Sie vor der Abreise auf die Verlags-Homepage www.conrad-stein-verlag.de. Der links abgebildete QR-Code bringt Sie direkt dorthin.

Veranstaltungen

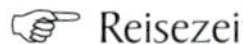
Reisezeit

Verkehrsmittel am Weg

Am Saar-Hunsrück-Steig sind viele Orte mit **Buslinien** verschiedener Verkehrsverbünde erreichbar, auf dem Land viele nur Mo bis Fr mit wenigen Verbindungen; einige wichtige auf einen Blick:

Saarland:

- R1: Merzig – Losheim – Weiskirchen – Morscholz – Wadern
- 156: Perl – Nennig – Luxemburg
- 159: Luxemburg – Losheim
- 207: Mettlach – Merzig
- 210: Perl – Borg – Hellendorf – Merzig
- 224: Merzig – Britten – Losheim

www.saarfahrplan.de, www.saarvv.de

Saarland Card – gratis im Saarland mit Bus und Bahn

Viele Unterkünfte im Saarland sind der Saarland Card angeschlossen, die neben freiem Eintritt für zahlreiche Sehenswürdigkeiten freie Fahrt in Bus und Bahn im Saarland bietet. Ab zwei Übernachtungen in einer dieser Unterkünfte erhält man die Saarland Card gratis.

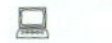
www.urlaub.saarland/Reisefuehrer/Saarland-Card

Rheinland-Pfalz:

- 100: RegioLinie: Trier – Thalfang – Morbach – Flughafen Hahn
- 200: Regiobus: Türkismühle – Nonnweiler – Hermeskeil – Trier
- 209: Hermeskeil – Börfink (nur Mo bis Fr)
- 301: Idar-Oberstein Bf. – Weiherschleife – Tiefenstein
- 311: Morbach – Bernkastel-Kues – Wittlich
- 343: Idar-Oberstein – Kempfeld – Langweiler
- 351: Idar-Oberstein – Rhaunen
- 352: Kirn – Rhaunen – Frankfurt-Hahn
- 634: Kastellaun – Mörsdorf – Blankenrath
- 610: AirportShuttle: Koblenz – Kastellaun – Flughafen Hahn

- 620 (& 621): Koblenz – Udenhausen – Emmelshausen (– Kastellaun – Simmern)
- 626: Brodenbach – Morshausen – Emmelshausen
- 660: Flughafen Hahn – Sohren – Simmern
- 719: Blankenrath – Mittelstrimmig – Cochem (teilweise als Anruf-Sammeltaxi)
- 750: (Cochem Bahnhof –) Bullay – Zell – Blankenrath – Flughafen Hahn

www.vrt-info.de, www.rnn.info, www.vrminfo.de

Stadtbus Trier:

- Linien 6 und 16: Trimmelter Hof – Porta Nigra
- Linie 86: Morscheid – Waldrach – Kasel – Trier-Hauptbahnhof
- Linie 87: Bonerath – Trimmelter Hof – Trier-Innenstadt – Trier-Hafen
- Linie 30: Waldrach – Trier – Olewig – Pluwig
- Linie 33: Trier – Olewig – Pluwig – Kell am See – Hermeskeil

www.vrt-info.de

Weitere Infos zu Buslinien in der Region finden Sie unter dem Punkt „Anreise" (☞ S. 22).

Wandern auf Premium-Niveau im Saarland und Hunsrück

Wanderwege der „Premium"-Klasse sind vom Deutschen Wanderinstitut in Marburg überdurchschnittlich bewertete Wege, die sich u. a. durch wohlüberlegte Wegführung auszeichnen, d. h. abwechslungsreiche Landschaften, keine zu langen An- und Abstiege, viel Wasser (Bäche) und kaum Asphalt.
Für die Qualitätsbemessung von Wanderwegen gibt es in Deutschland verschiedene Verfahren bzw. Siegel:

- Wanderbares Deutschland, „Qualitätsoffensive Deutschland": 9 Kernkriterien und 23 Wahlkriterien werden in 4 km langen Abschnitten erfasst. Mit diesem Siegel warben 2019 mehr als 80 Wanderwege in Deutschland, darunter nicht der SHS. www.wanderbares-deutschland.de
- Deutsches Wandersiegel: Knapp 200 Merkmale aus 34 Kriterien werden in 1 km langen Abschnitten erfasst und mit Punkten bewertet. Wanderwege mit 50 Erlebnispunkten dürfen sich „Premiumweg" nennen. Das Siegel ist allerdings nur 3 Jahre gültig, dann ist eine Nachzertifizierung fällig. Der SHS ist mit 66 Erlebnispunkten einer der am höchsten bewerteten Fernwanderwege. www.wanderinstitut.de

„Traumschleifen" – Rundtouren im Saarland und Hunsrück

Im Umkreis des Saar-Hunsrück-Steigs haben zahlreiche Rundwanderwege eine hohe Punktzahl nach dem letztgenannten – anspruchsvolleren – Verfahren erreicht und zählen zu den schönsten Rundwanderwegen Deutschlands; mehrere wurden mit der Auszeichnung „Wanderweg des Jahres in Deutschland" gekürt – jährlich anlässlich der Messe „TourNatur" in Düsseldorf vom Deutschen Wanderinstitut in Marburg und dem Wandermagazin verliehen. Zu den prämierten Rundwegen in der Region des Saar-Hunsrück-Steigs gibt es eine eigene Broschüre, wo diese auf Marketingdeutsch „Traumschleifen" titulierten Touren beschrieben werden – 2019 waren es genau 111 dieser 6 bis 25 km langen Rundtouren, von denen fast 50 von dem SHS berührt werden bzw. streckenweise entlang derselben Trasse verlaufen. Nicht zu verwechseln übrigens mit den „Traumschleifchen" (prämierte Spazierwanderwege) sowie „Traumpfaden (& Traumpfädchen!)" (prämierten Rundwanderwegen in der Region Rhein-Mosel-Eifel). Aber selbst Tourismus- bzw. Marketingfachleute geraten da gelegentlich ins Schleudern und werfen diese Begriffe in eigenen Veröffentlichungen (bzw. Websites) durcheinander ...

Das Ausweisen, Beschildern und Warten der Wege erfordert einen hohen Aufwand, den Wanderer mit dem 2016 eingeführten Wandercent unterstützen können – per PayPal, Überweisung oder SMS: 💻 www.wandercent.de.

Folgende Übersicht zeigt die Traumschleifen entlang des SHS, die stellenweise am oder auf dem SHS verlaufen.

Etappe	Strecke	Traumschleife	km	Punkte	Ort/Start
1	Perl – Hellendorf	Panoramaweg Perl	9,0	79	Perl
2	Hellendorf – Tünsdorf – Orscholz – Mettlach	Cloefpfad	8,2	92	Orscholz
		Saarschleife Tafeltour	15,8	80	Orscholz-Mettlach
3	Mettlach – Britten	Saarhölzbachpfad	13,0	70	Britten
		Steinhauerweg	10,3	86	Britten
4	Britten – Bergen – Losheim-Stausee	Greimerather Höhenweg	13,3	65	Greimerath/Bergen
		Der Bergener	11,2	79	Bergen
		Der Hochwälder	9,4	72	Losheim
		Stausee-Tafeltour	10,2	72	Losheim

Etappe	Strecke	Traumschleife	km	Punkte	Ort/Start
5	Losheim-Stausee – Waldhölzbach – Weiskirchen	Felsenweg	14,2	95	Scheiden-Waldhölzbach
		Zwei-Täler-Weg	13,0	67	Waldhölzbach
		Wildnis-Trail Weis kirchen	17,2	66	Weiskirchen
6	Weiskirchen – Reidelberg – Grimburger Hof	Hochwald-Pfad	11,5	68	Weiskirchen
		Almglück	6,0	62	Hochwaldalm
7	Grimburger Hof – Reinsfeld	Wadrill-Tafeltour	12,0	60	Grimburg
		Frau Holle	9,5	76	Reinsfeld
8	Reinsfeld – Hermeskeil – Nonnweiler	Hubertusrunde	10,0	63	Nonnweiler
9	Nonnweiler – Börfink	Dollbergschleife	11,2	68	Nonnweiler-Stausee
		Börfinker Ochsentour	9,0	69	Börfink
		Trauntal-Höhenweg	13,8	71	Forellenhof Trauntal
10	Börfink – Erbeskopf – Morbach	Gipfelrauschen	7,4	70	Erbeskopf
		Ölmühlentour	7,5	61	Morbach
11	Morbach – Langweiler – Kempfeld	Köhlerpfad-Steinbach	13,3	78	Langweiler
		Zwischen den Wäldern	10,7	68	Sensweiler
		Kirschweiler Festung	9,0	76	Kirschweiler
12	Kempfeld – Herborn – Idar-Oberstein	Edelsteinschleiferweg	16,0	60	Idar-Oberstein

Etappe	Strecke	Traumschleife	km	Punkte	Ort/Start
13	Idar-Oberstein – Fischbach – Herrstein	Nahe-Felsen-Weg	9,0	72	Oberstein
		Kupfer-Jaspis-Pfad	19,4	86	Herrstein/Niederwörresbach
14	Herrstein – Forellenhof Reinhardtsmühle	Mittelalterpfad	8,6	89	Herrstein
15	Forellenhof Reinhardtsmühle – Rhaunen	Hahnenbachtal	10,0	93	Bundenbach: Bergwerk
		STUMM-Orgel-Weg	13,8	63	Rhaunen
16	Rhaunen – Laufersweiler – Sohren	Kappleifelsentour	9,0	70	Laufersweiler
		Via Molarum	16,0	60	Krummenau
18	Altlay – Schauren – Blankenrath	Altlayer Schweiz	7,0	78	Altlay
19	Blankenrath – Mittelstrimmig – Mörsdorf	Layensteig Strimmiger Berg	13,8	87	Mittelstrimmig
20	Mörsdorf – Bell – Kastellaun	Masdascher Burgherrenweg	13,7	62	Mastershausen
		Burgstadt-Pfad	7,0	72	Kastellaun
22	Schmausemühle – Morshausen	Murscher Eselsche	10,8	86	Morshausen
23	Morshausen – Oppenhausen	Ehrbachklamm	9,0	93	Oppenhausen
24	Oppenhausen – Udenhausen – Boppard	Hasenkammer	10,4	71	Oppenhausen
		Mittelrhein-Klettersteig	5,0	90	Boppard
		Traumschleife Elfenlay	10,2	82	Boppard

Etappe	Strecke	Traumschleife	km	Punkte	Ort/Start
V1	Grimburger Hof – Kell-Stausee	Hochwald Acht	20,0	65	Kell am See
V2	Kell-Stausee – Riveris – Kasel	Schillinger Panoramaweg	14,7	64	Schillingen/ Stausee
		Morscheider Grenzpfad	16,4	73	Morscheid
V3	Kasel – Filsch – Trier	Trierer Galgenkopftour	16,6	60	Filsch bei Trier
		Anzahl:	Mittel:	Mittel:	
		47	11,5	74,1	

Dass kontinuierlich an deren Verbesserung gearbeitet wird, beweisen die Nachzertifizierungen, bei denen viele zuvor ausgezeichneten Wege ihre Punktzahl erhöhen konnten (z. B. Felsenweg). Bei allem Lob über Klassifizierungsverfahren darf man allerdings den internationalen Zusammenhang nicht übersehen: Die im Saarland und Hunsrück ausgezeichneten Wanderwege sind für Wanderverhältnisse in Deutschland überdurchschnittlich, wo Wanderer früher jahrzehntelang zufrieden in Kniebundhosen und „Im Frühtau zu Berge" trällernd über kilometerlange monotone Forstwege schritten. Würde man z. B. englische Wanderwege mit ihren „*public footpaths*" nach dem deutschen Klassifizierungsverfahren bemessen, würden fast alle dortigen Wege hohe Punktzahlen erhalten.

Fernwanderwege im Hunsrück

Bekannte Fernwanderwege durch den Hunsrück sind neben dem Saar-Hunsrück-Steig der Soonwaldsteig, der von Kirn an der Nahe durch den Soonwald zum Rhein nach Bingen führt, sowie der 106 km lange **Sirona-Weg**. Letzterer verläuft von Bundenbach bis Hoppstädten-Weierbach durch die Hunsrück-Nahe-Region auf keltisch-römischen Spuren. Der Name geht auf die gallorömische Göttin Sirona zurück, Beschützerin von Brunnen und Wasserläufen. Der Sirona-Weg und der 167 km lange Hunsrück-Höhenweg folgen dem Saar-Hunsrück-Steig im rheinland-pfälzischen Teil über mehrere Etappen. Bei Sohren wird der Saar-Hunsrück-Steig vom 119 km langen **Ausoniusweg** gequert, der großteils der alten Römerstraße zwischen der alten römischen Festungsstadt Bingium/Bingen und Trier verläuft und nach dem römischen Dichter Ausonius benannt ist, der 368 n. Chr. durch den Hunsrück reiste. Die Fernwanderwege lassen sich auch zu großen Rundwanderwegen kombinieren – eine Runde im Hunsrück zwischen Kastellaun und Bundenbach mit SHS, Schinderhannespfad und Soonwaldsteig.

Ausgewählte Fernwanderwege entlang des SHS:

Name	von ... bis ...	Logo	Länge	bei Etappe ... vom SHS
Moselsteig	Perl – Trier – Cochem – Koblenz	Logo: 5 gelbe gestapelte Schieferplatten	365 km	1, Variante 1
Moselhöhenweg (Hunsrückseite)	Perl – Trier – Ruwer – Koblenz	M	260 km	1, Variante 3, 22, 23,
Soonwaldsteig	Kirn – Bingen	roter Punkt auf gelb-grauem Grund	83 km	14, 15
Hunsrück-Höhenweg	Boppard – Kastellaun – Kirn – Tiefenstein – Bernkastel-Kues	stellenweise H	166 km	teilweise 12-24
Nahehöhenweg	Neubrücke – Idar-Oberstein – Bingen	blaues N auf weißem Grund oder weißes N auf grünem Grund	108 km	12, 13
Sirona-Weg	Bundenbach – Kempfeld – Hoppstädten-Weierbach		106 km	12-15
Ausoniusweg/Via Ausonia	Bingen – Gräfendhron – Trier	weißes AU auf grünem Grund	119 km	16
Schinderhannes-pfad	Kastellaun – Simmern – Gemünden	violetter Turm mit Kegeldach	40 km	20
Hildegard-von-Bingen-Pilgerweg	Idar-Oberstein – Kirn – Bingen – Rüdesheim – Hildegard-Abtei	Nonnen-Konterfei	137 km	13, 14
RheinBurgenWeg	Rolandseck – Boppard – Bingen	zinnenbekröntes rotes R auf weißem Grund	196 km	24

Die Entwicklung des Saar-Hunsrück-Steigs

Ein kurzer Blick auf die Entstehungs- und Erfolgsgeschichte sowie Ziele des im Frühjahr 2007 eröffneten Saar-Hunsrück-Steigs:

Nach den positiven und erfolgreichen Erfahrungen mit kürzeren Rundwanderwegen entstand im Saarland die Idee zu einem Fernwanderweg, der die schönsten Gebiete in der Region erschließen sollte – zwischen der Saarschleife im Westen und Idar-Oberstein im Osten. Das zunächst vom Naturpark Saar-Hunsrück-Steig koordinierte Projekt nahm bald konkrete Formen an. Dabei waren Interessen von unterschiedlichen Nutzergruppen wie Förstern, Jägern, Landwirten, Gastwirten und örtlichen Tourismusverbänden zu berücksichtigen – über Ländergrenzen hinweg (Rheinland-Pfalz und Saarland). Zahlreiche Grundstücksbesitzer mussten konsultiert werden – alleine bei Kell am See reihten sich auf nur 100 m 15 Grundstücke aneinander, wovon eines inzwischen auf zwölf Erben aufgeteilt wurde.

Wege wurden befestigt, Brücken und Bänke gebaut sowie zahlreiche Hinweisschilder platziert, flankiert durch eine umfassende Öffentlichkeitsarbeit. Zum Entspannen laden die vielen „Sinnesbänke" ein – Sonnenliegen aus Holz, wo man die Beine hochlegen, Natur und Himmel beobachten und sich entspannen kann.

Die Planer bemühten sich um abwechslungsreiche Wegführung, damit der Wanderer nicht kilometerlang auf geraden Wegen durch monotone Forste spazieren muss. Dabei ist man gelegentlich übers Ziel hinausgeschossen: Um möglichst viele „Erlebnispunkte" bei den alle drei Jahre fälligen Nachzertifizierungen zu erhalten, führt der Saar-Hunsrück-Steig (bzw. die Traumschleifen) stellenweise mit mehreren Schleifen über schmale Pfade, obwohl nebenan ein Forstweg deutlich bequemer (und kürzer) wäre ... Der Wegverlauf ändert(e) sich in Teilstücken weiterhin kontinuierlich, um dem Wanderer noch mehr Abwechslung und Sehenswertes zu bieten oder als Folge von Nutzungskonflikten (Jäger, Fischteichpächter etc.).

Der Erfolg kann sich sehen lassen: Im ersten vollen Jahr (2008) schnürten mehr als 100.000 Wanderer ihre Stiefel auf dem Saar-Hunsrück-Steig.

Im September 2009 wurde der Saar-Hunsrück-Steig vom Deutschen Wanderinstitut in der Kategorie Routen (Fernwanderwege) als „schönster deutscher Wanderweg 2009" mit 58 Erlebnispunkten ausgezeichnet, bei der jüngsten Nachzertifizierung (2018) des im Jahr 2015 auf 410 km bis zum Rhein verlängerten SHS waren es 66 Punkte – und die Auszeichnung vom Deutschen Wandermagazin 2017 als „Deutschlands schönster Fernwanderweg".

Übersicht, Etappen und Entfernungen

Im Folgenden finden Sie eine Übersicht über die (vorgeschlagenen) Etappen bzw. deren Länge und (kumulierte) Höhenmeter („Höhe kum.“) sowie den maximalen Anstieg/Abstieg („Höhe max.“) bei den jeweiligen Etappen. Die Angaben basieren auf GPS-Messungen des Autors im Zeitraum 2009 bis 2019 sowie offiziellen Angaben zum SHS.

Die Aufteilung der Etappen in diesem Buch richtet sich nach der offiziellen Einteilung, damit der Quervergleich mit offiziellen Angaben zum SHS etwa auf dessen Website sowie mit Wegweisern leichter fällt. Andererseits ist diese offizielle Einteilung nicht immer ideal, da etwa bei manchen Etappenendpunkten keine Unterkünfte zur Verfügung stehen, im Laufe der Etappen dagegen schon. Allerdings sind am Ende dieser offiziellen Etappen ohne Unterkünfte zumindest durch Abstecher in nahe liegende Orte und in einem Fall durch einen Transfer (23. Etappe) Übernachtungsmöglichkeiten erreichbar.

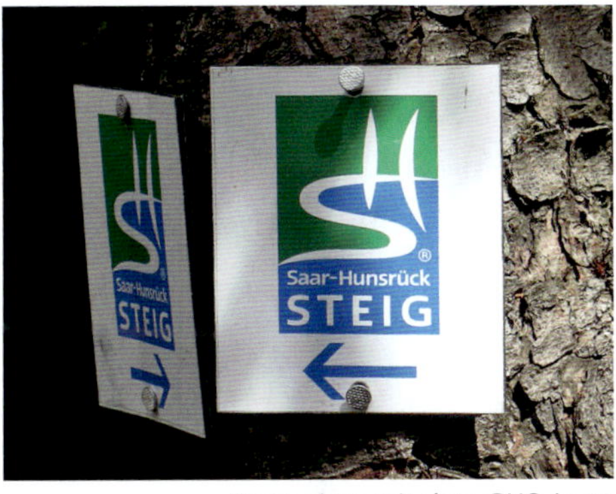

Wegweiser mit dem SHS-Logo

☺ Von daher lohnt sich vorab ein gründliches Studium des Etappenverlaufs, um je nach Unterkunftslage, eigener Kondition sowie Wetterlage die jeweils idealen Etappenlängen zu planen.

Nach seiner Verlängerung besteht der SHS aus folgenden drei Teilstücken:

1. Saar-Hunsrück-Steig „original“, d. h. von Perl an der Mosel nach Idar-Oberstein an der Nahe (191 km)
2. von Idar-Oberstein an der Nahe nach Boppard am Rhein (183 km)
3. Verbindungsweg von/nach Trier über Kell vom SHS am Wadrilltal bei der Grimburg (47 km)

Die einzelnen Etappen des Saar-Hunsrück-Steigs im Überblick inkl. Entfernungen und Höhenmeter:

Etappe	Strecke	Länge km	Gehzeit Std. ger.	Höhe kum. + Hm	Höhe kum. - Hm	Höhe max. + Hm	Höhe max. - Hm
1	Perl – Hellendorf	17,2	4,5	510	280	160	110
2	Hellendorf – Tünsdorf – Orscholz – Mettlach	16,9	4,5	520	730	60	180
3	Mettlach – Britten	11,4	3,5	495	240	195	80
4	Britten – Bergen – Losheim-Stausee	12,3	3,5	250	335	115	105
5	Losheim-Stausee – Waldhölzbach – Weiskirchen	15,9	4,5	480	405	150	210
6	Weiskirchen – Reidelberg – Grimburger Hof	16,9	5,0	410	435	135	140
7	Grimburger Hof – Reinsfeld	9,1	3,0	150	65	70	50
8	Reinsfeld – Hermeskeil – Nonnweiler	16,0	5,0	360	430	155	215
9	Nonnweiler – Börfink	14,1	4,5	370	200	125	100
10	Börfink – Erbeskopf – Morbach	23,5	6,5	430	475	70	320
11	Morbach – Langweiler – Wildenburg	18,3	5,0	630	500	210	220
12	Wildenburg – Herborn – Idar-Oberstein	19,1	4,5	540	835	140	140

Etappe	Strecke	Länge km	Gehzeit Std. ger.	Höhe kum. + Hm	Höhe kum. - Hm	Höhe max. + Hm	Höhe max. - Hm
13	Idar-Oberstein – Fischbach – Herrstein	19,6	6,5	770	810	120	150
14	Herrstein – Forellenhof Reinhardtsmühle	13,7	4,5	305	350	135	130
15	Forellenhof Reinhardtsmühle – Rhaunen	12,5	4,0	380	320	70	110
16	Rhaunen – Laufersweiler – Sohren	19,0	5,5	375	275	65	100
17	Sohren – Hahn – Altlay	10,6	3,5	170	260	40	125
18	Altlay – Schauren – Blankenrath	16,9	5,5	550	515	230	185
19	Blankenrath – Mittelstrimmig - Mörsdorf	13,3	4,5	315	460	85	200
20	Mörsdorf – Bell – Kastellaun	14,8	5,0	435	290	160	80
21	Kastellaun – Mannebach – Schmausemühle	17,7	6,0	310	520	120	145
22	Schmausemühle – Morshausen	10,2	4,0	320	220	175	35
23	Morshausen – Oppenhausen	16,2	5,5	435	420	150	125
24	Oppenhausen – Udenhausen – Boppard	18,9	6,5	500	750	160	205

Etappe	Strecke	Länge km	Gehzeit Std. ger.	Höhe kum. + Hm	Höhe kum. - Hm	Höhe max. + Hm	Höhe max. - Hm
V1	Grimburger Hof – Kell-Stausee	11,7	4,0	345	255	105	60
V2	Kell-Stausee – Riveris – Kasel	20,2	5,5	470	790	170	180
V3	Kasel – Filsch – Trier	15,4	4,0	380	390	220	130
Gesamt	Summe	421	129	11.205	11.555		
	Mittel	16	5	415	428	133	142

Erläuterung zur Übersichtstabelle und Angaben bei den Etappen im Beschreibungstext

Die Entfernungs- und andere Zahlenangaben bei den Etappen beziehen sich in der Regel auf die Distanz zwischen den Abzweigungen zu den jeweiligen Orten vom Saar-Hunsrück-Steig, d. h., wenn Sie die Gesamtlänge einer Etappe ermitteln wollen, müssen Sie zu der angegebenen Etappenlänge noch die km der Zubringerwege zum Übernachtungsort addieren.

Die Höhenmeter sind in der Übersichtstabelle auf zweierlei Art angegeben: einmal kumuliert, also summiert pro Etappe (kum.). Beispiel: 🡅 450 m kann für einen Aufstieg von 450 m am Tag oder z. B. für 3 Aufstiege von jeweils 150 m am Tag stehen. Daneben sind die jeweils größte Steigung bzw. der längste Abstieg einer Etappe in einem Stück angegeben (Höhe max.). 🡅 steht für einen Anstieg, 🡇 für einen Abstieg. Die angegebene Zeit ist die reine Gehzeit – also ohne Pausen–, wobei ein Schnitt von rund 3 bis 4 km pro Stunde zugrunde liegt (je nach Steigung bzw. Wegbeschaffenheit).

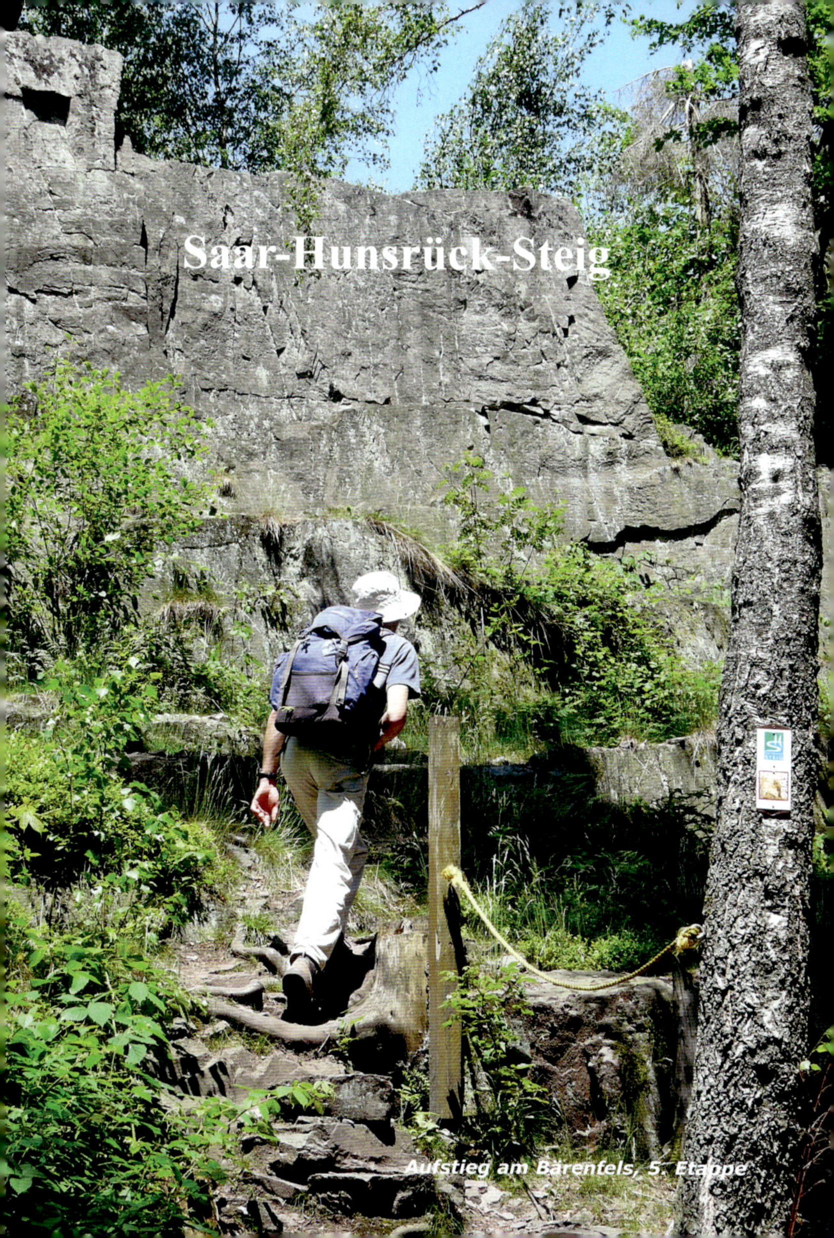

Aufstieg am Bärenfels, 5. Etappe

1. Etappe: Perl – Hellendorf

17,2 km, 4 Std. 30 Min., 510 m, 280 m, 150-380 m

0,0 km	150 m	Bahnhof Perl
1,6 km	225 m	Zentrum von Perl mit Barockgarten B&B
13,9 km	360 m	Rastplatz und Abstecher nach Borg (0,4 km, FeWo)
15,5 km	355 m	Villa Borg
17,2 km	375 m	Abstecher nach Hellendorf (0,4 km,)

Die erste Etappe führt von Perl an der Mosel bzw. dem Dreiländereck Deutschland-Frankreich-Luxemburg nach Hellendorf. Südlich von Perl genießen Sie kurz vor der französischen Grenze einen schönen Blick auf die Mosel. Historischer Höhepunkt ist die rekonstruierte römische Villa Borg kurz vor Hellendorf. Wegen einiger ausgeprägter Schleifen lässt sich die Tour auch erheblich abkürzen. Der größte Teil der Steigung (200 m) ist zu Beginn, der Rest ist gleichmäßig verteilt. Entlang dieser Etappe verläuft streckenweise die Traumschleife „Panoramaweg Perl“.

Die Etappe beginnt am Bahnhof in Perl.

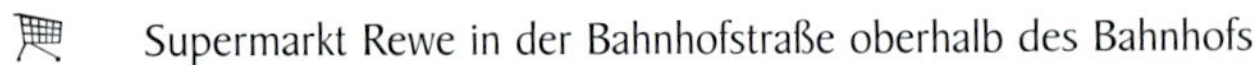

Supermarkt Rewe in der Bahnhofstraße oberhalb des Bahnhofs

Sie steigen zunächst aus dem Moseltal an Weingärten vorbei aufwärts und queren das historische Zentrum von Perl sowie den **Barockgarten** ❶ (km 1,6, 225 m) mit Blumenbeeten, Buchsbäumen, Brunnen und Eiben.

Perl

B&B

Tourist-Info Perl, Trierer Straße 28, 66706 Perl, 068 67/660, www.perl-mosel.de, Mo bis Fr 8:00 bis 12:00, Di auch 13:30 bis 18:00 und Do auch 13:30 bis 15:30

Hotel Maimühle, Bahnhofstraße 100, 068 67/911 31 70, info@maimuehle.de, www.maimuehle.de, ab € 48, , warme Küche im Sommerhalbjahr durchgehend, sonst 11:30 bis 14:00 und 18:00 bis 21:00. Kleines zentral am Bahnhof gelegenes Hotel mit 18 Betten, Vinothek und Terrasse

♦ Haus & Hof – Bistro & Logis, Marienstraße 3, 068 67/911 85 91, info@hausundhof-sehndorf.de, www.hausundhof-sehndorf.de, ab € 40, ,

Restaurant Mi bis Fr 11:30 bis 14:00 und 18:00 bis 22:00, Sa 18:00 bis 22:00, So ab 11:30 mit warmer Küche 11:30 bis 14:00 und 18:00 bis 21:00, Ruhetage Mo und Di. Kleines zeitgemäßes Hotel mit 16 Betten in Studios/Wohnungen mit kleiner Küchenzeile in ehemaliger Schreinerei, Terrasse und Garten, 1 km vom SHS nahe dem Bad von Perl

Hotel Hammes, Hubertus-von-Nell-Str. 15, 068 67/910 30, www.hotel-hammes.de, Preise auf Anfrage, Küche täglich außer Mi 11:30 bis 14:00 und 18:00 bis 21:00. 3-Sterne-Hotel (wd) mit 12 Zimmern, 250 m vom SHS

♦ Central Hotel Greiveldinger, Bergstr. 1-3, 068 67/271, www.hotel-greiveldinger.de, ab etwa € 45, Restaurant Mo bis Sa außer Mi ab 9:00, So ab 10:00, Küche täglich außer Mi 11:30 bis 14:00 und 18:00 bis 22:00. Traditionsreiches Haus, familiär geführt in 7. Generation, 100 m vom SHS

♦ Hotel-Restaurant Winandy, Biringerstr. 2, 068 67/364, 01 72/652 61 66, winandy@t-online.de, www.winandy-perl.de, ab € 33, Restaurant täglich außer Mo 9:00 bis 23:00. Haus (wd) mit 9 Zimmern, 80 m vom SHS

Hotel Perler Hof, Bergstraße 2-4, 068 67/58 75, www.perler-hof.de, ab € 45. Garni-Hotel in Gebäude aus dem 18. Jh. mit 25 Zimmern, 100 m vom SHS

♦ Residence Hotel, Hubert von Nell Str. 19 A, 068 67/91 19 10, www.residence-hotel-perl.de, ab € 43. Garni-Hotel, 100 m vom SHS

B&B Residenz Lisa, Wiesenweg 3-4, 068 65/12 33, 01 75/208 23 10, info@pension-lisa.de, www.pension-lisa.de, ab € 46 für 2 Personen. Budgetunterkunft in Ortsmitte mit Küchenzeile, 100 m vom SHS.
Richtet sich primär an Monteure, aber das schließt Wanderer nicht aus ...

Grenzland Apotheke, Trierer Straße 24, 068 67/910 60

Rewe-Supermarkt nahe dem Kreisverkehr oberhalb des Bahnhofs (100 m vom SHS) sowie dahinter an der Bundesstraße weitere Supermärkte bzw. Discounter

stündliche Bahnverbindungen Richtung Trier

Taxi Bach, 068 67/56 00 07

Perl ist eine kleine Gemeinde im Dreiländereck Deutschland-Luxemburg-Frankreich. Von den rund 7.700 Einwohnern der Gemeinde Perl lebt knapp ein Drittel im Hauptort Perl an der Mosel. Zur Gemeinde gehören die Ortsteile Nenning und Borg, durch die der SHS ebenfalls führt.

Hauptsehenswürdigkeiten von Perl sind die Quirinuskapelle sowie der Barockgarten. Wegen seiner vielen Übernachtungsmöglichkeiten und der Bahnanbindung ist Perl ein optimaler Start-/Endpunkt.

Gegenüber von Perl, auf der anderen (luxemburgischen) Seite der Mosel, liegt **Schengen**, synonym gebraucht für einfaches grenzüberschreitendes Reisen in Europa. Das Schengener Abkommen regelt die Abschaffung der Personenkontrollen an den Innengrenzen der EU.

✞ Die **Quirinuskapelle** am Barockgarten wurde ab 1712 errichtet, nachdem Quirinus als Heiliger mit Verantwortungsbereich Vieh und Helfer bei Hautkrankheiten schon seit dem Mittelalter hier verehrt worden sein soll.

⌘ Das multimediale **Europamuseum Schengen** im Besucherzentrum „Centre Européen" in der 6 Rue Robert Goebbels auf der anderen (französischen) Moselseite beleuchtet die Geschichte und Bedeutung der Schengener Abkommen.

♦ April bis Oktober täglich 10:00 bis 18:00, November bis März bis 17:00, Eintritt frei

5 Min. nach dem Ortsende, am Waldanfang, erreichen Sie eine Kreuzung ❷ (km 3,1, ⇧ 305 m). Hier folgen Sie dem SHS scharf rechts, um eine 3,4 km lange Schleife mit nettem Blick auf das Moseltal zu machen – auf derselben Wegtrasse wie der Traumschleifen-Rundweg „Panoramaweg Perl".

↳ Abkürzung ohne Schleife (➲ 3,2 km weniger)

Sie können auf diese Extraschleife des SHS verzichten, indem Sie bei der Kreuzung (km 3,1) geradeaus gehen und nach 20 m bei der Gabelung rechts. Nach 200 m erreichen Sie eine Kreuzung, wo Sie wieder auf den SHS treffen und diesem geradeaus folgen.

↳ Traumschleife „Panoramaweg Perl"

Die 9 km lange Traumschleife „Panoramaweg Perl" bietet schöne Aussichten oberhalb von Perl auf das Moseltal. Dieser Rundweg begleitet den SHS für etwa 4 km ab dem Naturschutzgebiet Hammelsberg.

Weiter geht es durch Wald sowie das 48 ha große grenzüberschreitende Naturschutzgebiet Hammelsberg. Bei einem ⩩ Rastplatz mit Hütte halten Sie sich rechts. 5 Min. danach passieren Sie Infotafeln ❸ (km 3,5, ⇧ 260 m) und haben schöne Ausblicke auf das Moseltal und Orchideenwiesen. Wärmeliebende Pflanzen und Tiere schätzen die Südhänge, darunter die Gottesanbeterin, Fangzikade und 17 Orchideenarten.

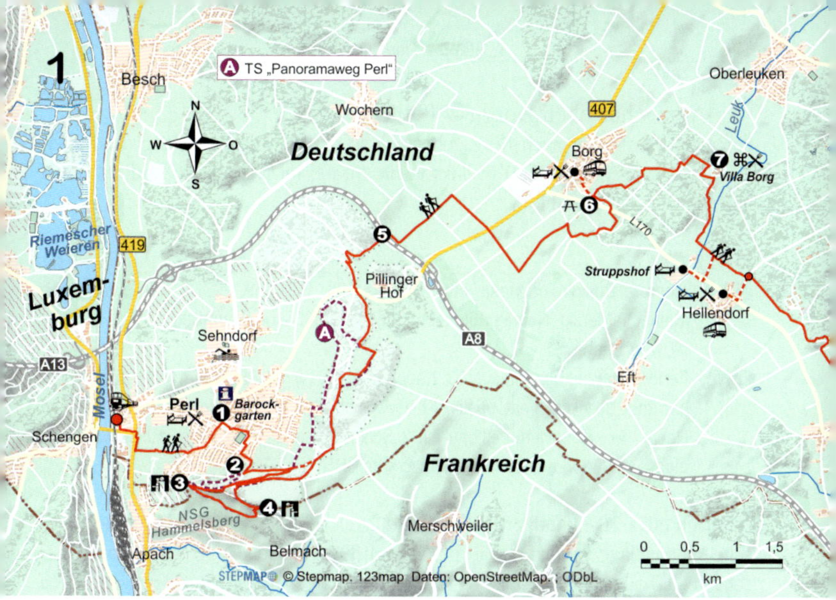

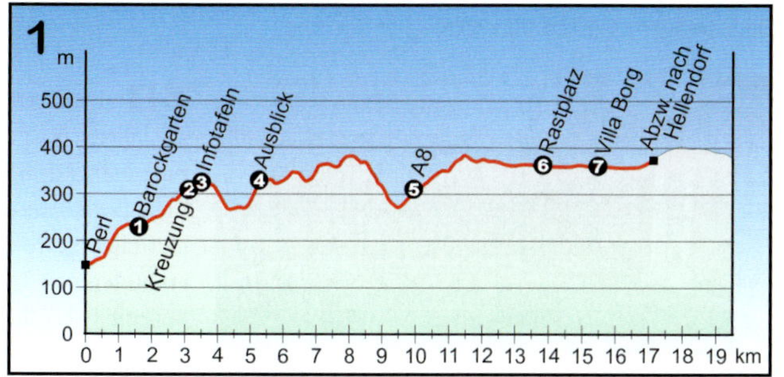

schöner Ausblick vom Dreiländereck ❹ nach etwa 10 Min. (km 5,2, ⇧ 330 m)

Sie unterqueren schließlich die A8 ❺ (km 10, ⇧ 305 m) und wandern über die Hochfläche zwischen Mosel und Saar sowie durch Wälder bei **Borg**. Bei einem Grillplatz mit ⩚ Rastgelegenheit am Waldrand ❻ (km 13,9, ⇧ 360 m) ist ein Abstecher in das Dorf mit Bushaltestelle möglich (➲ 0,4 km).

↳ Abstecher nach Borg (➲ 0,4 km)

Für einen Abstecher nach Borg gehen Sie ab dem Grillplatz entlang der Kapellenstraße, biegen nach 250 m links in die Straße Im Nussgarten und erreichen nach 100 m die Dorfmitte.

Borg

mehrere Busverbindungen, etwa Buslinie 155, 158, 159, 207, 210 u. a. von/nach Mettlach, Merzig, Nennig, Kirchberg, Luxemburg, Losheim am See, www.saarvv.de

FeWo Ferienwohnung Landhaus N° 3, Kapellenstr. 5A, 01 51/56 84 44 44, online buchbar über Saarschleifentouristik: www.buchung.saarschleifenland.de, ab € 80 pro Nacht, . Renovierter Altbau mit 2 Schlafzimmern, großzügiger Ausstattung und eigenem Garten am Dorfrand, 300 m vom SHS

Nach etwa 20-minütiger Waldpassage erreichen Sie eine rekonstruierte römische Villenanlage ❼ (km 15,5, ⇧ 355 m): Die römische Villa Borg, ein klassisches Landhaus vom Typ „Villa rustica" mit Nebengebäuden, wurde originalgetreu auf den Fundamenten einer alten römischen Villa angelegt – mit Wandelhallen, Badeanlagen, Gärten und römischer Taverne.

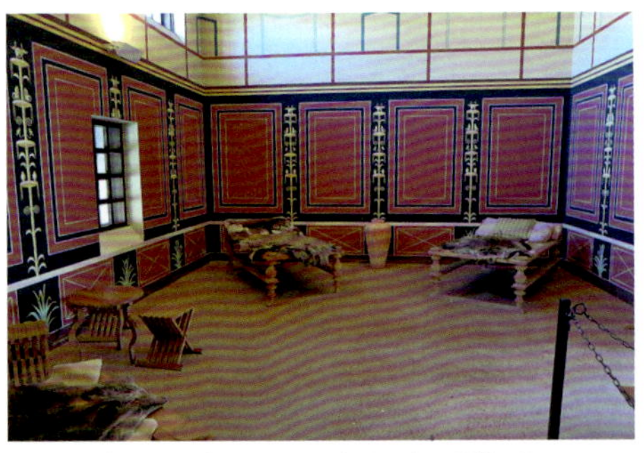

Römisches Ambiente auch in der Villa Borg

⌘ Nach mehr als 25 Jahren Ausgrabung und Rekonstruktion zeigt die Villa Borg, wie die Römer hier einst gewohnt haben – im Süden von Trier, der seinerzeit (4. Jh. n. Chr.) größten römischen Stadt nördlich der Alpen. Entstanden ist ein ganzer Archäologiepark, der römische Geschichte lebendig werden lässt – laut Eigenwerbung die „einzige vollständig rekonstruierte römische Villenanlage weltweit". Die Gärten der **Villa Borg** sind Teil des Projekts „Gärten ohne Grenzen" (☞ Infokasten).

♦ www.villa-borg.de, April bis Oktober Di bis So 10:00 bis 18:00, Februar, März und November 11:00 bis 16:00, Eintritt € 6

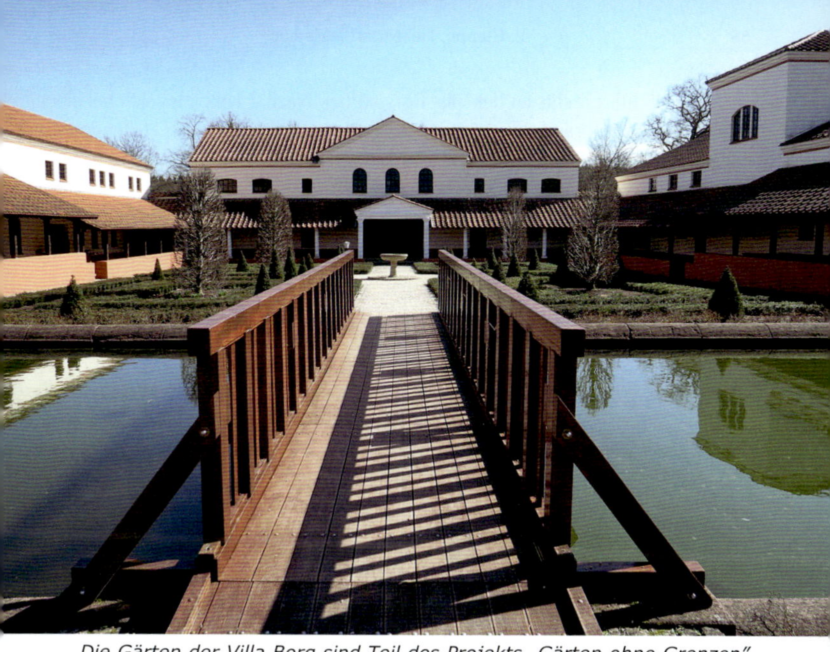

Die Gärten der Villa Borg sind Teil des Projekts „Gärten ohne Grenzen"

✗ Taverne in der Villa Borg, ☏ 068 65/91 17 12, 💻 www.taverne-borg.de,
🚪 ☞ Villa Borg, zugänglich nur für Besucher der Villa Borg

Gärten ohne Grenzen

Im touristischen Projekt „Gärten ohne Grenzen" sind mehr als 20 botanische Gärten und Parks im Grenzbereich Deutschland-Frankreich-Luxemburg zusammengeschlossen, die gemeinsam werbend auftreten. Gemeinsamer Leitfaden des Projektes sind historisch rekonstruierte Gartenanlagen unterschiedlicher Epochen oder mit frei konzipierten Themen, die den Besucher Geschichte lebendig erleben lassen. Entlang des SHS gehören noch das Barockgartenparterre des Palais von Nell in Perl, der Park der Vier Jahreszeiten in Losheim und der Staudengarten von Weiskirchen zu den „Gärten ohne Grenzen".

Durch das 1998 gestartete Projekt soll die touristische Attraktivität der Region verbessert werden. Geldgeber sind die EU (50 %) sowie verschiedene Behörden des Saarlandes.

💻 www.gaerten-ohne-grenzen.de

Der SHS führt rechts an der Villa Borg vorbei. Nach 2 km bietet sich bei einer Kreuzung am Waldrand (km 17,2, ⇧ 375 m) ein Abstecher nach Hellendorf an mit Einkehr- und Übernachtungsmöglichkeiten:

Abstecher nach Hellendorf (➲ 0,4 km)

Bei der Kreuzung gehen Sie rechts hinunter nach Hellendorf, einem Ortsteil von Perl mit 300 Einwohnern.

Hellendorf

Landgasthaus Sonnenhof, Merzigerstr. 3, ☏ 068 68/773, www.sonnenhof-perl.de, ab € 44, A, Küche Di 16:00 bis 21:30, Mi bis So 11:30 bis 14:00 und 18:00 bis 21:30, Mo 18:00 bis 19:30 nur für Hotelgäste. 3-Sterne-Hotel (wd) mit 30 Betten, Wintergarten und Bauernstube, 450 m vom SHS entfernt

Hotel Struppshof, Struppshof 1, ☏ 068 68/931 40, struppshof@t-online.de, www.struppshof.de, ab € 44. Günstiges Hotel mit 11 Zi, 500 m vom SHS entfernt (rechter Abzweig vor Hellendorf!)

Buslinie 220 mit beinahe stündlichen Abfahrten Richtung Merzig sowie Perl und Nennig, www.saarvv.de

2. Etappe: Hellendorf – Mettlach

➲ 16,9 km, ⌛ 4 Std. 30 Min., ↑ 520 m, ↓ 730 m, ⇧ 160-415 m

0,0 km	⇧ 375 m	Abstecher nach Hellendorf (➲ 0,4 km)
3,9 km	⇧ 370 m	Abstecher nach Tünsdorf (➲ 0,5 km, FeWo)
5,0 km	⇧ 360 m	Europäisches Zentrum für Meditation und Begegnung
9,6 km	⇧ 395 m	Orscholz B&B
16,9 km	⇧ 165 m	Mettlach ⌘ ✝

Die Etappe zwischen Hellendorf und Mettlach berührt eine der bekanntesten Landschaften des Saarlands: die malerische Saarschleife bei Orscholz. Vorher erleben Sie ursprüngliche Naturlandschaften und Bachläufe, etwa das wildromantische Steinbachtal mit dem Meditationszentrum in Neumühle. Bei Orscholz erreicht der SHS die Saarschleife und folgt ab hier den Traumschleifen „Cloefpfad" und „Saarschleifen-Tafeltour" zum Zielort Mettlach, bekannt für den Keramikkonzern Villeroy & Boch. Kurz vor Mettlach erwartet Sie der längste Abstieg (↓ 210 m).

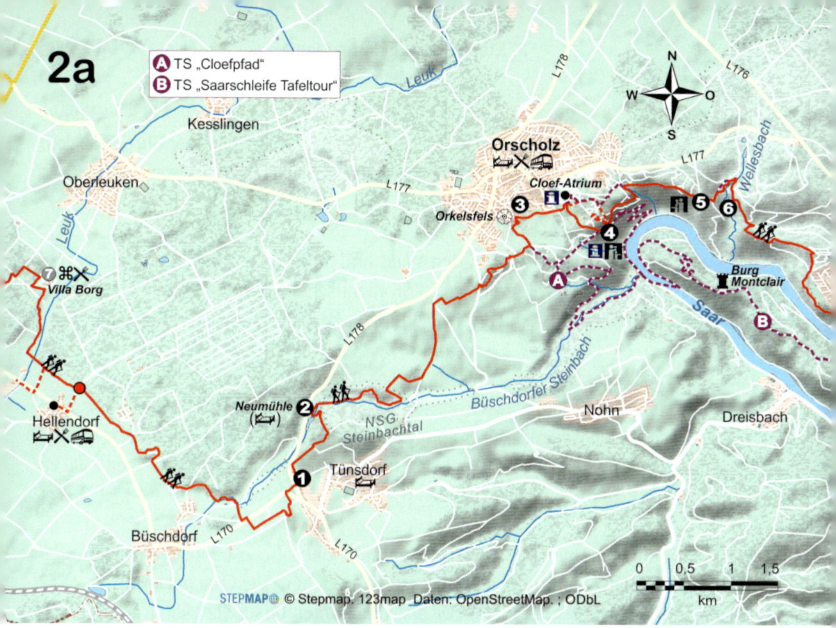

2a

A TS „Cloefpfad“
B TS „Saarschleife Tafeltour“

STEPMAP © Stepmap, 123map Daten: OpenStreetMap, ; ODbL

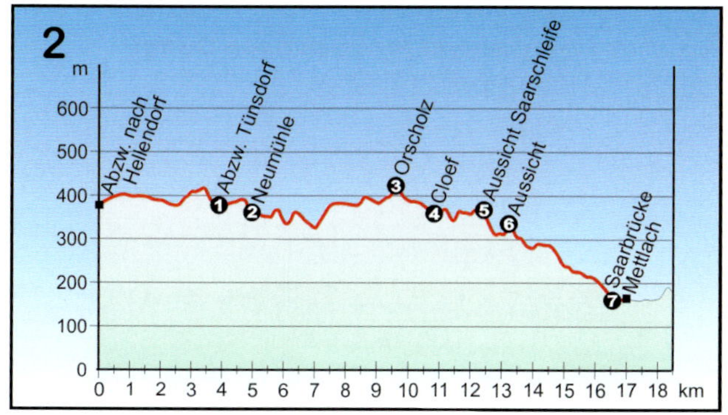

Ab Hellendorf folgen Sie dem SHS am Waldrand entlang und in den Wald hinein, vorbei an Bachläufen und einem Waldweiher mit einer „Sinnesbank“.

Kurz vor Tünsdorf führt der Steig aufwärts. Oberhalb von **Tünsdorf ❶** (km 3,9, ⇧ 370 m) besteht die Möglichkeit zu einem ⇘ Abstecher in das Dorf (➲ 0,5 km).

Tünsdorf FeWo

FeWo Ferienwohnung im Maigen/Eventschmiede Biringer, Franz-Altmeyer-Str. 5, Tünsdorf, ☏ 068 68/587, 💻 www.schmiedeonline.de ☞ Ferienhaus Tünsdorf, ab € 45 für 2 Personen

Kurz darauf führt der SHS in den Wald und abwärts in das Naturschutzgebiet Steinbachtal. Der SHS folgt diesem wildromantischen Tal und passiert einen Wasserfall beim Meditationszentrum in Neumühle ❷ (km 5, ⇧ 360 m).

(🛏) Europäisches Zentrum für Meditation und Begegnung, Neumühle 1, ☏ 068 68/910 30, 💻 www.meditation-saar.de. Seminarhaus mit 65 Betten, das zwar Übernachtungsmöglichkeiten und (vegetarische) Küche bietet, aber nur in Verbindung mit (wöchentlichen) Angeboten zum Thema Meditation, QiGong, Yoga, (Ü/F im DZ ab € 36 p. P.), direkt am SHS

Nach dem Steinbachtal wandern Sie durch eine offene Landschaft mit weiten Aussichten. Beim Naturdenkmal **Orkelsfels** erreichen Sie Orscholz ❸ (km 9,6, ⇧ 395 m). Ab hier folgt der SHS bis kurz hinter Orscholz der Traumschleife „Cloefpfad".

Aussichtsreiche Sinnesbank am Orkelsfels bei Orscholz

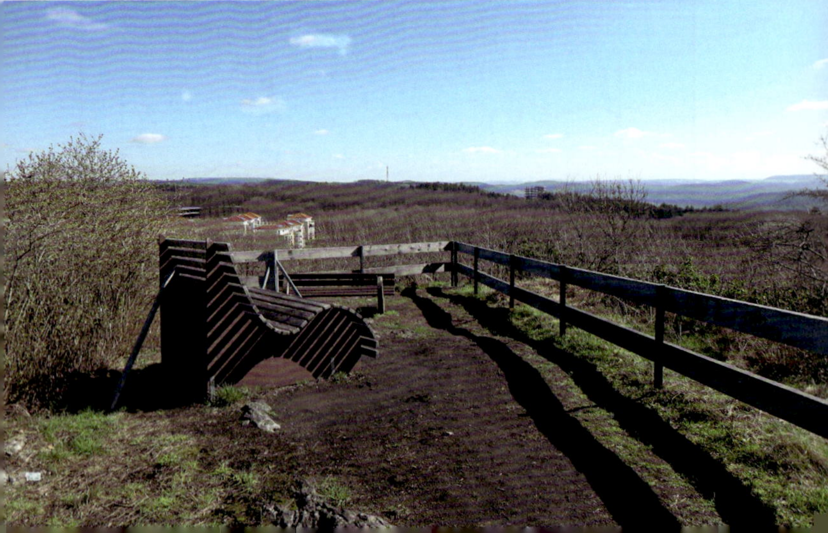

Traumschleife „Cloefpfad“

Die 8 km lange Traumschleife „Cloefpfad“ führt von Orscholz an der Cloef vorbei abwärts zur Saar und von dort durch das Steinbachtal wieder aufwärts. Der Cloefpfad führt bei Orscholz stellenweise insgesamt 2 km entlang des SHS.

Orscholz

B&B

Saarschleife-Touristik, Cloef-Atrium, 66693 Mettlach-Orscholz, ☎ 068 65/911 50, www.tourist-info.mettlach.de, April bis Oktober täglich 10:00 bis 17:00, November bis März täglich 11:00 bis 16:00

Zur Saarschleife, Cloefstraße 44, ☎ 068 65/17 90, info@hotel-saarschleife.de, www.hotel-saarschleife.de, DZ ab ca. € 64, . Größeres 4-Sterne-Hotel mit rund 50 Zimmern. Das gelegentlich von Busgruppen und vielen Radfahrern frequentierte Hotel (wd) liegt zentral, etwa 200 m vom Saar-Hunsrück-Steig entfernt an der Saarschleife.

B&B Pension Dreiländereck, Schmiedewäldchen 11, ☎ 068 65/18 57 38, kontakt@pensiondreilaendereck.de, www.pensiondreilaendereck.de, ab € 64, , . Kleine familiäre Unterkunft, auf Wanderer eingestellt, 600 m vom SHS

Restaurant Cloef-Atrium und Bistro Mirabelle, Mius-Kiefer-Straße, ☎ 068 65/911 52 50, www.bistro-mirabell.de, täglich 11:00 bis 22:00. Restaurant (wd) unweit der Cloef mit einem großen Spektrum – ob gehobene oder gutbürgerliche Küche, Restaurant, Bistro, Biergarten

Rewe-Supermarkt in der Saarbrücker Straße 997 sowie mehrere Bäckereien in der Ortsmitte

St. Nikolaus Apotheke, Saarburger Straße 23, ☎ 068 65/13 17

Unweit des Kurparks befindet sich seit 1993 ein Gesundheitszentrum mit orthopädischer Reha-Klinik.

mehrere Busverbindungen, etwa Buslinie 155, 158, 159, 207, 210 u. a. von/nach Mettlach, Merzig, Nennig, Luxemburg, Losheim am See, www.saarvv.de

Taxi Schwarz, ☎ 068 65/248

Der heilklimatische Kurort Orscholz ist mit seinen 3.600 Einwohnern der größte Ortsteil der Gemeinde Mettlach. Bekannt ist Orscholz vor allem durch seinen Aussichtspunkt Cloef mit fantastischem Blick auf die Saarschleife. Im Kurpark von Orscholz steht der moderne Bau des Besucherzentrums **Cloef-Atrium** mit Touristinformation und Baumwipfelpfad.

Saarschleife

Die Saarschleife beginnt kurz hinter Merzig beim Stadtteil Besseringen und endet in Mettlach. Zwischen diesen beiden nur 2 km entfernten Orten mäandert die Saar auf einer Länge von 10 km durch den 200 m tief eingeschnittenen Taunusquarzit und umfließt dabei die Burgruine Montclair. Die Saarschleife gilt als Wahrzeichen des Saarlandes. Hitler wollte hier eine riesige „Reichsschulungsburg" auf 170 ha Fläche bauen, was glücklicherweise wegen des Widerstands der Grundbesitzer (Familie von Boch) scheiterte. Diese historisch beladene natürliche Sehenswürdigkeit an der deutsch-französischen Grenze war Schauplatz symbolischer Politikerbegegnungen zur Beweihräucherung der deutsch-französischen Freundschaft, zuletzt 2006 bei einem Dreiergipfel mit dem französischen Präsidenten Jacques Chirac, dem polnischen Präsidenten Lech Kaczynski und Bundeskanzlerin Angela Merkel.

In Orscholz folgen Sie dem SHS rechts am Cloef-Atrium vorbei zum Aussichtspunkt **Cloef** 180 m über der Saar mit weitem Blick auf die Saarschleife ❹ (km 10,9, ⇧ 340 m) – wo sich die Saar um 180 Grad in einer engen Schlucht wendet. Oberhalb der Cloef erhebt sich der Aussichtsturm des 2016 eröffneten Baumwipfelpfads (Eingang am Cloef-Atrium).

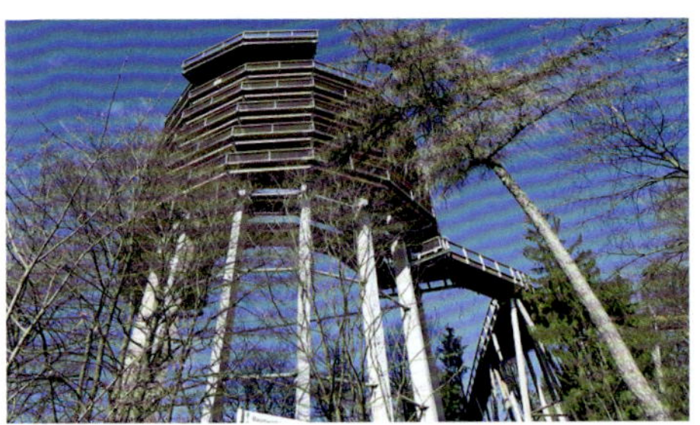

Eindrucksvoll, aussichts- und lehrreich: der Baumwipfelpfad

Seit 2016 gibt es mit dem **Baumwipfelpfad** eine neue Attraktion an der Saarschleife: Der 1,2 km lange und bis zu 23 m hohe Pfad aus Lärchen- und Douglasienholz mit dem 42 m hohen Turm erlaubt zwischen Bäumen spannende Einblicke in/auf den Wald oberhalb der Saarschleife.

♦ www.baumwipfelpfad-saarschleife.de, täglich 9:30 bis 18:00, Eintritt € 10

Von der Cloef folgen Sie dem SHS links oberhalb der Saarschleife weiter entlang der Traumschleife „Cloefpfad" und dem Traumpfad „Saarschleife Tafeltour". Nach 10 Min. zweigt der Cloefpfad links ab und Sie folgen weiter der Traumschleife „Saarschleife Tafeltour" und dem SHS.

⇘ Traumschleife „Saarschleife Tafeltour"

Die 15,8 km lange Traumschleife „Saarschleife Tafeltour" führt beidseitig entlang der Saarschleife und quert diese dabei zweimal. Bis nach Mettlach führt die Saarschleife Tafeltour entlang des SHS.

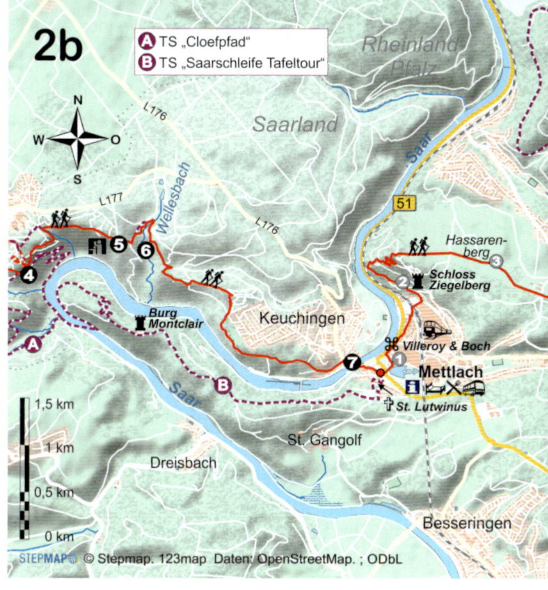

20 Min. nach der Cloef genießen Sie rechts eine schöne Aussicht auf die Saarschleife ❺ (km 12,5, ⇧ 365 m). Kurz darauf folgen Sie dem Saar-Hunsrück-Steig abwärts in das Tal, queren nach 10 Min. den Wellesbach und passieren nach einem Zwischenanstieg einen weiteren Aussichtspunkt ❻ (km 13,2, ⇧ 320 m). Auf der anderen Seite erheben sich auf dem Felsen die Ruinen der Burg Montclair.

Burg Montclair

Die erstmals 1168 urkundlich erwähnte Burg Montclair liegt idyllisch auf einem Bergriegel, der von der Saarschleife umschlossen wird. Früher gab es hier eine Keltenburg, ehe im Spätmittelalter (12. bis 14. Jh.) die jetzige Burganlage errichtet wurde.

Obwohl angeblich uneinnehmbar, wurde die Burg 1351 erstürmt und zerstört, ehe 1439 eine kleinere Burg an derselben Stelle errichtet wurde.

Heute präsentiert sich die Burganlage nach einer umfangreichen Restaurierung in den 90er-Jahren den Besuchern im neuen alten Glanz – mit einer massiven Burgmauer sowie vier Türmen, von denen sich ein schöner Blick auf die Saarschleife bietet.

⌘✕ In dem Burgkeller gibt es ein Burgmuseum und ein Restaurant.

♦ www.burg-montclair.de, April bis Oktober Di bis So 11:00 bis 18:00, Eintritt inkl. Türme € 2

Nach knapp 1 Std. queren Sie bei Mettlach auf einer Brücke die Saar ❼ (km 16,6, ⇧ 165 m) und wandern geradeaus durch die Fußgängerzone von Mettlach mit vielen Einkehr- und Einkaufsgelegenheiten – v. a. für Produkte von Villeroy & Boch, dem bekanntesten Arbeitgeber von Mettlach.

Mettlach

Saarschleife Touristik, Freiherr-vom-Stein-Straße, 66693 Mettlach, ☎ 068 64/83 34, www.tourist-info.mettlach.de, April bis Oktober Mo bis Fr 9:00 bis 12:00 und 13:00 bis 17:00, Sa 10:00 bis 14:00, So 13:00 bis 17:00, November bis März Mo bis Fr 11:00 bis 16:00 und Sa 12:00 bis 16:00

Hotel Haus Schons, Von-Boch-Liebig-Str. 1, ☎ 068 64/12 14, info@hotel-haus-schons.de, www.hotel-haus-schons.de, ab € 45. Kleines 3-Sterne-Hotel (wd) mit 10 Zimmern und Biokost, Frühstück auch gluten- und/oder laktosefrei möglich, allerdings mit saftigem Aufschlag: € 4,90 pro Tag. Direkt am Saar-Hunsrück-Steig

♦ Hotel Zum Schwan, Freiherr-vom-Stein-Straße 34a, ☎ 068 64/911 60, www.hotel-schwan-mettlach.de, ab € 44. 3-Sterne-Hotel (wd) mit 17 Zimmern und hauseigener Bäckerei, direkt am SHS

Mettlacher Abtei-Bräu in der Bahnhofstraße 32, ☎ 068 64/932 32, www.abtei-brauerei.de, Di bis Sa 12:00 bis 23:00, So 11:00 bis 22:00. Brauerei-Gaststätte (wd) mit günstigen und frischen regionalen Speisen sowie hausgemachtem Senf und Biergarten

Wasgau-Frischemarkt in der Saaruferstraße 34 im Norden von Mettlach sowie Bäckerei Marxen in der Freiherr-vom-Stein-Straße 34a in der Innenstadt

St. Lutwinus Apotheke, Freiherr-vom-Stein-Straße 13, ☎ 068 64/508, www.st-lutwinus-apotheke-mettlach.de

Taxi in Mettlach, ☎ 068 64/91 11 88

Vom Bahnhof Mettlach nahe der Innenstadt gibt es stündliche Regionalbahnverbindungen Richtung Saarbrücken und Trier.

Mettlach liegt malerisch an der Saarschleife. Der Ortsteil Mettlach zählt 3.400 Einwohner, während in der gesamten Gemeinde mit ihren zehn Ortsteilen rund 10.500 Einwohner leben. Im Norden erreicht die saarländische Gemeinde die rheinland-pfälzische Grenze. Fast die Hälfte der Gemeindefläche ist von Wald bedeckt, während nur rund 10 % bebaut sind. Die Ursprünge von Mettlach reichen weit zurück: Um 676 gründete der fränkische Herzog Lutwinus, der spätere Bischof von Trier, eine Abtei an der Stelle des heutigen Ortsteils Mettlach.

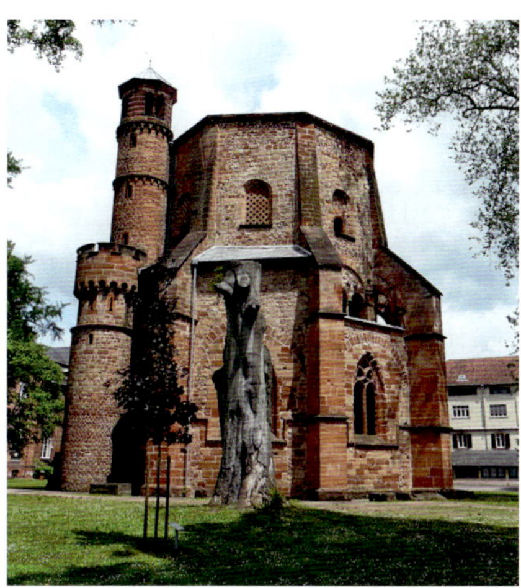

Der Alte Turm ist über 1.000 Jahre alt

Mettlach wird meistens in einem Atemzug mit der für ihre Keramikprodukte bekannten Firma Villeroy & Boch genannt, die dort bis heute ihren Sitz hat. Diese Firma mit Weltruf entwickelte ihren Standort in Mettlach weniger wegen der Rohstoffe (die per Schiff angeliefert wurden), sondern vielmehr wegen der vor Ort vorhandenen Energieträger: Die zum Betrieb der Brennöfen nötigen Rohstoffe Holz und Kohle sind in der Region reichlich vorhanden.

Wahrzeichen von Mettlach ist der über 1.000 Jahre alte Alte Turm, die Grablege des hl. Lutwinus, von Einheimischen auch „Dom" genannt. Der Grundriss des ältesten sakralen Bauwerks im Saarland wurde nach dem Vorbild des Aachener Doms in Form eines Oktagons gebaut. Das Innere wird von rheinisch-romanischen Formen geprägt. Auffällig sind die Mosaikbilder auf dem Boden, an den Wänden und der Decke. Neben dem Alten Turm befinden sich der 14 m hohe, efeuumrankte „Erdgeist" des Wiener Künstlers André Heller sowie im Abtei-Park das mit 137.000 Teilen angeblich größte Keramikpuzzle weltweit mit dem Namen „Living Planet Square" – beides bekannte Exponate der Expo 2000 aus dem Pavillon des WWF.

Sehenswert sind in dem Abtei-Park auch der Schinkel-Brunnen sowie der größte Ginkgobaum des Saarlandes.

⌘ Die **Alte Abtei** (jetzige Gebäude aus dem 18. Jh.) ist seit 1809 Sitz der alteingesessenen Villeroy & Boch AG. Das ursprüngliche Benediktinerkloster soll im 6./7. Jh. von dem fränkischen Adligen Lutwinus gegründet worden sein. Heute betreibt Villeroy & Boch hier ein Erlebniszentrum mit Keramikmuseum, Keravision und Museumscafé im Stil des Dresdner Milchladens. Die Produkte, Sammlungen und ein Film dokumentieren 270 Jahre Firmengeschichte.

♦ 💻 www.mettlachoutletcenter.de ☞ Tourismus ☞ Erlebniszentrum,
🚪 Mo bis Sa 10:00 bis 17:00, So 14:00 bis 17:00, Eintritt € 4,50

✞ Die nach Abteigründer benannte **Pfarrkirche St. Lutwinus** ist für ihre Stiftsmosaiken und die in Deutschland einzigartigen Chorfenster aus Alabaster bekannt.

3. Etappe: Mettlach – Britten

➲ 11,4 km, ⧗ 3 Std. 30 Min., ↑ 495 m, ↓ 240 m, ⇧ 150-430 m

0,0 km	⇧ 165 m	Mettlach
1,4 km	⇧ 185 m	Schloss Ziegelberg
7,0 km	⇧ 240 m	Weiher am Saarhölzbach
11,4 km	⇧ 430 m	Abstecher nach Britten (➲ 0,9 km, FeWo)

Von Mettlach wandern Sie zunächst auf den Hassarenberg. Unterwegs erinnern Grenzsteine an die Zeit, als das Saarland noch zu Frankreich gehörte. Diese Etappe ist teilweise identisch mit der Traumschleife „Steinhauerweg". Die größte Steigung erwartet Sie auf dem Steinhauerweg kurz vor Britten (↑ 195 m).

Steinhauerweg bei Britten

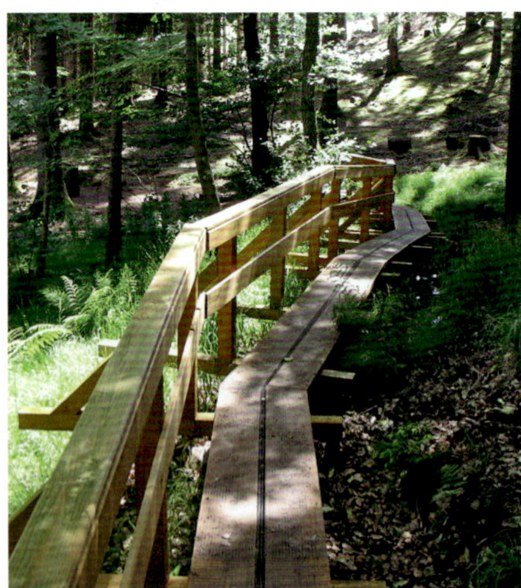

In Mettlach queren Sie nach der Fußgängerzone halb links durch die Unterführung die Straße und wandern links am Langweiher vorbei. 150 m nach der Straßenquerung erreichen Sie den Park der Alten Abtei mit Altem Turm ❶ (km 0,2, ⇧ 160 m), „Erdgeist" und Keramikpuzzle (Info ☞ 2. Etappe).

Sie folgen dem Saar-Hunsrück-Steig aus dem Park hinaus und weiter durch den Ort, queren die Bahnlinie (km 1, zur Rechten liegt nach 200 m der Bahnhof) und folgen dem Saar-Hunsrück-Steig auf der Straße Am Ziegelberg. Kurz nach der Bahnquerung geht es links hinauf und weiter aufwärts durch Wald zum ♜ Schloss Ziegelberg mit Einkehrgelegenheit ❷ (km 1,4, ⇧ 185 m). Das 1878 erbaute Schloss diente ursprünglich als Wohnhaus und nach dem Verkauf an die Gemeinde Mettlach 1939 als Kinderferienheim. Seit einigen Jahren wird es als Restaurant genutzt.

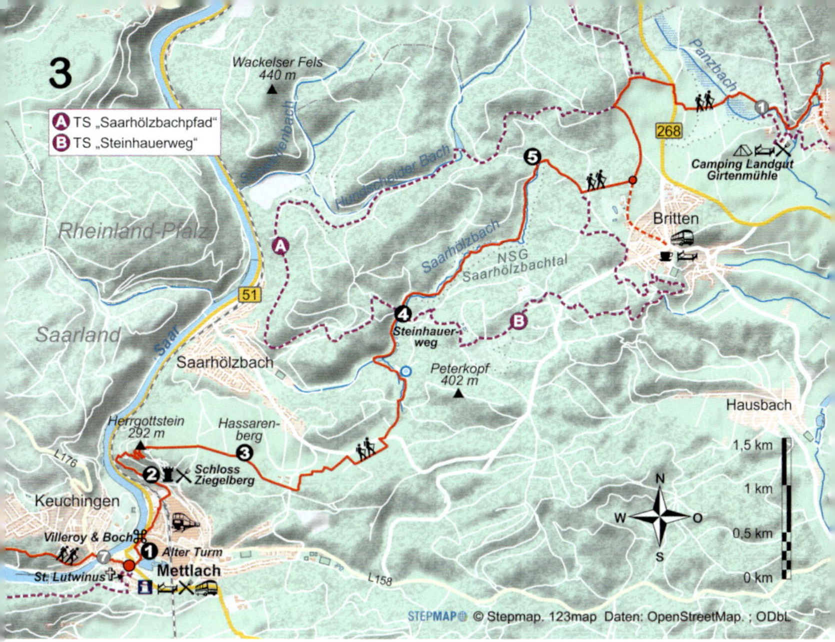

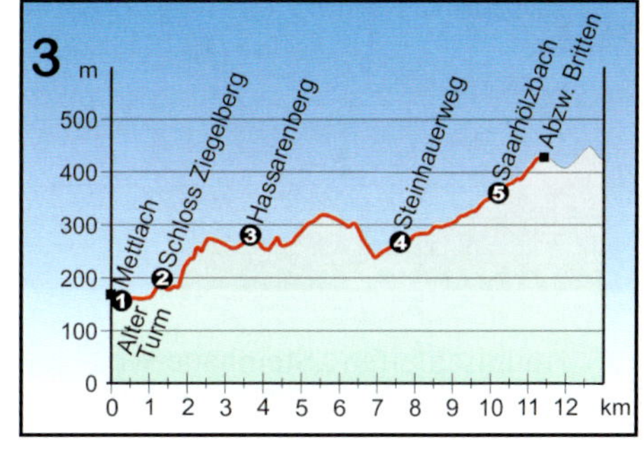

✕ Restaurant Schloss Ziegelberg, ☏ 068 64/14 00, 💻 www.restaurant-schloss-ziegelberg.de, 🚪 Di bis So 10:00 bis abends, Küche 12:00 bis 13:30 und 18:00 bis 21:30, Mo Ruhetag. Restaurant im Schloss im Wald mit Freiterrasse und schöner Aussicht ins Saartal

Nach kurzem Aufstieg durch Wald und an Felsen vorbei wandern Sie über die Hochebene des Hassarenbergs ❸ (km 3,5, ⇧ 275 m). Nach erneuter Waldpassage führt der Saar-Hunsrück-Steig abwärts zum Petersbornbach, vorbei an einer Quelle (km 6,5, ⇧ 280 m). Bei einem Weiher (km 7, ⇧ 240 m) folgen Sie dem Saarhölzbach rechts flussaufwärts, links am Weiher vorbei. Nach 10 Min. stoßen Sie auf den Steinhauerweg ❹ (km 7,6, ⇧ 260 m) und kurz darauf den Saarhölzbachpfad – beides Traumschleifen-Rundwanderwegen, denen der Saar-Hunsrück-Steig mehrere Kilometer folgt.

Weiher zwischen Mettlach und Britten

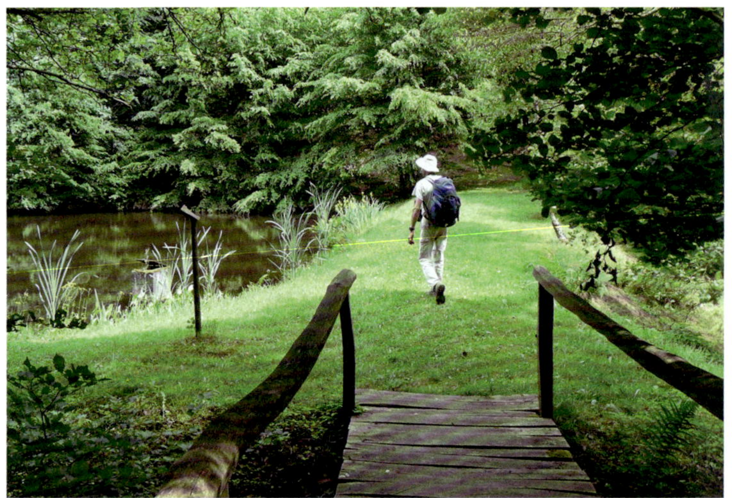

↬ Traumschleifen „Steinhauerweg“ und „Saarhölzbachpfad“

Die 9,5 km lange Traumschleife „Steinhauerweg“ verdankt ihren Namen den Steinbrüchen in der Nähe von Britten, die früher zahlreiche Steinhauer beschäftigten. Zu den Werken der Steinhauer zählen auch die 8 historischen Wegekreuze entlang der Strecke, die teilweise entlang der früheren Grenze zwischen dem Saarland und Deutschland verläuft.

Die 13 km lange Traumschleife „Saarhölzbachpfad“ führt zwischen der Saar und Britten großteils entlang des stellenweise unter Schutz gestellten Saarhölzbaches und folgt dabei dem SHS für 4,6 km.

Auf der Strecke fallen einige alte Grenzsteine aus Sandstein auf, die die frühere Grenze – nach dem verlorenen Ersten Weltkrieg – zwischen Deutschland und dem Saarland markieren. Schließlich verlassen Sie rechts das Tal des Saarhölzbaches ❺ (km 10,2, ⇧ 360 m) und folgen dem Saar-Hunsrück-Steig nördlich an Britten vorbei.

↳ Nach 20 Min. (km 11,4, ⇧ 430 m) zweigt rechts der Zubringer zum Losheimer Ortsteil Britten ab (➲ 0,9 km), wo in den letzten Jahren alle Einkehr- und Übernachtungsgelegenheiten außer Ferienwohnungen ihren Betrieb eingestellt haben.

Britten

FeWo ☕ 🚌 🚗

FeWo Ferienhaus Lutz, Palz 11, ☎ 068 74/72 72, 📱 01 57/82 53 68 39, ✉ bettinastrucken@web.de, 🐕, ab € 50 pro Nacht für 2 Personen, 1,3 km vom SHS

☕ Das Café am Park am Waldsaumweg, Saarstraße 24, gehört zumWohnstift Myosotis und ist auch für Wanderer zugänglich, 🚪 Mo bis Fr 8:00 bis 18:00, Sa und So 9:00 bis 18:00.

🚌 Buslinie 224 etwa einmal in der Stunde (unregelmäßig) von/nach Merzig und Losheim, 💻 www.saarvv.de

🚗 Taxi Minninger (Losheim), ☎ 068 72/99 36 36

4. Etappe: Britten – Losheim am Stausee

➲ 12,3 km, ⌛ 3 Std. 30 Min., ↑ 250 m, ↓ 340 m, ⇧ 330-490 m

0,0 km	⇧ 430 m	Abstecher nach Britten (➲ 0,9 km, FeWo ☕ 🚌 🚗)
3,0 km	⇧ 390 m	Landgut Girtenmühle (➲ 0,5 km, ⛺ 🛏 ✕)
3,9 km	⇧ 405 m	Abstecher nach Bergen (➲ 0,6 km, ✕)
12,3 km	⇧ 405 m	Stausee Losheim ℹ 🛏 ⛺ ✕ 🏊, mit Abstecher nach Los heim (➲ 1,7 km, 🛏 ✕ 🛒 ⚕ 🚌 🚗 ⌘)

Diese schöne Etappe führt durch Wald und am Losheimer Stausee entlang sowie durch mehrere idyllische Bachtäler. Kurz vor dem beliebten Erholungsgebiet am Stausee von Losheim passieren Sie ein Kneippbecken. Entlang dieser Etappe verlaufen streckenweise gleich vier Traumschleifen: „Greimerather Höhenweg", „Bergener", „Hochwälder", „Stausee Tafeltour". Die größte Steigung erwartet Sie kurz vor Bergen (↑ 115 m), der längste Abstieg kurz vor dem Losheimer Stausee (↓ 90 m).

Von der Abzweigung nach Britten folgen Sie dem Saar-Hunsrück-Steig nordwärts, wandern über Feld und danach am Waldrand entlang bis zur B268 (km 1,4, ⇧ 420 m), zusammen mit der Traumschleife „Greimerather Höhenweg".

↳ Traumschleifen-Rundweg „Greimerather Höhenweg"

Die 13,3 km lange Traumschleife „Greimerather Höhenweg" führt über die abwechselnd bewaldeten und freien Höhen zwischen Greimerath und Girtenmühle. Dieser Rundweg verläuft zwischen km 1 und 3,4 auf derselben Trasse wie der SHS.

Vor der B268 gehen Sie nach rechts am Zaun entlang rechts neben der Straße. Nach 100 m queren Sie die Straße und wandern auf der linken Straßenseite weiter. Nach weiteren 100 m gehen Sie links über Wiesen und neben einem Zaun entlang.

Kurz nach dem Eintritt in den Wald weist ein Schild nach rechts zum Camping/Restaurant Girtenmühle ❶ (km 3, ⇧ 390 m).

Camping Landgut Girtenmühle, ☏ 068 72/408 95 81, willkommen@landgutgirtenmuehle.de, www.landgutgirtenmuehle.de, tw. bio, Camping ab € 8, DZ ab € 30, Übernachtung im Weinfass ab € 30 (bei 2er-Belegung) inkl. Frühstück, vorläufig Anfang April bis Ende September, Bistro 9:00 bis 17:00, Abendesse auf vorherige Anfrage möglich, Änderungen sehr wahrscheinlich, da unter der neuen (niederländischen) Führung viel erneuert wird. Kleiner, naturnaher und ruhiger Platz zwischen Britten und Bergen mit Bistro für (Bio-)Kleinigkeiten und Terrasse (Essen vorher anmelden), je nach Zugang 100 bis 500 m vom SHS

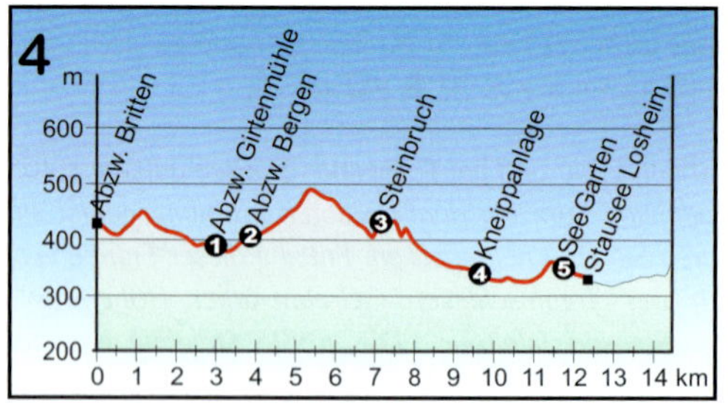

Bei der Abzweigung zur Girtenmühle mündet von rechts der Bergener-Rundweg ein und verläuft gemeinsam mit dem Saar-Hunsrück-Steig weiter, der an dem Ort Bergen nördlich vorbeiführt.

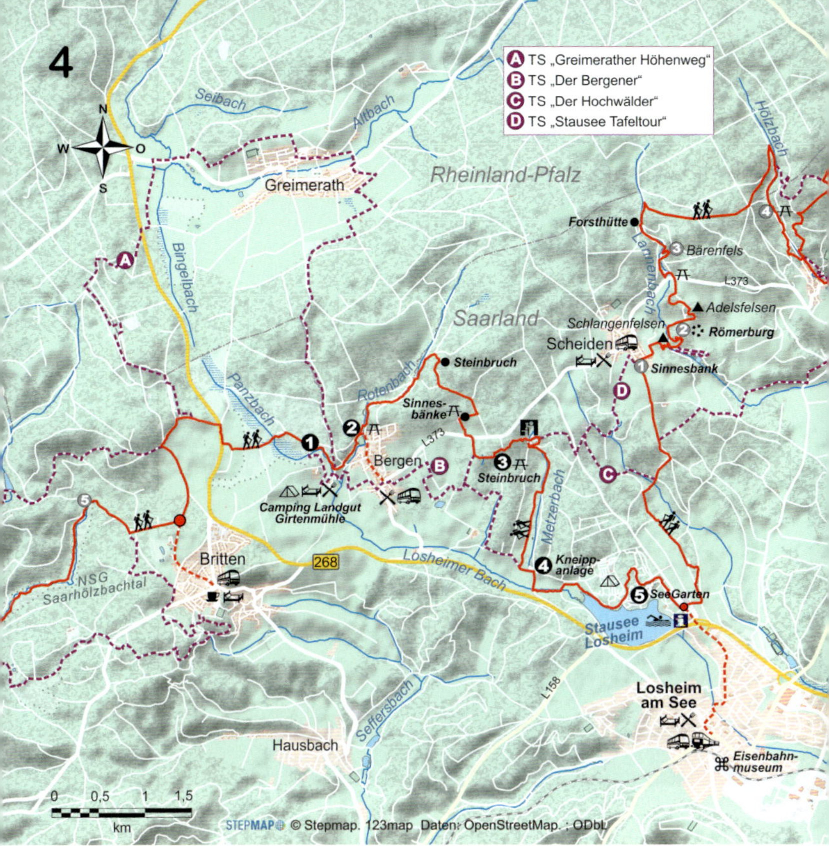

⇘ Traumschleifen-Rundweg „Der Bergener“

Die 12,5 km lange Traumschleife „Der Bergener“ ist ein mit guten 71 Punkten vom Deutschen Wanderinstitut zertifizierter Rundwanderweg zwischen Bergen und Losheim, der an Gewässern und Steinbrüchen vorbeiführt und nette Ausblicke bietet.

Nach etwa 10 Min. erreichen Sie nach einem Sportplatz den rechts abzweigenden ⇘ Zubringer nach Bergen ❷ (km 3,9, ⇧ 405 m), wo Sie eine Einkehrgelegenheit finden (➲ 0,6 km).

Bergen 

✗ Gasthaus Weins, Bergener Str. 31, ☏ 068 72/22 85, werktags außer Mi ab 16:00, So 10:00 bis 14:30 und 17:00 bis 22:30.

Weite Sicht bei Bergen

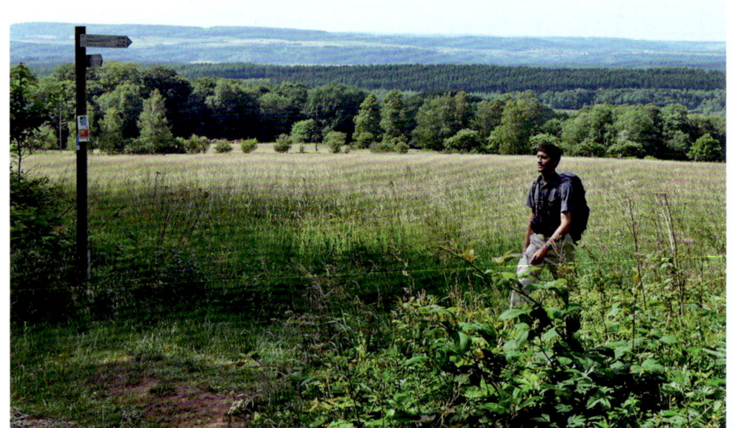

Bei der Abzweigung nach rechts in den Ort Bergen wandern Sie weiter geradeaus bzw. leicht rechts auf dem SHS links am Weiher mit Rastgelegenheit vorbei. Hinter dem Weiher halten Sie sich rechts und queren den Rotenbach, ehe Sie dem Saar-Hunsrück-Steig weiter durch das Bachtal im Wald folgen.

Nach 15 Min. verlässt der Saar-Hunsrück-Steig das Bachtal und macht eine Rechtskurve (km 5,2, ⇧ 470 m). Geradeaus zweigt eine Variante Richtung Greimerath, Zerf und Hentern ab.

Nach 5 Min. passieren Sie einen alten Steinbruch und folgen weiter dem Saar-Hunsrück-Steig durch Wald und später Feld.

250 m nach mehreren Sinnesbänken queren Sie die Landstraße 373 (km 6,7, ⇧ 430 m) und erreichen nach einigen Minuten zur Linken einen netten Rastplatz mit Tisch und Bänken oberhalb eines alten Steinbruchs ❸ (km 7,2,

⇧ 430 m). Auf diesem Teilstück wandern Sie auf dem kurz zuvor von rechts eingemündeten Traumschleifen-Rundweg „Der Hochwälder"; es folgt kurz darauf vor einem Aussichtspunkt auf den Steinbruch mit Holzgeländer von links der Traumschleifen-Rundweg „Stausee Tafeltour" (km 7,8, ⇧ 420 m).

↳ Abkürzung nach Scheiden (➲ 2,2 km, d. h. Abkürzung um 6 km)

Wenn Sie auf den Erholungsort Losheim mit seinem Stausee und damit bei gutem Wetter viel Rummel verzichten wollen, wandern Sie bei dem Holzgeländer geradeaus Richtung Scheiden (= Stausee-Tafeltour), das Sie nach 2,2 km (und damit 6 km weniger) erreichen. Dort folgen Sie am südlichen Ortsausgang weiter dem Saar-Hunsrück-Steig (☞ 5. Etappe).

↳ Traumschleifen-Rundwege „Der Hochwälder" und „Stausee Tafeltour"

Die beiden jeweils rund 10 km langen, mit 72 Punkten bewerteten Traumschleifen-Rundwanderwege „Der Hochwälder" und „Stausee Tafeltour" begleiten den SHS nördlich und später westlich vom Losheimer Stausee für einige Kilometer.

Sie folgen dem Saar-Hunsrück-Steig ab dem Holzgeländer rechts abwärts und kurz darauf abwärts durch das Tal des Metzenbaches.

Hinter der Kneippanlage Losheim ❹ (km 9,7, ⇧ 340 m) gehen Sie auf dem Saar-Hunsrück-Steig und dem Pfarrer-Kneipp-Weg, der neben dem Metzenbach verläuft, nach rechts. Nach 200 m, nach der Bachquerung, halten Sie sich links (Saar-Hunsrück-Steig, Tafeltour) und wandern neben dem Losheimer Bach. Herumliegender Müll kündigt (leider zuweilen) die Nähe des Naherholungsgebietes Losheimer Stausee an. Der Weg direkt am See ist sonntags recht voll, und das bedeutet gelegentlich einen Hürdenlauf über Ruten von Anglern. Zur Linken liegt ein großer Campingplatz (km 10,7, ⇧ 330 m).

Campingplatz Losheim am See, Zum Stausee 210, ☏ 068 72/47 70, werner.harth@t-online.de, www.losheim.de, 2er-Wanderhütte ab € 40 p. P., ganzjährig, Campingklause mit einfacher Küche in Sommersaison täglich 15:00 bis 20:00, in den saarländischen Ferien täglich 8:00 bis 22:00, Oktober bis März Di bis So 15:00 bis 20:00. Großer 4-Sterne-Platz mit Klause und Laden, 440 Stellplätzen und 300 Zeltplätzen, 100 m vom Saar-Hunsrück-Steig entfernt. Für die Sommermonate Juni, Juli und August ist eine Reservierung erforderlich.

Nach dem Campingplatz entfernt sich der Saar-Hunsrück-Steig kurzzeitig vom See und führt durch Wald links am SeeGarten vorbei ❺ (km 11,8, ⇧ 350 m).

SeeGarten Losheim

Der im Frühjahr 2010 eröffnete, 5 ha große SeeGarten (früher „Park der Vier Jahreszeiten") liegt in Hanglage mit direktem Anschluss an den Stausee in Losheim. Die Vegetationsstrukturen aus Bäumen, Sträuchern, Gräsern und Stauden spiegeln das Wechselspiel der Jahreszeiten wider. Die unterschiedlichen Wiesenterrassen sind jahreszeitlich als Frühlingswiesen mit wilden Narzissen und Krokussorten oder Herbstwiesen mit Herbstzeitlosen thematisiert. Der Garten ist in Form von Terrassen bzw. Bermen angelegt. Ein zentraler „Staudenfluss" führt als Kaskade vom Eingangsbereich bis zum Seeufer. Dazu kommen der NABU-Naturgarten mit Kleinstbiotopen sowie Ruhepunkte wie ein Rankpflanzrondell, ein Aussichtsplateau und unterschiedliche Sitzgelegenheiten. Der Garten gehört zum überregionalen Netzwerk „Gärten ohne Grenzen" (Info ☞ 1. Etappe).

♦ ganzjährig, in Sommerhalbjahr täglich 10:00 bis 20:00, Winterhalbjahr 10:00 bis 17:00, Eintritt je nach Saison zwischen € 1,50 und 3,50 inkl. Strandbad

✕ GartenBistro im SeeGarten Losheim (wd), zu Öffnungszeiten des Parks

5 Min. nach dem SeeGarten passieren Sie zur Linken das Seehotel (km 12,1, ⇧ 345 m), ein anderes folgt kurz darauf am Etappenende.

✕ Seehotel Losheim am See, Zum Stausee 202, ☏ 068 72/600 80, www.seehotel-losheim.de, € 52. , Küche Mo bis Do 12:00 bis 14:00 und 18:00 bis 21:00, Fr und Sa 18:00 bis 21:00, So 12:00 bis 19:00. 3-Sterne-Hotel (wd) mit 41 Zimmern direkt am See mit Terrasse, Sauna und Solarium, am SHS

Der Stausee von Losheim

Der in 330 m Höhe gelegene Stausee wird seit 1974 als Bade- und Freizeitgebiet genutzt. Der bis zu 14 m tiefe See hat eine Ausdehnung von 1.200 x 400 m und eine Fläche von 31 ha. Der See ist im Sommer nicht nur ein beliebtes Bade- und Wassersportrevier, sondern auch Ausgangspunkt für Fahrradtouren und Wanderungen. Rund um den Stausee gibt es einen beliebten (3,8 km langen und leicht zu gehenden) Rundwanderweg.

Anschließend können Sie sich im Strandbad Losheim am Stausee erfrischen (Eintritt zwischen € 1,50 und 3,50 inkl. SeeGarten).

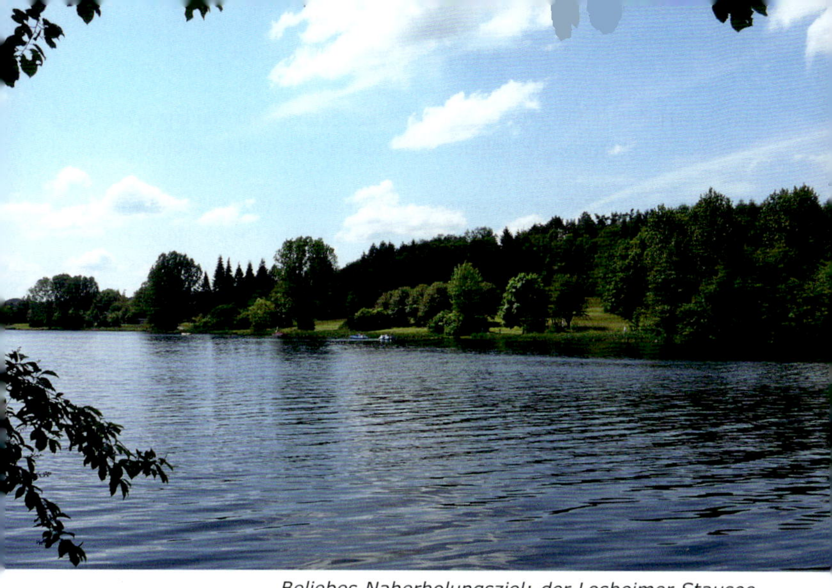

Beliebes Naherholungsziel: der Losheimer Stausee

Am See folgen Einkehrgelegenheiten.

- ✕ Maison au Lac, Zum Stausee 200, 💻 www.maison-au-lac.de, 🚪 Wanderstube bzw. Lokal Sommersaison täglich ab 10:00, Küche täglich 10:00 bis 14:00 und 18:00 bis 21:00, Wintersaison täglich außer Di 10:00 bis 14:00 und 18:00 bis 21:00 (Küche und Lokal), über Fasching 10 Tage Ferien. Bistro bzw. Wanderstube und Restaurant (wd) mit Sonnenterrasse
- ♦ Hochwälder Brauhaus, Zum Stausee 190, ☏ 068 72/50 57 72, 💻 www.hochwaelder-brauhaus.de, 🐕, 🚪 täglich ab 11:00. Das stilvolle Brauhaus mit integrierter Gaststube und schöner Sonnenterrasse richtet sich speziell an Wanderer (wd), z. B. mit besonders üppig portionierten Gerichten oder Haarfön bei nassem Wetter.

100 m nach dem Seehotel taucht der Pavillon der Touristinformation Losheim auf, gleichzeitig Projektbüro für den Saar-Hunsrück-Steig. Von hier aus wurden viele der schönsten und erfolgreichsten Rundwanderwege Deutschlands konzipiert. Dass man hier auf Wanderer spezialisiert ist, verrät schon die Ausstattung: Neben allerlei Infos und gut sortierten Karten gibt es nützliche Dinge wie Trinkwasser und Zeckensets. Als Andenken an die bekannten Rundwanderwege sowie

den Saar-Hunsrück-Steig werden die offiziellen Schilder mit den Logos der Wege verkauft. Am Etappenende befindet sich auch das Hochwälder Wohlfühlhotel.

Wander-Info-Zentrum Losheim am See, Zum Stausee 198, 66679 Losheim am See, 068 72/901 81 00, www.losheim.de. April bis Oktober Mo bis Fr 8:30 bis 16:30, Sa und So 10:00 bis 15:00, November bis April Mo bis Fr 9:00 bis 16:00, So 11:00 bis 15:00

Hochwälder Wohlfühlhotel, Zum Stausee 192, 068 72/969 20, www.hochwaelder-wohlfuehlhotel.de, ab € 63, . 3-Sterne-Wellness-Hotel (wd) mit 62 Betten, am SHS

Der Saar-Hunsrück-Steig zweigt bei der Touristinformation links Richtung Osten ab.

Abstecher nach Losheim (1,7 km)

Für einen Abstecher nach Losheim halten Sie sich kurz darauf rechts und folgen der Straße Zum Stausee in den Ort Losheim.

Losheim am See

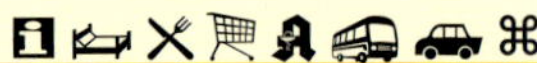

In Losheim bieten 10 Hotels und Pensionen zusammen rund 650 Betten – da gibt es genügend Auswahl. Mit Ausnahme der oben genannten Hotels liegen alle Unterkünfte im Ort, rund 1 km vom Saar-Hunsrück-Steig entfernt.

Hotel Restaurant Hubertushof, Hochwaldstraße 56, 068 72/99 39 99, www.hubertushof-losheim.de, ab € 35, Gaststätte Di bis Sa ab 16:00 (Küche ab 18:00) bis 21:00, So 9:30 bis 21:00, Küche 12:00 bis 14:00 und 18:00 bis 21:00. Traditionelles Hotel zwischen Stausee und Innenstadt

♦ Gasthof Alter Markt, Merziger Str. 6, 068 72/901 71 00, www.alter-markt-losheim.de, ab € 47, Restaurant Di bis So 18:00 bis 22:00 sowie Do und So 11:00 bis 14:00. Zentral gelegenes Hotel

mehrere Bäckereien sowie Supermärkte, letztere entlang der Haagstraße

mehrere (drei) Apotheken in der Ortsmitte

Taxi Minninger, 068 72/99 36 36

mehrere Busverbindungen, u. a. Linien R1, 204, 224 und 225 Richtung Wadern, Merzig, Weiskirchen, Mettlach, Luxemburg; die meisten Verbindungen ab Haltestelle „Bahnhof", www.saarvv.de

Das am Stausee gelegene Losheim (16.500 Einwohner) ist ein beliebtes Naherholungsziel mit Stausee und SeeGarten.

⌘ Das Eisenbahnmuseum am alten Bahnhof ist zusammen mit der Eisenbahnhalle und der Museumsbahn Teil des Erlebnisbahnhofs Losheim. Das Museum dokumentiert die Geschichte der Merzig-Büschfelder Eisenbahn von 1903 bis 1929; mit historischen Loks und anderen Bahnfahrzeugen sowie Fotos. Die dazugehörige Museumsbahn veranstaltet jährlich regelmäßig zwölf Fahrtage auf der 16 km langen Hochwaldstrecke.

♦ www.losheim-stausee.de ☞ Museumsbahn, an den ausgehängten Betriebstagen der Museumsbahn, Eintritt € 2

5. Etappe: Losheim am Stausee – Waldhölzbach – Weiskirchen

15,9 km, 4 Std. 30 Min., 480 m, 400 m, 330-605 m

0,0 km	405 m	Stausee Losheim, mit Abstecher nach Losheim (1,7 km, ⌘)
3,3 km	490 m	Scheiden FeWo
10,3 km	455 m	Waldhölzbach FeWo
12,8 km	605 m	Wisentgehege und Abstecher zur Wildpark-Alm (1,5 km,)
15,9 km	425 m	Abstecher nach Weiskirchen (1,8 km, B&B)

Diese Etappe führt überwiegend durch Wald mit markanten Felsformationen wie Bären-, Teufels- und Engelsfels sowie einigen Auf- und Abstiegen. Kurz vor Scheiden, dem höchstgelegenen Ort des Saarlandes, wandern Sie durch das Lannenbachtal mit Kneippbecken und Bohlenwegen. Bei Waldhölzbach passieren Sie ein altes Backhaus sowie Teufels- und Engelsfels, ehe Sie das Wildgehege Rappweiler mit Wisenten erreichen. Ziel ist der Kurort Weiskirchen. Entlang dieser Etappe verlaufen vier Traumschleifen: „Stausee Tafeltour", „Felsenweg", „Zwei-Täler-Weg", „Wildnis-Trail Weiskirchen". Die größte Steigung erwartet Sie nach Waldhölzbach (150 m), der längste Abstieg nach dem Wisentgehege kurz vor Weiskirchen (190 m).

Nachdem Sie bei der Touristinformation Losheim links Richtung (Nord-)Osten abgezweigt sind, folgen Sie dem Saar-Hunsrück-Steig, der nach 200 m einen Linksknick macht und am Waldrand entlangführt. Etwa 30 Min. nach Losheim queren Sie den Langenbach (km 1,9, ⇧ 345 m) und wandern durch Wald aufwärts. Nach 10 Min. mündet von rechts der Rundweg „Felsenweg" ein (km 2,5, ⇧ 425 m).

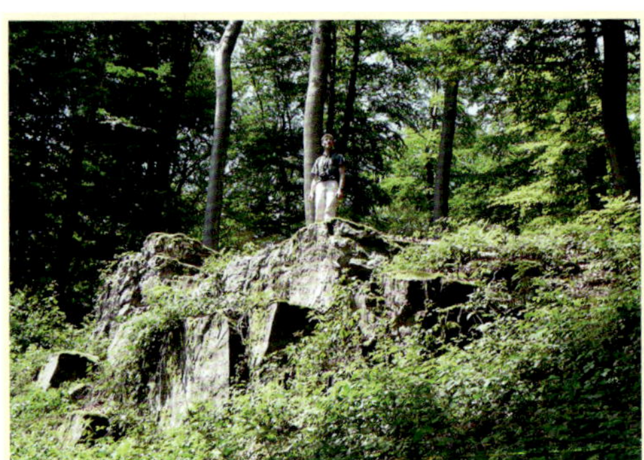

Abwechslungsreich und abenteuerlich: der Felsenweg

Traumschleife „Felsenweg"

Ab kurz vor Scheiden bis kurz nach Waldhölzbach folgt der SHS der 14 km langen Traumschleife „Felsenweg", die ihrem Namen gemäß durch die von Felsen geprägte Landschaft führt und mit 95 Erlebnispunkten Spitzenreiter Deutschlands ist.

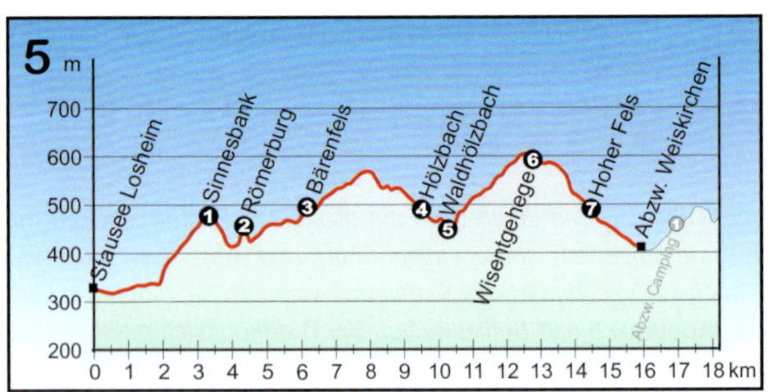

Nach 5 Min. kommen Sie an eine Straße und gehen links neben ihr entlang, abgetrennt durch eine lange Reihe von Obstbäumen mit überwiegend verschiedenen Sorten, darunter auch viele traditionell einheimische – im Frühjahr ein visueller, im Spätsommer ein geschmacklicher Genuss!

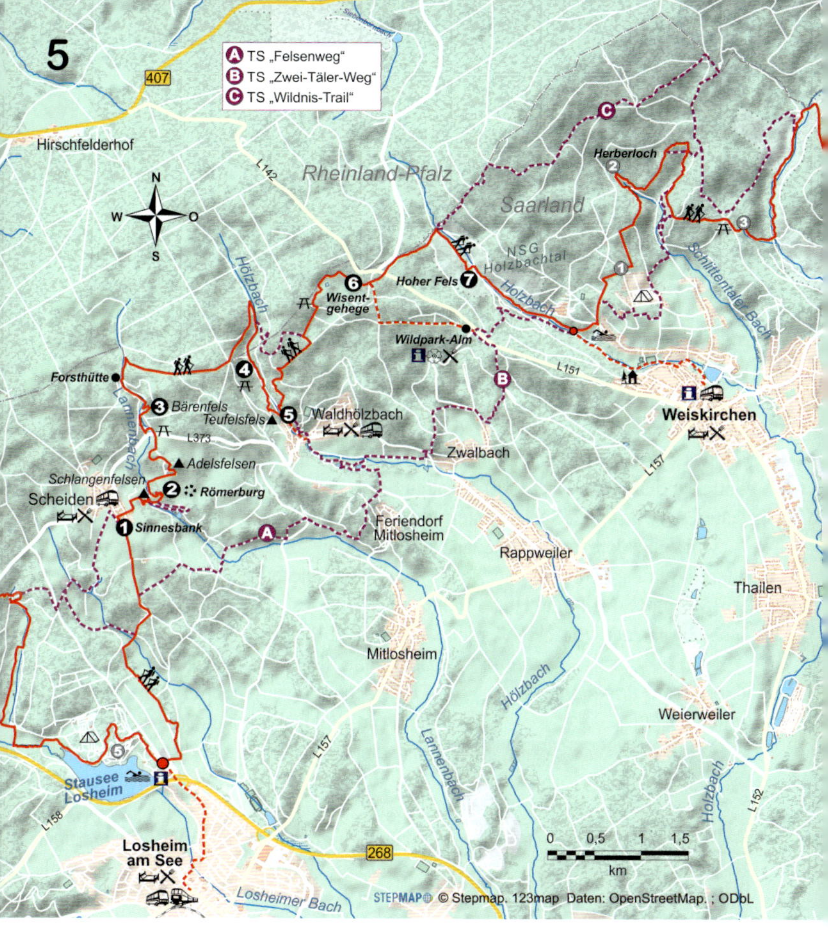

Nach dem aussichtsreichen Ortseingang von Scheiden mit Sinnesbank ❶ (km 3,2, ⇧ 490 m) wandern Sie auf dem Saar-Hunsrück-Steig rechts in die Straße Dorfwies Richtung Weiskirchen.

➯ Wenn Sie den Ort **Scheiden** besuchen wollen, mit 495 m das höchstgelegene Dorf des Saarlandes, gehen Sie geradeaus, statt rechts abzubiegen (➲ 150 m zur Einkehrgelegenheit).

Scheiden

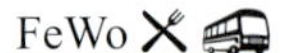

FeWo mehrere Ferienwohnungen im Ort, die auch für eine Nacht zu mieten sind, ab € 65 für 2 Personen inkl. Endreinigung, www.scheiden-saar.eu; z. B. Ferienhaus Jacobs, Dorfwies 11, 068 72/58 07 oder FeWo „Aussicht ins schöne Land", Poststr. 8, 068 72/67 25, christian.holz11@web.de

Gaststätte Scheidener Stuben, Zum Igelsborn 4, 068 72/83 06, www.scheiden-saar.eu Gastronomie/Übernachtungsmöglichkeiten, Di bis Fr ab 16:00, Sa ab 14:00, So ab 10:30. 150 m vom Saar-Hunsrück-Steig

Buslinien 204, 224 und 226 mit etwa stündlichen Abfahrten (unregelmäßig) von/nach Merzig, Weiskirchen, Losheim, www.saarvv.de

Nachdem Sie am südlichen Ortseingang von Scheiden rechts in die Straße Dorfwies gegangen sind, halten Sie sich nach 300 m rechts und gehen durch zwei Gatter in den Wald. Nach 100 m halten Sie sich wieder rechts und erreichen nach weiteren 100 m den **Schlangenfels** aus Quarzit (km 3,8, ⇧ 440 m).

Von Scheiden führt der Saar-Hunsrück-Steig durch Wald abwärts und Sie queren den Lannenbach, ehe Sie im Wald zur **Römerburg** aufsteigen ❷ (km 4,4, ⇧ 455 m). Die auf dem Hügel sichtbaren Mauerreste gehen auf eine mittelalterliche Burganlage zurück. Allerdings soll hier vorher eine Kelten-, auf jeden Fall aber eine Römerfestung gestanden haben. Diese schützte vermutlich früher eine unterhalb im Bachtal verlaufende Römerstraße und diente gleichzeitig als Raststätte. Nach der Römerburg geht es zunächst etwas abwärts, dann über eine freie Fläche und schließlich aufwärts zum Adelsfelsen, einem 6 m hohen Quarzitfelsen (km 5, ⇧ 470 m). Kurz nach dem Adelsfelsen queren Sie die Landstraße 373 (km 5,2) und passieren zu Ihrer Linken einen Anglerteich, wo Sie an einer Kneippanlage und einem Rastplatz vorbeikommen. Im Folgenden erwartet Sie ein uriger Pfad durch auwaldartige Vegetation im Tal des Lannenbaches. Nach einem erneuten Anstieg erreichen Sie den als Naturdenkmal geschützten **Bärenfels** ❸ (km 6,1, ⇧ 515), der nordöstlich von

Grenzstein Rheinland-Pfalz und Saarland

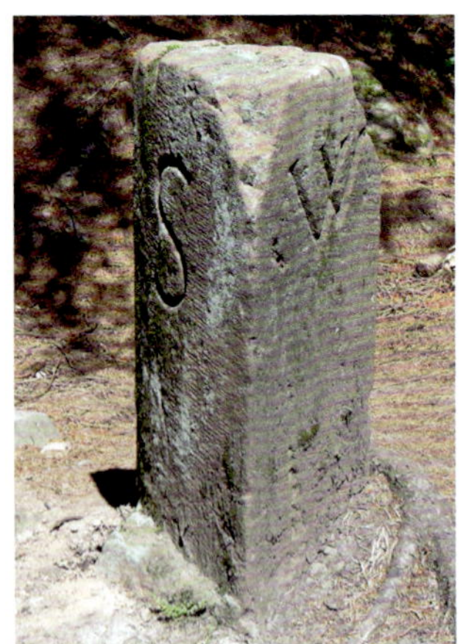

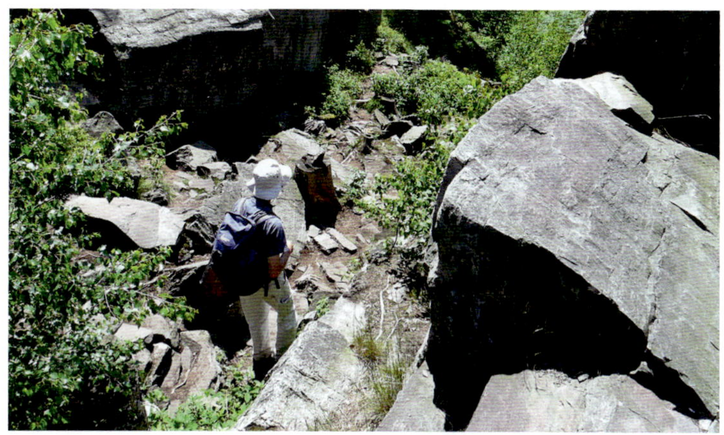

Passage mit alpinem Charakter am Bärenfels

Scheiden als Quarzitinsel aus dem Hochwald herausragt. Nach dem Bärenfels geht es wieder abwärts und weiter auf dem Saar-Hunsrück-Steig durch das Tal des Lannenbaches bis zur Kreuzung bei einer Forsthütte (km 6,7, ⇧ 530 m). Rechts führt ein kürzerer Weg nach Weiskirchen (➲ 8 km), der Saar-Hunsrück-Steig aber verläuft bei der Kreuzung geradeaus weiter. Nach 5 Min. geht es rechts auf dem Grenzweg (km 6,9, ⇧ 645 m), der auf einer Strecke von 700 m die Bundesländer Saarland und Rheinland-Pfalz voneinander trennt – zu erkennen an einem im 18. Jh. ausgehobenen Graben sowie sieben Grenzsteinen –, aus dem Lannenbachtal hinaus.

200 m nach einer scharfen Rechtskurve mündet im Hölzbachtal von links der Traumschleifen-Rundweg „Zwei-Täler-Weg" ein (km 9,1, ⇧ 525 m).

➪ Traumschleife „Zwei-Täler-Weg"

Die 13 km lange Traumschleife „Zwei-Täler-Weg" führt überwiegend durch Wald zwischen Hölzbach und Weiskirchen und folgt dabei großteils dem SHS bis Weiskirchen.

Weiter geht es durch das Tal des Hölzbaches, der zweimal gequert wird.

⛼ Rastplatz mit Kneippanlage vor der ersten Querung des Hölzbaches ❹ (km 9,5, ⇧ 500 m)

Nach einer kurzen Steigung erreichen Sie den Teufelsfels (km 10,2, ⇧ 475 m), einen hohen Felsblock. Danach geht es steil abwärts in das Hölzbachtal.

Am Beginn von Waldhölzbach, beim alten Backhaus, folgen Sie links dem Saar-Hunsrück-Steig und queren den Hölzbach ❺ (km 10,3, ⇧ 455 m).

Oder Sie gehen hier nach Querung des Hölzbaches rechts in das Dorf Waldhölzbach (➲ 0,4 km).

Hölzbach vor Waldhölzbach

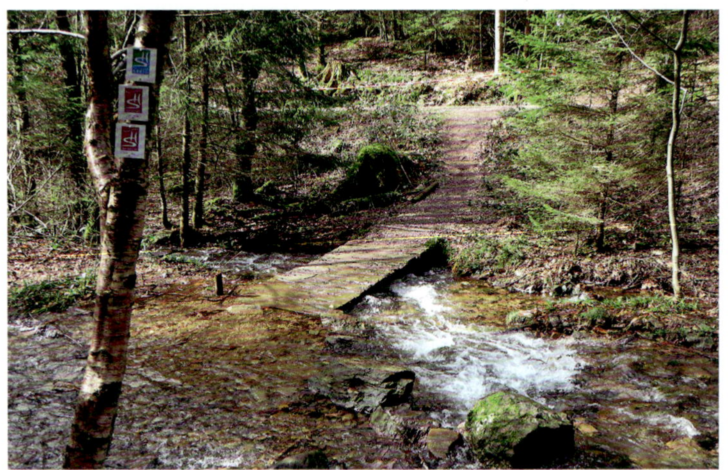

Waldhölzbach

FeWo

Landgasthof Forellenhof, Waldhölzbacher Str. 20, ☏ 068 72/43 03, forellenhofwaldhoelzbach@t-online.de, www.forellenhofwaldhölzbach.de, ab € 40, Restaurant Anfang April bis Ende Oktober Di bis So 12:00 bis 23:00, sonst ab 16:00, Mo Ruhetag. Gasthof mit Zimmern, Restaurant und Freiterrasse, 500 m vom Saar-Hunsrück-Steig entfernt

Pension Marlies Gorges, Kurstraße 17, ☏ 068 72/35 12, pension-gorges@t-online.de, www.pension-gorges.jimdo.com, ab € 35 zzgl. € 5 bei Einzelübernachtung, . Kleine Pension mit 2 Zimmern, 800 m vom Saar-Hunsrück-Steig entfernt

FeWo mehrere Ferienhäuser/-wohnungen im Ort, die großteils aber nur für mehrere Nächten vermietet werden. Die Buchung für nur eine Nacht ist in der Ferienwohnung Arnika möglich, Arnikaweg 5, ☏ 068/72 13 19, 💻 www.fewo-arnika.eu, ab € 55 pro Nacht, 🐕 € 5 pro Tag, 1 km vom Saar-Hunsrück-Steig entfernt

🚌 Buslinien 204, 222 und 226 mit wenigen Abfahrten von/nach Merzig, Weiskirchen, Losheim, 💻 www.saarvv.de

Das 630 Einwohner zählende Dorf Waldhölzbach, ein staatlich anerkannter Erholungsort, wurde 1050 erstmals urkundlich erwähnt und erhielt 1269 eine Kapelle. Bis zur Besetzung durch französische Revolutionstruppen war Waldhölzbach Eigentum des Erzstifts Trier. Im 19. Jh. entwickelte sich der Ort rasant: 1830 waren es schon 30 Häuser und Ende des 19. Jahrhunderts hatte sich die Einwohnerzahl in einem Jahrhundert auf 340 mehr als verdreifacht.

Nach der Querung des Hölzbaches beim Backhaus folgen Sie dem Saar-Hunsrück-Steig links aufwärts, ehe Sie ein längerer Anstieg durch den Wald erwartet (🡅 etwa 150 m). 5 Min. nach der erneuten Einmündung der Traumschleife „Zwei-Täler-Weg“ (km 11,6, ⇧ 575 m) wandern Sie links an einem Wildgehege mit Wisenten vorbei und passieren dabei einen ⩩ Rastplatz (km 12) sowie eine Sinnesbank. Schließlich erreichen Sie nach 10 Min. eine Wisent-Infotafel und treffen gegebenenfalls auch die Tiere selbst an ❻ (km 12,8, ⇧ 605 m).

Wisent – Verwandter vom Bison in Europa

Das Wisent (lat. *Bison bonasus*) lebt im Gegensatz zu seinem nächsten Verwandten – dem nordamerikanischen Bison – nicht in großen Steppen, sondern hauptsächlich in Wäldern. Dieser letzte Vertreter von europäischen Wildrindarten wird bis zu 3 m lang, 2 m hoch und 1 t schwer. Wisente leben in Mutterherden von rund 20 Tieren. Nach dem Ersten Weltkrieg war die Weltpopulation auf 56 Tiere – ausschließlich in Zoos und Tierparks – geschrumpft, konnte aber inzwischen dank intensiver Zuchtprogramme wieder auf einige Tausend Tiere gesteigert werden, von denen sogar einige in freier Wildbahn leben, etwa in Ostpolen. Die hier lebenden Wisente sind ein spärlicher Rest des einst größeren Wildparks Weiskirchen.

Vorbei am Wisentgehege folgen Sie dem Saar-Hunsrück-Steig – jetzt wieder kombiniert mit dem Zwei-Täler-Weg – geradeaus und queren nach 5 Min. die Landstraße 151 (km 13,2, ⇧ 590 m).

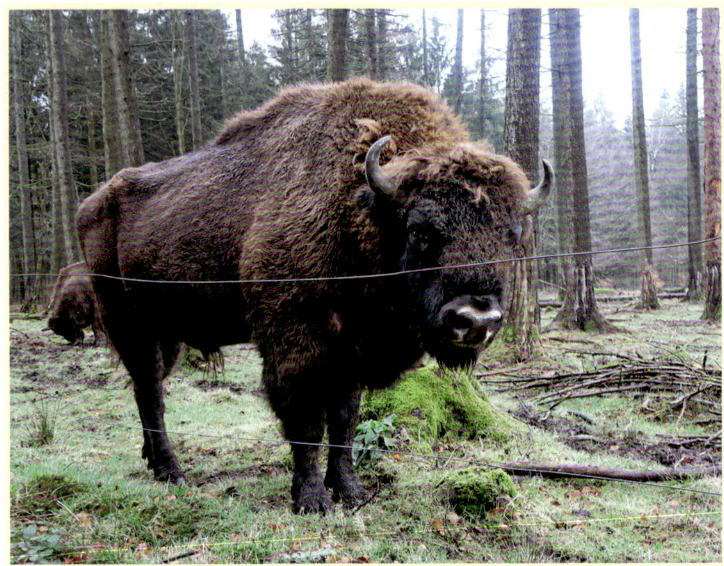

Wisente im Wildpark bei Weiskirchen

⇘ Abstecher zur Wildpark-Alm mit Naturpark-Infozentrum und Einkehrgelegenheit (➲ 1,5 km)

Wenn Sie bei der Kreuzung nach dem Wisentgehege rechts gehen und nach 5 Min. bei der folgenden Kreuzung links, erreichen Sie nach insgesamt etwa 20 Gehminuten die Wildpark-Alm mit dem Naturpark-Infozentrum und einer Einkehrgelegenheit. Statt zum SHS beim Wisentgehege zurückzugehen, können Sie von dort der Traumschleife „Zwei-Täler-Weg" zum Etappenende bei Weiskirchen folgen (➲ 1,5 km).

Der Wildpark Weiskirchen wurde bis in die 90er-Jahre von der Gemeinde Weiskirchen privat verpachtet. Ab 1998 wurde der Park einige Jahre vom Naturschutzbund (NABU) geführt. Dieser wandelte den Wildpark in eine Natur-Erlebnis-Anlage um und erweiterte den Tierbestand. Doch die Zusammenarbeit wurde beendet und die Gemeinde übernahm den Wildpark, der seitdem kaum attraktiver wurde ...

täglich 9:00 bis 19:00

Neben dem Wildpark befindet sich ein Infozentrum des Naturparks Saar-Hunsrück mit einer Dauerausstellung.

♦ www.naturpark.org, Di bis So 10:00 bis 16:00

Wirtshaus Wildpark-Alm mit Biergarten, Zum Wildpark 1, 068 72/99 45 45, wildparkalm.de, Mi bis Mo 12:00 bis 22:00

Nach der Straßenquerung führt Sie der Saar-Hunsrück-Steig durch Wald und bald wieder abwärts. Nach einer Rechtskurve (km 14, ⇧ 520 m) wandern Sie oberhalb des Holzbaches, den Sie im weiteren Verlauf mehrmals queren, zuerst beim Naturdenkmal Hoher Fels ❼ (km 14,5, ⇧ 495 m). Nach etwa 20 Min. entlang des Holzbaches – auf demselben Weg wie die Traumschleife „Wildnis-Trail Weiskirchen" (☞ Tour 6) – erreichen Sie die rechte Abzweigung nach Weiskirchen (km 15,9, ⇧ 400 m).

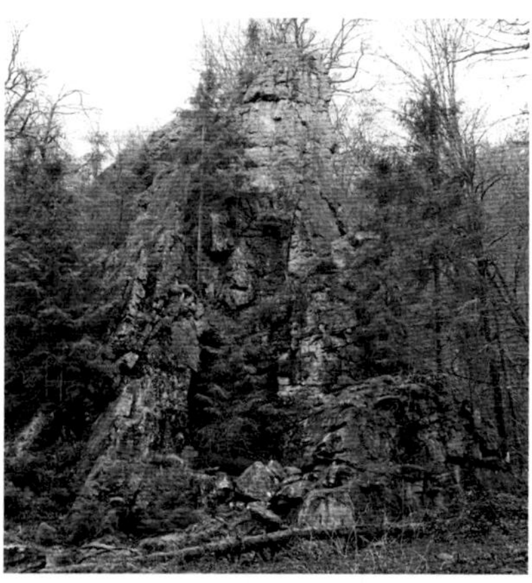

Naturdenkmal Hoher Fels

Abstecher nach Weiskirchen (➲ 1,8 km)

Von der Abzweigung sind es rund 2 km bis zum Ortszentrum des Kurortes Weiskirchen: Bei der Abzweigung gehen Sie nach rechts Richtung Weiskirchen. Nach 200 m folgen Sie bei der Gabelung nicht dem Saar-Hunsrück-Steig-Zubringerschild nach links (das ist der Ausgang aus Weiskirchen), sondern halten sich rechts, gehen über die Brücke und danach am Holzbach entlang – mal auf der rechten, mal auf der linken Seite – bis zum Kurpark von Weiskirchen. Rechts vom See führt ein Fußweg aufwärts in das Zentrum mit der modernen Touristinformation.

☺ Achtung Camper: Für Camper ist die bei der 6. Etappe genannte Abzweigung günstiger, um zum genannten Campingplatz von Weiskirchen zu kommen (nach 200 m).

Weiskirchen

Hochwald Touristik GmbH, Haus des Gastes, Trierer Str. 21, 66709 Weiskirchen, 068 76/709 37, www.weiskirchen-saarschleifenland.de, Mo bis Fr 9:00 bis 12:30 und 14:00 bis 16:00

Zu allen Übernachtungskosten im Kurort Weiskirchen kommt eine Kurtaxe von € 1,40 pro Tag.

Vitalis Parkhotel Weiskirchen, Kurparkstraße 4, 068 76/919-0, info@parkhotel-weiskirchen.de, www.parkhotel-weiskirchen.de, ab € 55, (zzgl. € 14!),
Brasserie mit Hotelbar und im Sommer Biergarten täglich 12:00 bis 14:00 und 18:30 bis 22:00, Restaurant täglich 18:30 bis 21:00. 1,5 km vom Saar-Hunsrück-Steig. Das 1998 eröffnete 4-Sterne-Parkhotel Weiskirchen (wd) bietet mit seinen 125 Zimmern alle möglichen Annehmlichkeiten. Zum Hotel gehört der Vitalis-Wellness-Bereich mit Schwimmbad, Whirlpool, Saunalandschaft und Beauty-Farm mit Schönheitsanwendungen.

Hotel-Garni Schinderhannes, Trierer Str. 8, 068 76/933 00 oder 933 01, www.schinderhannes-weiskirchen.de, ab € 40, . 2 km vom Saar-Hunsrück-Steig. Kleines, zentrales Gasthaus mit 18 Betten. Die Zimmer nach hinten sind ruhiger und bieten einen schönen Ausblick.

B&B In Weiskirchen gibt es weitere Vermieter von Privatzimmern. Im Folgenden eine kleine Auswahl; die weiteren Adressen sind bei der örtlichen Touristinformation erhältlich.

♦ Haus Michels, Im Hänfert 85, 068 76/535, hedwigmichels@gmx.de, Ü/F ab € 30. Nahe Freibad, 100 m vom SHS

♦ Gästehaus Sonnenblick, In der Perch 19, 068 76/12 58, kontakt@gaestehaus-sonnenblick.de, www.gaestehaus-sonnenblick.com, DZ ab € 20 p. P., FeWo ab € 45 pro Tag. Am westlichen Ortsrand nahe JH, 900 m vom Saar-Hunsrück-Steig entfernt

Hochwald-Jugendherberge Weiskirchen, Jugendherbergstraße 12, 068 76/231, weiskirchen@diejugendherbergen.de, www.diejugendherbergen.de, Ü/F ab € 25,50 im DZ und € 21,50 im Mehrbettzimmer. Herberge (wd) mit Bistro und 124 Zimmern, tw. mit Dusche/WC, am Ortsrand von Weiskirchen, 800 m vom Saar-Hunsrück-Steig entfernt

Campingplatz Schwarzwälder Hochwald, 068 76/366, www.camping-weiskirchen.de, Campingplatz mit 200 Stellplätzen in ruhiger Lage und mit Bistro, ab € 13, ganzjährig, Bistro („Camping Klause“, 068 76/703 00 87) täglich morgens ab 10:00, warme Küchen 12:00 bis 14:30 und 18:00 bis 21:30. Camper nehmen am besten die bei der 6. Etappe genannte zweite bzw. dritte Abzweigung.

Bistro/Bar bei Touristinfo, Trierer Straße 24, täglich ab 16:00. Für schnellen Hunger: Bar neben Touristinformation mit türkischem (Döner) und italienischem (Pizza) Fast Food

Café-Bäckerei Louis, Auf der Heide 56, www.cafe-louis.de, Di bis Sa 6:00 bis 18:00, So 7:00 bis 18:00, Mo 6:00 bis 13:00. Café-Bäckerei in Ortsmitte

Einkaufen: Bäcker sowie Supermarkt (Netto) im Zentrum

Neue Apotheke Weiskirchen, Trierer Straße 40, 068 76/227, www.apotheke-weiskirchen.de

Vitalis-Bäderzentrum am Kurpark neben dem Parkhotel, www.vitalis-weiskirchen.de, Mo bis Fr 7:00 bis 22:00, Sa und So 7:00 bis 21:00, Eintritt ca. € 5, sowie Naturwald-Freibad westlich von Weiskirchen an der ersten Abzweigung vom SHS, Im Hänfert, www.naturfreibad-weiskirchen.de, Mitte Mai bis Ende August Mo bis Fr 13:00 bis 19:00, Sa und So 10:00 bis 19:00, Eintritt € 3

Buslinie R1 mit Haltestelle „Weiskirchen – Kirche“ nach/von Merzig („Bahnhof“) und Wadern, Mo bis Fr tagsüber stündlich, abends sowie nachmittags am Sa und So zweistündlich, www.saarvv.de

Blick vom Kurpark auf Weiskirchen

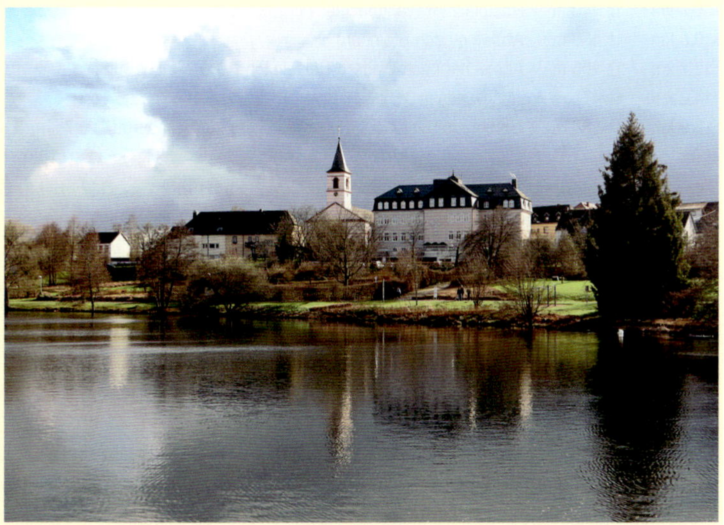

Das 6.500 Einwohner zählende Weiskirchen wurde erstmals in einer Schenkungsurkunde im 11. Jh. erwähnt, aber die Gegend war bereits in vorgeschichtlicher Zeit besiedelt (jüngere Steinzeit, etwa 4.000 v. Chr.). Bis zur Zeit der französischen Revolution (1794) gehörte Weiskirchen zur Trierer Abtei St. Michael.

Mittelpunkt des heutigen heilklimatischen Kurortes Weiskirchen sind der Marktplatz mit dem Haus des Gastes und der Kurpark mit Teich und Staudengarten. Der **Staudengarten** im Kurpark entstand im Rahmen des EU-Projektes „Gärten ohne Grenzen". 10.000 Pflanzen und mehr als 350 verschiedenen Arten wurden nach dem Vorbild der englischen Beetgärten aufgeteilt. In den einzelnen Abschnitten gedeihen seltene Pflanzen wie Schlangenahorn oder japanisches Goldgras.

♦ ganzjährig, Eintritt frei

6. Etappe: Weiskirchen – Grimburger Hof

16,9 km, 5 Std., ↑ 410 m, ↓ 435 m, ⇧ 380-525 m

0,0 km	⇧ 425 m	Abstecher nach Weiskirchen (1,8 km, B&B)
6,3 km	⇧ 410 m	Rastplatz im Wahnbachtal
9,6 km	⇧ 450 m	Abzweig nach Steinberg
10,7 km	⇧ 405 m	Abstecher nach Wadern-Reidelbach (0,2 km)
14,2 km	⇧ 475 m	Hochwaldalm
16,9 km	⇧ 380 m	Grimburger Hof und Abstecher zur Grimburg (0,7 km)

Diese Etappe führt durch viel Wald, vorbei an Weihern, durch das Wahnbachtal und über die Wadrillalm. Mehrere Bäche säumen den Weg: Wahnbach, Seelbach und Lautenbach, der beim Grimburger Hof in die Wadrill mündet. Die Wadrillalm bietet als offene Landschaft weite Ausblicke und eine attraktive Einkehrgelegenheit im Blockhausstil. Sie wandern stellenweise entlang der alpin klingenden, aber eher leichteren Traumschleifen „Hochwald-Pfad" und „Almglück" sowie dem „Wildnis-Trail Weiskirchen". Die größte Steigung erwartet Sie im Tal des Wahnbaches nach 6 km (↑ 140 m), der längste Abstieg nach der Wadrillalm (↓ 150 m).

Diese Etappe beginnt bei der Abzweigung nach Weiskirchen am Holzbach. Die ersten Kilometer verlaufen auf demselben Weg wie die Traumschleifen „Wildnis-Trail Weiskirchen" und „Hochwald-Pfad":

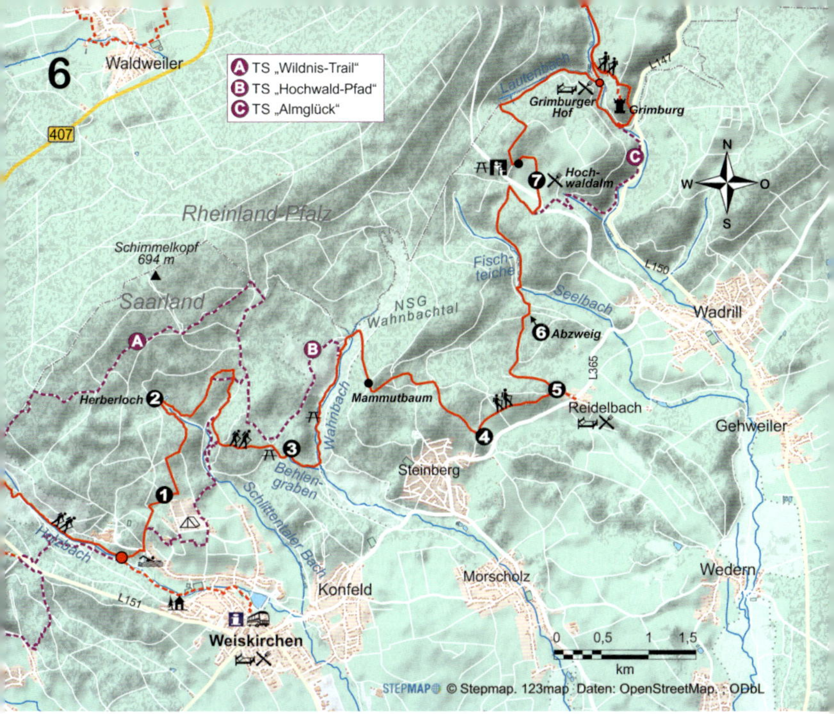

6

Waldweiler

A TS „Wildnis-Trail“
B TS „Hochwald-Pfad“
C TS „Almglück“

407
Lauterbach
L147
Grimburger Hof
Grimburg
Hochwaldalm
Rheinland-Pfalz
Schimmelkopf 694 m
Saarland
Fischteiche
Seelbach
L150
Wadrill
NSG Wahnbachtal
Abzweig
Herberloch
Mammutbaum
Wahnbach
L365
Reidelbach
Gehweiler
Behlengraben
Steinberg
Schlittentaler Bach
Holzbach
Konfeld
Morscholz
Wedern
L151
Weiskirchen
0 0,5 1 1,5
km
STEPMAP © Stepmap. 123map Daten: OpenStreetMap, ODbL

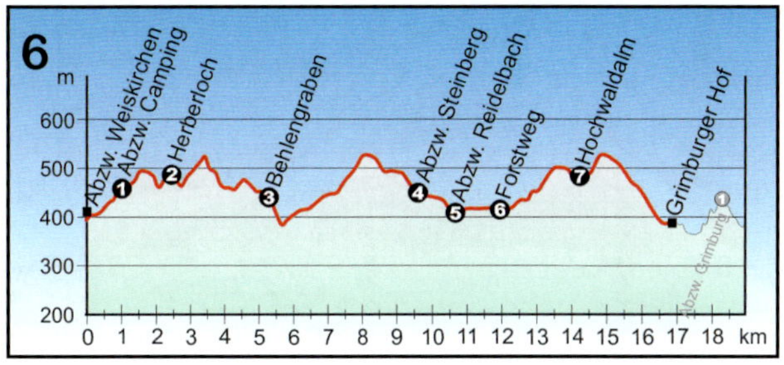

Traumschleifen „Wildnis-Trail Weiskirchen“ und „Hochwald-Pfad“

Die Traumschleifen-Rundwanderwege „Wildnis-Trail Weiskirchen“ (17,2 km lang) und „Hochwald-Pfad“ (11,5 km) begleiten den SHS nordwestlich von Weiskirchen für einige Kilometer.

Zunächst geht es in nordöstlicher Richtung durch Wald. Nach wenigen Minuten passieren Sie zur Rechten einen weiteren ↳ Zubringer nach Weiskirchen. Sie wandern geradeaus weiter auf dem Saar-Hunsrück-Steig, queren die Straße Am Kurzentrum und folgen dem Saar-Hunsrück-Steig geradeaus durch den Wald. Der Saar-Hunsrück-Steig ist hier identisch mit dem Hochwald-Pfad. Nach der Querung des Flachsbaches führt der Saar-Hunsrück-Steig rechts aufwärts (km 0,7, ⇧ 435 m) und passiert 5 Min. nach dem Bach am Waldrand bei einer Kreuzung die dritte Abzweigung nach Weiskirchen ❶ (km 1, ⇧ 460 m). Diese ist besonders günstig, wenn Sie auf dem Campingplatz übernachten wollen oder von dort in die Etappe einsteigen wollen (über die Straße Zum Scheidwald, ➲ 0,3 km zum Campingplatz).

Bei der dritten Abzweigung nach Weiskirchen folgen Sie dem Saar-Hunsrück-Steig geradeaus; kurze Zeit später knickt er links ab. Der SHS führt zunächst aufwärts und in einer weiten Schleife durch Wald oberhalb des Schlittentaler Baches mit dem **Herberloch** ❷ (km 2,4, ⇧ 485 m), einen mit Wasser gefüllten ehemaligen Steinbruch, wo Sie sich rechts halten.

Vor dem Herberloch führt der SHS über 4 Holzbrücken

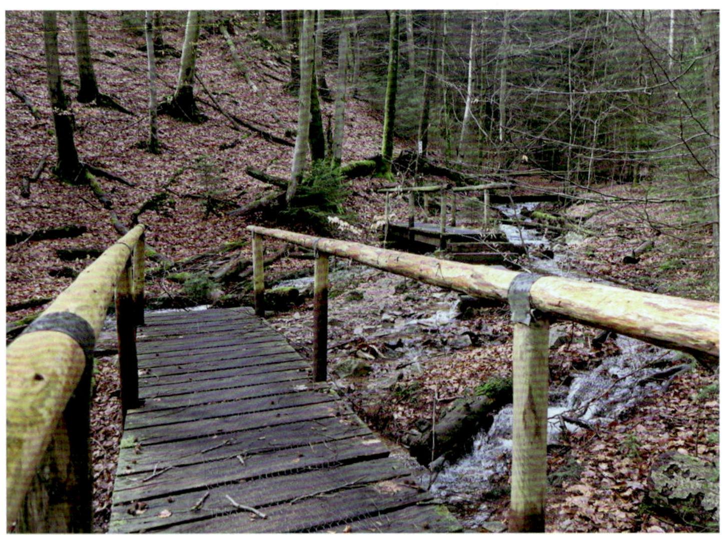

Bei einer Kreuzung mit Rastgelegenheit (km 5, ⇧ 450 m) gehen Sie geradeaus und folgen dem SHS abwärts, queren nach einigen Minuten den eiszeitlich entstandenen **Behlengraben** ❸ (km 5,3, ⇧ 445 m) und gehen an seiner linken Seite hinunter zum Tal des Wahnbaches (km 5,7, ⇧ 385 m). Diesem folgen Sie links flussaufwärts durch das unter Naturschutz stehende Bachtal, wo Sie nach 10 Min. ein Rastplatz zur Pause einlädt (km 6,3, ⇧ 410 m). Nach einer letzten Querung des Wahnbaches (km 7,3, ⇧ 450 m) wandern Sie auf dem Saar-Hunsrück-Steig wieder aufwärts und erreichen eine Kreuzung mit Bank. Weiter geht es geradeaus durch den insgesamt 190 km² großen Schwarzwälder Hochwald, aus dem nach 15 Min. ein 1970 gepflanzter Mammutbaum herausragt (km 8,2, ⇧ 520 m). Nach weiteren 15 Min. erreichen Sie zur Rechten eine Abzweigung nach **Steinberg** ❹ (km 9,6, ⇧ 450), die Sie ignorieren. 100 m nach der Abzweigung verlässt der Saar-Hunsrück-Steig den Wald und ein Wiesenweg bietet eine weite Sicht, bis Sie nach 1 km eine weitere Abzweigung erreichen ❺ (km 10,7, ⇧ 405 m).

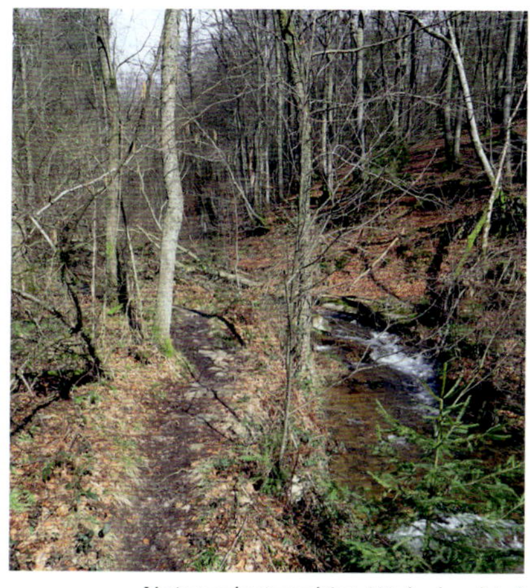

Naturschutzgebiet Wahnbachtal

↳ Rechts geht es nach **Wadern-Reidelbach** (➲ 0,2 km).

Wadern-Reidelbach

🛏 ✕ Hotel-Restaurant Reidelbacherhof, ☏ 068 71/903 50, 💻 www.reidelbacher-hof.de, ab € 39, 🐕, 🚪 Restaurant Mi bis Sa 17:00 bis 1:00, So 10:00 bis 1:00. Kleines Hotel (wd) mit 11 Zimmern, 200 m vom Saar-Hunsrück-Steig

Bei der Abzweigung nach Wadern-Reidelbach folgen Sie dem Saar-Hunsrück-Steig links Richtung Grimburg durch den Hochwald.

Nach 20 Min. müssen Sie bei einem Forstweg aufpassen ❻ (km 11,9, ⇧ 415 m)! Plötzlich zweigt der Saar-Hunsrück-Steig links auf einen Pfad in den Wald ab, der kurz darauf den Seelbach quert und an mehreren Fischteichen vorbeiführt, die von dem Bach gespeist werden.

Der Saar-Hunsrück-Steig führt in einer 1,3 km langen Schleife rechts am Waldrand entlang über die Hochwaldalm.

Bei der Schleife über die **Hochwaldalm** treffen Sie auf die Traumschleife „Almglück" und passieren eine urige Einkehrgelegenheit ❼ (km 14,2, ⇧ 475 m).

Hochwaldalm mit Einkehrgelegenheit im Blockhaus-Stil (wd) und schöner Weitsicht, April bis Oktober täglich außer Mi 12:00 bis 19:00, November bis März nur am Wochenende

Traumschleifen-Rundweg „Almglück"

Der nur 6 km lange Traumschleifen-Rundweg „Almglück" führt südwestlich der Grimburg durch Bachtäler sowie über die Hochwaldalm bei Wadrill und folgt dabei für 2,7 km dem SHS von der Hochwaldalm bis zum Etappenziel.

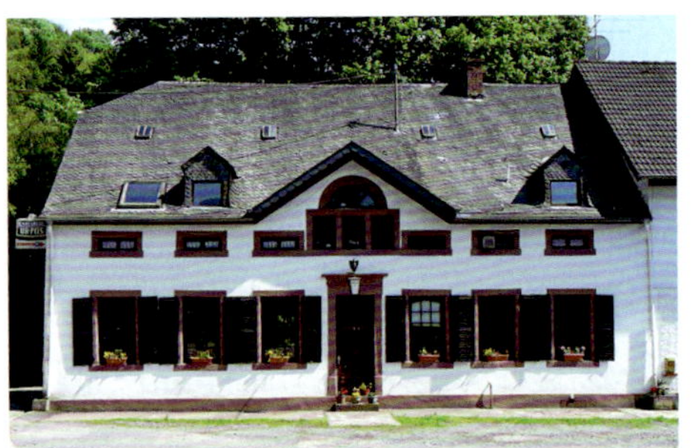

Endpunkt der 6. Etappe: der Grimburger Hof

Nach kurzer Passage im Wald verlassen Sie in einer Rechtskurve den Spurweg nach links, ehe es abwärts in das Tal des Lautenbaches geht (km 15,7, ⇧ 475 m), dem Sie bis zum Grimburger Hof folgen (km 16,9, ⇧ 380 m), der links über eine Brücke zu erreichen ist, während der Saar-Hunsrück-Steig geradeaus weiterführt.

Pension Grimburger Hof, Grimburg, ☎ 065 89/357, www.grimburger-hof.de, ab € 35, Restaurant Mi bis Sa ab 15:00, So ab 10:00, Mo und Di Ruhetag. Pension mit 6 Zimmern und Restaurant im Wadrilltal unterhalb der Grimburg. Tolle Lage im Tal abseits vom Straßenlärm, ruhig und idyllisch – schon seit 1703. Funktional eingerichtete Zimmer, gutes Frühstück, direkt am SHS

☺ Tipp: Bei Übernachtung im Grimburger Hof können Sie die Schleife zur gut erhaltenen Burgruine Grimburg auch nach dieser Etappe am Nachmittag (ohne Gepäck) machen (➲ 0,7 km auf Hauptzufahrt) und spart sich so 2 km am Folgetag (gegebenenfalls mit Gepäck).

Info zur Grimburg ☞ 7. Etappe.

7. Etappe: Grimburger Hof – Reinsfeld

➲ 9,1 km, ⌛ 3 Std., ↑ 150 m, ↓ 65 m, ⇧ 365-460 m

0,0 km	⇧ 380 m	Grimburger Hof 🛏 ✕
1,3 km	⇧ 435 m	Abstecher zur Grimburg (➲ 0,2 km, ♜)
6,3 km	⇧ 440 m	Rastplatz beim Keller Steg (Gabelung des SHS) ⛼
9,1 km	⇧ 460 m	Abstecher nach Reinsfeld (➲ 2 km, 🛏 ⛺ ✕ ⛾ ⚕ 🚌)

Diese kurze und leichte Etappe führt durch das idyllische Tal der Wadrill, die mehrmals gequert wird. Höhepunkt ist die gut erhaltene Grimburg. Etwa auf der Hälfte der Etappe zweigt nach links die Variante des SHS nach Trier ab (☞ Variante 1-3, S. 226). Kurz vor Schluss wandern Sie entlang der Traumschleife „Frau Holle", benannt nach der Felsformation am Etappenende kurz vor Reinsfeld.

⇘ Abkürzung ohne Schleife um Grimburg (➲ 1,7 km weniger)

Wenn Sie auf das erste Teilstück mit der Wadrill und der Grimburg verzichten wollen, etwa weil Sie Letztere bereits gestern angeschaut haben, gehen Sie vom Grimburger Hof direkt nordwärts entlang der Zufahrtsstraße zur Grimburg. Nach 100 m schwenkt die Straße rechts aufwärts zur Grimburg, während Sie dem Weg geradeaus durch Wald folgen, nach 50 m wieder entlang des SHS (bei km 1,9).

Sie sparen dabei etwa 1,7 km und können dadurch heute z. B. schon einen Teil von der 8. Etappe gehen.

Von der Abzweigung zum Grimburger Hof folgen Sie dem Saar-Hunsrück-Steig rechts neben dem Flüsschen Wadrill entlang. Nach 500 m queren Sie die Wadrill links über die Brücke. Gleich danach queren Sie die Straße und wandern geradeaus aufwärts.

Bei der Kreuzung mit dem Zugangsweg zur Grimburg (km 1,3, ⇧ 435 m) führt der Saar-Hunsrück-Steig rechts auf dem Pfad weiter.

↳ Abstecher zur Grimburg (➲ 0,2 km) oder in den Ort Grimburg (➲ 1,5 km)

Empfohlen sei zur Linken ein Besuch der gut erhaltenen und teilweise restaurierten Burg, die (ohne Eintritt) betreten werden kann, 🚪 April bis Oktober.

Grimburg – Schauplatz von Hexenprozessen

Auf einem lang gezogenen, bis zu 460 m hohen Bergsporn zwischen Wadrill und Mühlenbach liegt die teilweise wieder aufgebaute Grimburg. Mit einer Länge von etwa 300 m und einer Breite von rund 90 m gilt die Grimburg als weiträumigste der ehemaligen kurtrierischen Landesburgen. Fast 500 Jahre lang war die Grimburg Verwaltungssitz und Gerichtsstandort des nach ihr benannten Amtes Grimburg mit mehr als 40 Hochwaldgemeinden.

Die um 1190 unter dem Trierer Erzbischof errichtete Burg wurde während der kriegerischen Auseinandersetzungen um die Besetzung des Trierer Bischofsstuhles zerstört und nach der Ernennung des kaiserlichen Kanzlers Johann zum Trierer Erzbischof (1190-1212) wiederaufgebaut. Alte Dokumente verraten, dass die Burg um 1220 eine Besatzung von zehn Mann hatte.

Grimburg: Die einstige Burgruine aus dem Mittelalter ...

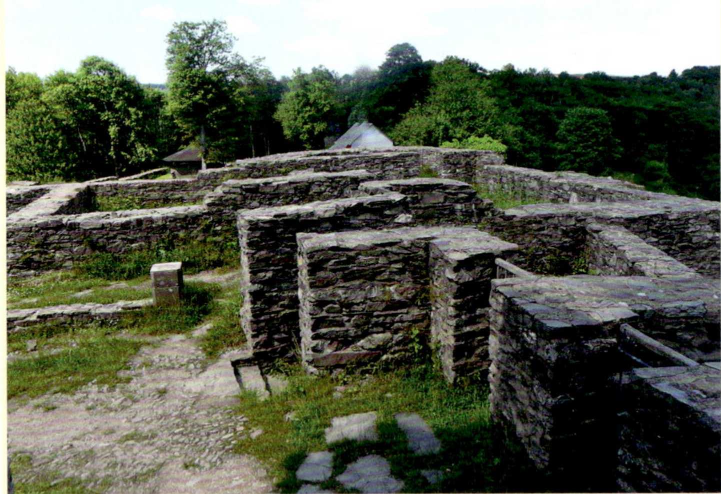

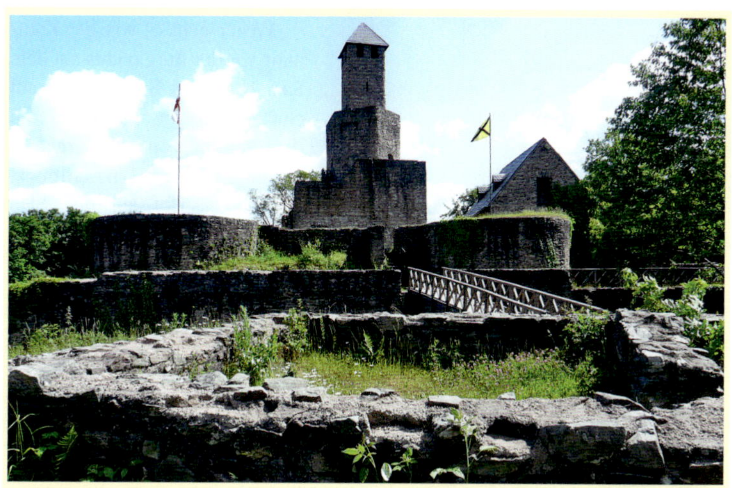

... wurde inzwischen großteils rekonstruiert

Kaiser Maximilian I. besuchte 1512 die Burg zur Falkenjagd. 1522 war die Grimburg Schauplatz von Hexenprozessen. Bald darauf ging es bergab: Die Burg wurde im Dreißigjährigen Krieg stark beschädigt, in den Reunionskriegen 1689 von französischen Soldaten angezündet und schließlich aufgegeben.

Die mächtige Burganlage war dem Verfall preisgegeben und diente den umliegenden Ortschaften als Steinbruch. Seit 1978 bemüht sich der Förderverein Burg Grimburg um die Freilegung, Ausgrabung, Sicherung und den teilweisen Wiederaufbau der Burgruine. Heute präsentiert sich die fast komplett rekonstruierte Grimburg als touristischer Anziehungspunkt und dient als Kulisse für verschiedene Kulturveranstaltungen wie Burgfeste, Burgschauspiele und Liederabende. Wo früher Hexenprozesse stattfanden, sind heute standesamtliche Trauungen möglich.

www.burg-grimburg.de

Schöner Ausblick vom Burgturm

In den Ort Grimburg gelangen Sie, wenn Sie bei der Kreuzung vor der Burg rechts gehen (➲ etwa 1,5 km).

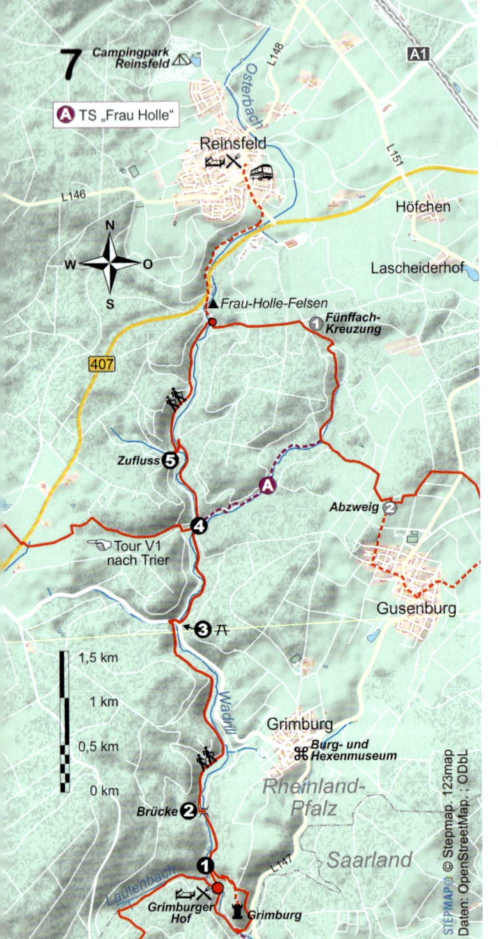

Weiter geht es von der Kreuzung vor der Burg rechts auf dem Saar-Hunsrück-Steig, der auf einem Pfad abwärtsführt. Nach dem Abstieg von der Burg trifft von links ein Weg vom Startpunkt Grimburger Hof auf den SHS (s. o.), wo die, die die Abkürzung gewählt haben, wieder auf den Saar-Hunsrück-Steig treffen ❶ (km 1,9, ⇧ 385 m). Bei der Abzweigung folgen Sie dem Saar-Hunsrück-Steig rechts von der Wadrill nordwärts. Unmittelbar vor der Querung des Flusses Wadrill zweigt rechts ein weiterer ↳ Zubringer in den Ort Grimburg ab (➲ 1 km).

Sie folgen dem Saar-Hunsrück-Steig links über die Wadrill ❷ (km 2,6, ⇧ 395 m) und weiter nordwärts, nun links des Flusses durch das idyllische Wadrilltal, mal auf kleinem Pfad, mal auf Forstweg.

⩩ Rastplatz nach Querung der Kreisstraße und Wadrill ❸ (km 5,1, ⇧ 420 m)

Nach einem weiteren Kilometer erreichen Sie vor einer Stromleitung bei einem ⩩ Rastplatz die **Gabelung des Saar-Hunsrück-Steigs** ❹ (km 6,3, ⇧ 440 m): Links führt die Variante nach Trier über den Keller Steg (➲ etwa 42 km, ☞ Variante 1 bis 3, S. 94), geradeaus führt Sie der Saar-Hunsrück-Steig in den Hunsrück, zunächst Richtung Idar-Oberstein (➲ etwa 83 km), später Richtung Boppard und auf der heutigen Etappe entlang der Traumschleife „Frau Holle".

⇘ Traumschleife „Frau Holle“

Der 8 km lange Traumschleifen-Rundweg „Frau Holle“ führt südlich von Reinsfeld stellenweise entlang des SHS durch die Täler von Wadrill und Lauschbach sowie durch den Hochwald. Der Name geht auf eine markante Felsformation südlich von Reinsfeld zurück, in deren Spalten die Augen von Frau Holle zu sehen sein sollen.

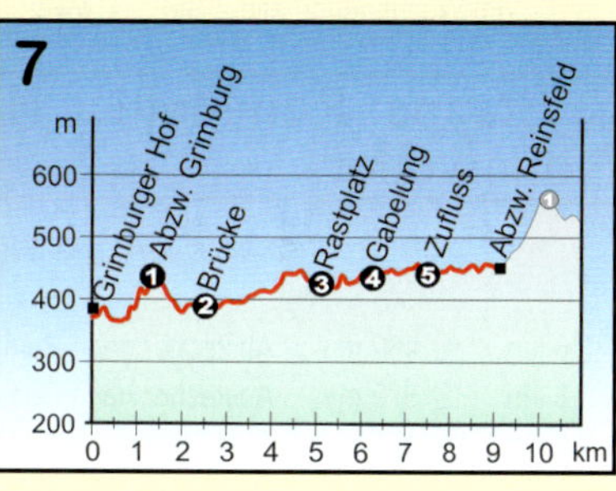

Sie folgen dem Saar-Hunsrück-Steig geradeaus über den Bach sowie über einen zufließenden Wasserlauf, wo sich links eine Hütte befindet ❺ (km 7,5, ⇧ 450 m). Danach gehen Sie rechts flussaufwärts durch das bewaldete und lauschige Wadrill-Bachtal. Nach ca. 2,5 km (km 9,1, ⇧ 460 m) macht der Saar-Hunsrück-Steig einen Knick nach rechts Richtung Hermeskeil (☞ 8. Etappe), während geradeaus der 2 km lange ⇘ Zubringer durch das Tal des Osterbaches – vorbei am Felsen „Frau Holle“– nach **Reinsfeld** führt; mit Übernachtungs- und Einkehrgelegenheiten.

Reinsfeld

🛏 ✕ Hotel-Restaurant Jägerhof, Hunsrückstraße 6, ☏ 065 03/496, 💻 www.jaegerhof-reinsfeld.de, ab € 38, 🚗, 🚪 Restaurant Mo bis Sa 11:30 bis 23:00. Familiär geführte Lokalität (wd) in 4. Generation mit gutbürgerlicher Küche, 2 km vom SHS

♦ Gasthaus Reinsfelder Hof, Herrensteg 15, ☏ 065 03/98 17 55, 💻 www.reinsfelder-hof.de (nicht ganz aktuell; ganzjährig mit Weihnachtswünschen ...), ab € 30, 🚪 Restaurant Di, Mi, Fr ab 16:00, Sa ab 11:00, So ab 10:00, 2,2 km vom SHS

⛺ Campingpark Reinsfeld, Parkstr. 1, ☏ 065 03/951 23, 💻 www.camping-reinsfeld.de, ab € 12,50, 🚪 ganzjährig. Großer Platz mit Teich und Pool, nördlich von Reinsfeld, 3,6 km vom SHS

✕ Landgasthof Kuhl, Hunsrückstr. 3, ☏ 065 03/12 19, ✉ Landgasthof-kuhl@web.de, 💻 www.landgasthof-kuhl.de, 🚪 im Sommerhalbjahr Mi bis So ab 10:00, warme Küche Di bis So 11:30 bis 14:00 und 17:30 bis 21:30. Regionale und schwäbische Spezialitäten (wd), Biergarten

Anne's Naturladen, Hunsrückstraße 3, www.annesnaturladen.de, Di bis Fr 8:30 bis 12:30 und 14:30 bis 18:30, Mo 8:30 bis 12:30 sowie Sa 8:30 bis 13:00. Bioladen in Ortsmitte

Remigius Apotheke, Herrensteg 13, 065 03/72 80, www.apotheke-reinsfeld.de

Linie R200 Richtung Trier und Hermeskeil/Türkismühle, tagsüber Mo bis Fr stündlich, am Wochenende alle 2 Std., www.saarvv.de

8. Etappe: Reinsfeld – Hermeskeil – Nonnweiler

16,0 km, 5 Std., 360 m, 430 m, 390-605 m

0,0 km	460 m	Abstecher nach Reinsfeld (2 km,)
3,8 km	570 m	Abstecher nach Gusenburg (1 km, FeWo)
7,2 km	455 m	1. Abstecher nach Hermeskeil (1,8 km, B&B)
9,1 km	550 m	2. Abstecher nach Hermeskeil (1,6 km, B&B)
10,7 km	595 m	3. Abstecher nach Hermeskeil (1,2 km, B&B)
16,0 km	400 m	Abstecher nach Nonnweiler (1 km, B&B)

Bei dieser Etappe erleben Sie eine landschaftliche Mischung aus Bachtälern, Wald und freien Flächen mit weiten Ausblicken. Zunächst geht es von dem ruhigen Wadrilltal bei Reinsfeld vorbei an Hermeskeil, einen der größeren Orte entlang des SHS mit mehreren Museen, Einkehr- und Einkaufsgelegenheiten. Kurz hinter der Höhe von Hermeskeil beginnt eine schöne Passage durch das Forstelbachtal. Ziel ist die Primstalsperre oberhalb von Nonnweiler; kurz vorher verläuft der SHS entlang der Traumschleife „Hubertusrunde". Die größte Steigung beginnt nach der Autobahnquerung südlich von Hermeskeil (150 m), der längste Abstieg nach Hermeskeil (180 m).

Der Startpunkt dieser Etappe ist nahe der Felsformation „Frau Holle" südlich von Reinsfeld, Namensgeberin der Traumschleife, der Sie anfangs kurz in südliche und nach 50 m nach links in östliche Richtung aufwärts durch Wald folgen. Nach etwa 20 Min. halten Sie sich rechts und gehen nach 150 m bei einer Fünffach-

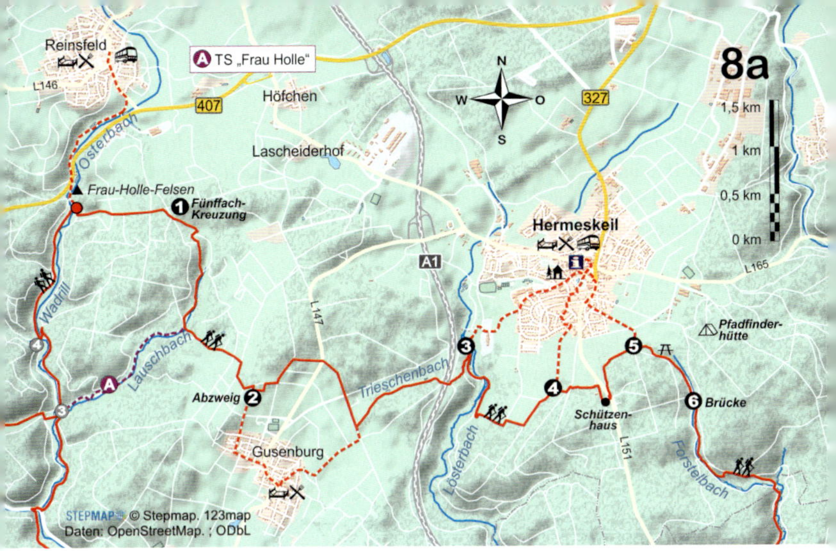

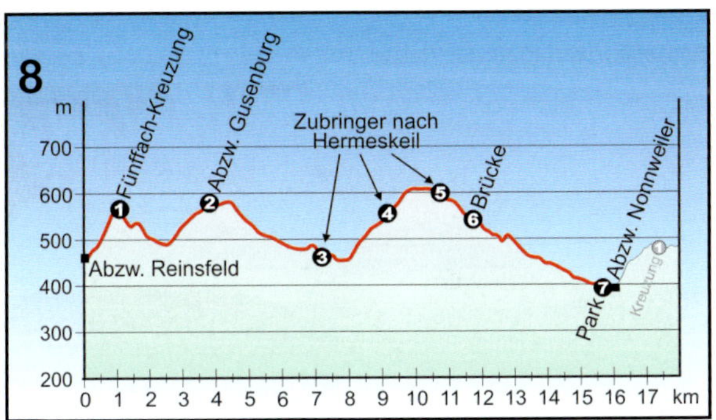

Kreuzung geradeaus ❶ (km 1,2, ⇧ 560 m), vorbei an einer Bank und abwärts in das Tal des Lauschbaches. Der SHS führt eine Weile durch dieses Tal, quert dann den Bach und bringt Sie wieder aufwärts durch Wald und weiter über freie Landschaft mit Wiesen und Feldern.

Bei der am Waldrand geradeaus verlaufenden Abzweigung nach Gusenburg ❷ (km 3,8, ⇧ 570 m) folgen Sie links dem Saar-Hunsrück-Steig mit weitem Blick, nur gestört durch die Hochspannungsleitung.

Abstecher nach Gusenburg (➲ 1 km)

Der Zubringerweg nach Gusenburg führt geradeaus über die freie Fläche und nach 150 m unter einer Stromleitung hindurch. 5 Min. nach der Stromleitung folgen Sie links der Straße in das 1.100 Einwohner zählende **Gusenburg**, Ortsteil von Hermeskeil.

Gusenburg

FeWo ✕

FeWo Haus Weitblick, Ringstraße 11, 01 76/38 29 04 22, www.ferienwohnung-haus-weitblick.jimdo.com, ab € 50 für 2 Pers. pro Nacht. Ruhige große Ferienwohnung in einem Mehrfamilienhaus am Ortsrand, 1,2 km vom SHS

✕ In Gusenburg gibt es zwei Möglichkeiten zur Einkehr, die aber erst ab nachmittags bzw. abends geöffnet sind:

- Gaststätte Wild Boar in der Hauptstraße 40, Di bis So 16:00 bis 2:00
- Pizzeria-Ristorante Zum Landmann am Mühlenweg 6, ☏ 065 03/98 02 93, Fr bis So ab 18:00

Sinnesbänke laden zur Pause und Rast ein – wie hier bei Gusenburg

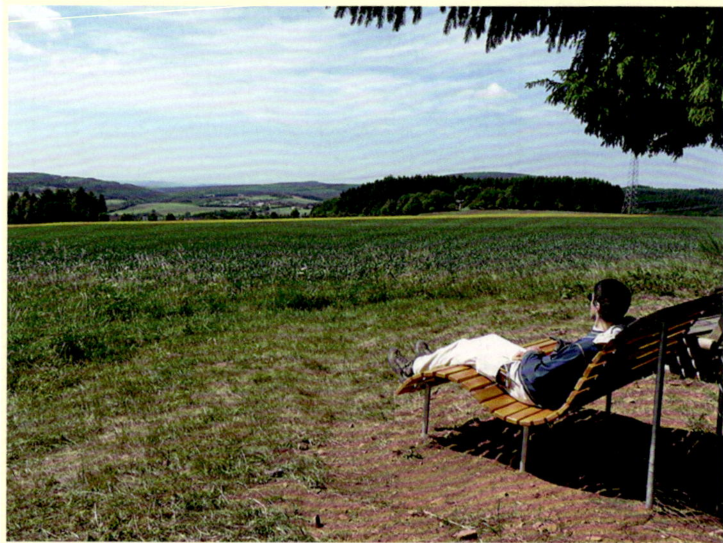

Für den Rückweg zum SHS verlassen Sie Gusenburg sinnvollerweise in nordöstliche Richtung über den Mühlenweg und weiter auf dem asphaltierten Fußweg (E3) in nordöstliche Richtung auf die Stromleitung zu. Bei der Kreuzung unter der Stromleitung gehen Sie links und erreichen nach 100 m am Waldrand den SHS, dem Sie rechts in den Wald folgen.

10 Min. nach Querung der Landstraße 147 erreichen Sie eine zweite Abzweigung nach Gusenburg (km 5,5, ⇧ 515 m). Wenn Sie von Gusenburg kommen und dem beschriebenen Rückweg zum SHS folgen, stoßen Sie hier wieder auf den Saar-Hunsrück-Steig. Sie ignorieren die geradeaus führende Abzweigung nach Gusenburg und halten sich links auf dem Saar-Hunsrück-Steig Richtung Hermeskeil. Durch das Tal des Trieschenbaches wandern Sie nordostwärts und hören das Autorauschen der nahen Autobahn. Zur Rechten erhebt sich der bewaldete, 514 m hohe Katzenberg. 50 m nach der Unterführung der Autobahn A1 (km 12) geht es nach einer Linkskurve rechts in den Wald Richtung Hermeskeil.

Nach 5 Min. zweigt links der erste ↳ Zubringer nach Hermeskeil ab ❸ (km 7,2, ⇧ 455 m), der Sie nach 1,7 km ausschließlich über asphaltierte Wege durch Gewerbe-, Wohn- und Schulgebiet nach Hermeskeil führen würde. Der Saar-Hunsrück-Steig führt bei der Abzweigung rechts aufwärts, quert die alte Bahnlinie – heute ein Radweg – und steigt allmählich an, bis am Waldrand südlich von Hermeskeil der zweite ↳ Zubringer nach Hermeskeil (➲ 1,6 km) erreicht wird ❹ (km 9,1, ⇧ 550 m).

Sie wandern auf dem Saar-Hunsrück-Steig weiter geradeaus am Waldrand entlang und erreichen nach 5 Min. bei einer Schießanlage das Schützenhaus (km 9,9, ⇧ 600 m). 100 m nach dem Schützenhaus queren Sie die Landstraße und folgen dem Saar-Hunsrück-Steig links am Waldrand entlang mit Blick auf Hermeskeil. 10 Min. nach dem Schützenhaus erreichen Sie eine Kreuzung, wo der kürzeste und eigentlich auch schönste (aber inoffizielle) Zubringer nach **Hermeskeil** (➲ 1,2 km) links abzweigt ❺ (km 10,7, ⇧ 595 m).

↳ Zubringer nach/von Hermeskeil (➲ 1,2 bis 1,8 km)

Die beiden erstgenannten („offiziellen“) Zubringer führen ausschließlich über teilweise größere Asphaltstraßen.

☺ Schöner ist der dritte Zubringer, der zum/vom Ortszentrum entlang der Straße „An der alten Brauerei“ und dann rechts auf der Saarstraße in den Ort führt (➲ 1,2 km).

Achtung: Aufpassen in Hermeskeil. Hier kreuzen sich einige wichtige Straßen mit entsprechend viel Verkehr. Scheinbar hat sich die Erfindung von Ampeln und v. a. Zebrastreifen noch nicht überall in dieser Gemeinde herumgesprochen ...

Hermeskeil

B&B

Tourist-Info Hermeskeil, Langer Markt 30, 54411 Hermeskeil, 065 03/80 95 00, info@hermeskeil.de, www.hermeskeil.de, Mo bis Fr 10:00 bis 12:00 und 14:00 bis 17:00, im Sommerhalbjahr auch Sa 10:00 bis 12:00

Hotel Jakobs, Saarstraße 23a, 065 03/800 30, post@hotel-jakobs.de, ÜF ab € 33, , , Check-in 11:00 bis 12:00 und 17:00 bis 20:00. Familiär geführtes Haus mit 18 Zimmern, 1 km vom Saar-Hunsrück-Steig entfernt

B&B Privatzimmer sind über die Touristinformation buchbar.

Hunsrück-JH Jugendgästehaus Hermeskeil, Adolf-Kolping-Straße. 4, 065 03/30 97, hermeskeil@diejugendherbergen.de, www.diejugendherbergen.de, ÜF im Mehrbettzimmer ab € 23, im DZ ab € 28. JH (wd) mit 112 Betten in 1er- bis 6er-Zimmern, alle Zimmer mit Du/WC, am Westrand der Ortsmitte, 1,3 km von der ersten Abzweigung des SHS nach Hermeskeil

Zeltplatz, Im Adrian, 065 03/950 90. Pfadfinderhütte mit einfacher Zeltgelegenheit etwa 1 km m östlich von Hermeskeil und 1,5 km vom SHS, nur nach Voranmeldung möglich

In Hermeskeil gibt es diverse Einkehrgelegenheiten, auch internationale, etwa ein asiatischer Wok-Imbiss, Türken (Anatolie Döner, Istanbul Kebab), ein Grieche (Rhodos) und gleich drei Italiener.

Beliebte Cafés sind das traditionsreiche Bistro/Bäckerei Louis am Langen Markt oder Café-Bäckerei Gillen in der Bahnhofstraße 1.

im Zentrum Supermarkt (Rewe) sowie Bäcker

mehrere (drei) Apotheken in der Ortsmitte

Badefreunde finden in der Schulstraße ein kombiniertes Hallen-/Freibad mit 114 m langer Wasserrutsche, Di bis Fr 14:00 bis 21:00 Uhr, Sa 11:00 bis 18:00, So 9:00 bis 18:00, € 4.

Taxi Römer, 065 03/13 33, www.roemer-hermeskeil.de

Linie R200 Richtung Trier und Türkismühle, tagsüber Mo bis Fr stündlich, am Wochenende alle 2 Std., Haltestelle „Donatusplatz", www.saarvv.de

Die 5.700 Einwohner zählende Stadt Hermeskeil liegt im Schwarzwälder Hochwald im Südwesten des Hunsrücks. Hermeskeil wurde 934 erstmals urkundlich erwähnt und 1970 zur Stadt erhoben. Als Folge des Bundeswehrabzugs

2006 gab es große wirtschaftliche Probleme mit Leerstand im Ort. Ein Tourismusprojekt auf dem ehemaligen Kasernengelände scheiterte wegen Insolvenz. Ein neuer Investor erwarb das Gelände 2011 für € 1,6 Mio., um es gewerblich und für regenerative Energien zu nutzen. Zunächst entstanden hier ein Hochregallager und ein Asylantenaufnahmezentrum.

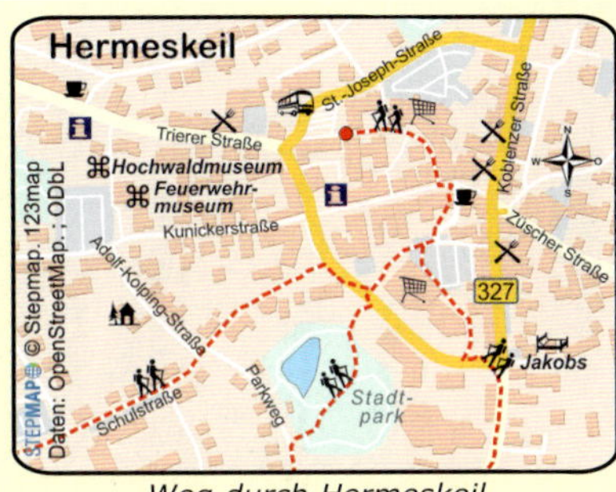

Weg durch Hermeskeil

In der Trierer Straße informieren zwei Museen über die Region.

⌘ Das neu gestaltete **Hochwaldmuseum** in der Trierer Straße 49 dokumentiert anschaulich und unterhaltsam das Leben, Arbeiten und Wohnen im Hochwald. Das Museum wurde wegen seiner vorbildhaften Präsentation 2005 mit dem ersten Museumspreis des Landes Rheinland-Pfalz ausgezeichnet.

♦ www.hochwaldmuseum.de, Mo bis Fr 10:00 bis 12:00 und 14:00 bis 17:00, Sa und So 10:00 bis 17:00, € 3

Das Infozentrum des Naturparks Saar-Hunsrück mit dem Erlebnismuseum „Mensch und Landschaft" befindet sich in der Trierer Straße 51.

♦ www.naturpark.org, Infozentrum Mo bis Fr 9:00 bis 12:00 sowie Di bis Do 14:00 bis 16:00, Erlebnismuseum Di bis Fr 14:00 bis 16:00, Eintritt gratis

Auch Technikfreunde kommen in Hermeskeil museal auf ihre Kosten.

⌘ Die angeblich größte private Flugausstellung Westeuropas zeigt am Habersberg 1 (5 km vom SHS) auf einer Ausstellungsfläche von 75.000 m² rund 150 Flugzeuge aus dem zivilen und militärischen Bereich. In dem Café in einer Concorde können Sie sich erfrischen.

♦ www.flugausstellung.de, Anfang April bis Anfang November täglich 10:00 bis 17:00, € 10

⌘ Das **Feuerwehr-Erlebnis-Museum** am Neuen Markt 2 dokumentiert die Entwicklung der Brandbekämpfung vom alten Rom bis zur Gegenwart.

♦ www.feuerwehr-erlebnis-museum.de, April bis Oktober Di bis Fr 10:00 bis 12:00 und 14:00 bis 16:00 sowie Sa und So 10:00 bis 17:00, € 5

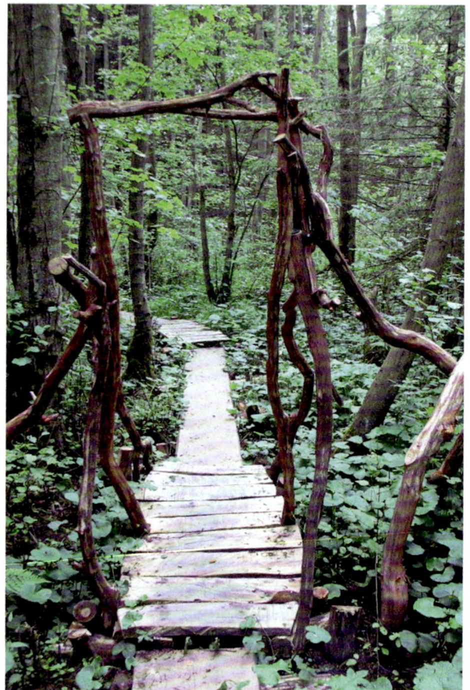

Auf Holzbohlen trockenen Fußes durch das Forstelbachtal

Bei der Einmündung des „inoffiziellen" (dritten) Zubringers aus Hermeskeil führt der Saar-Hunsrück-Steig geradeaus in den Wald und nach 5 Min. an einem 3 Rastplatz vorbei (km 11, ⇧ 585 m).

☝ Nach 5 bis 10 Min. aufpassen! Der Saar-Hunsrück-Steig verlässt den Forstweg links abwärts und quert den Forstelbach über eine Brücke ❻ (km 11,7, ⇧ 535 m). Nach 5 Min. folgen Sie einem Forstweg geradeaus links vom Bach.

Weiter geht der Weg durch das Forstelbachtal, mal als Forstweg, mal als Pfad. Nach einer weiteren Bachquerung (km 13,3, ⇧ 465 m) folgen Sie dem SHS südwärts auf der rechten Seite des Forstelbaches. 100 m nach mehreren Fischteichen (km 15,1, ⇧ 410 m) verlassen Sie den Forstweg links und gehen ein kurzes Stück auf einem Holzbohlenweg, auf dem Sie den Forstelbach queren, zusammen mit der kurz zuvor eingemündeten Traumschleife „Hubertusrunde".

➭ Traumschleife „Hubertusrunde"

Der rund 10 km lange Traumschleifen-Rundweg „Hubertusrunde" erschließt die bewaldeten Höhen zwischen Nonnweiler, Otzenhausen und der Primstalsperre und berührt dabei den Keltenpark Otzenhausen. Die „Hubertusrunde" verläuft dabei entlang des Endes von Etappe 8 und des Anfangs von Etappe 9 des SHS.

Bei einem kleinen Park mit Brunnen ❼ (km 15,8, ⇧ 400 m) wandern Sie kurz geradeaus und folgen nach 20 m links dem Saar-Hunsrück-Steig Richtung Neuhütten und Talsperre. 100 m nach dem Park gehen Sie hinter der Brücke rechts. Nach 50 m führt der ↳ Zubringer nach Nonnweiler geradeaus (➲ 1 km), während der Saar-Hunsrück-Steig links abzweigt und zur Talsperre hinaufführt (☞ 9. Etappe).

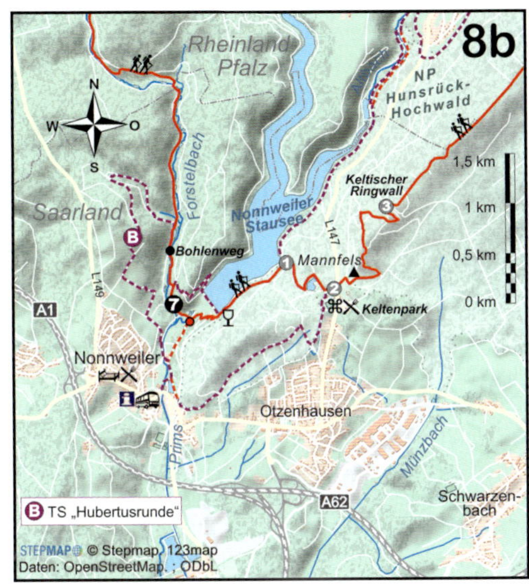

Nonnweiler

ℹ 🛏 B&B ✕ ⚕ 🏊 🚌

ℹ Touristinformation Nonnweiler im Rathaus, Trierer Straße 5, 66620 Nonnweiler, ☏ 068 73/660 19, ✉ tourist@nonnweiler.de, 💻 www.nonnweiler.de, 🚪 Mo bis Mi 8:30 bis 12:00 und 13:30 bis 15:30, Do 8:30 bis 12:00 und 14:00 bis 18:00, Fr 8:30 bis 12:00

🛏 ✕ Hotel-Restaurant Parkschenke Simon, Auensbach 68, ☏ 068 73/66 99 70, ✉ hotel@parkschenke-simon.de, 💻 www.parkschenke-simon.de, ab € 38, 🐕, 🚗, 🚪 Küche Mo ab 17:00, Di bis Do ab 15:00, Fr bis So ab 10:00. Kleines Hotel (wd) mit 17 Zimmern, 1 km vom Saar-Hunsrück-Steig nahe Autobahnzubringer

B&B Gästehaus Alte Mühle, Klaus Jung, Mühlenweg 16, ☏ 068 73/667 99 02, 💻 www.altemuehle-nonnweiler.de, ab € 33. 2017 modernisierte Zimmer sowie Gemeinschaftsküche, günstige Lage zwischen Nonnweiler und Primstalsperre, 400 m vom SHS

B&B ☕ Café/Pension Annemarie, Mühlenweg 2, ☏ 068 73/76 42. Hotel Garni mit 10 Betten, 🚪 täglich außer Do ab 8:00, ab € 32, in Ortsmitte, 1 km vom SHS

✕ China Restaurant Nam hue, Trierer Straße 2, Am Hallenbad, 🚪 Di bis So 11:30 bis 14:00 und 18:00 bis 22:00

Hochwald Apotheke, Am Hammerberg 3, ☏ 068 73/240, www.hochwald-apotheke.de

In Nonnweiler gibt es ein Hallenbad mit Saunalandschaft, Trierer Straße 2a, Di bis Do 7:00 bis 10:00 und 15:00 bis mindestens 19:00, Fr 15:00 bis 21:00, Sa 14:00 bis 20:00, So 8:00 bis 13:00, Eintritt € 3

Linie R200 Richtung Trier und Türkismühle, tagsüber Mo bis Fr stündlich, am Wochenende alle 2 Std., www.saarvv.de

Nonnweiler, mit seinen 9.100 Einwohnern, ist die nördlichste Gemeinde des Saarlandes und liegt rund 30 km südöstlich von Trier. Das Gemeindegebiet wird von der Prims durchflossen, die im Ortsteil Nonnweiler zur Primstalsperre aufgestaut ist. Aus dem Amt Nonnweiler entstand 1974 die Gemeinde Nonnweiler mit den Orten Bierfeld, Braunshausen, Kastel, Otzenhausen, Primstal, Schwarzenbach und Sitzerath.

Wenn Sie in Nonnweiler plötzlich Appetit auf Steinofenpizza verspüren, kein Wunder: Einer der größten Hersteller für Tiefkühlpizzen in Europa, die (Nestlé) Wagner GmbH, hat in Nonnweiler ihren Sitz und beschäftigt dort ca. 1.800 Mitarbeiter. Als Ausgleich für die seit der mehrheitlichen Übernahme Wagners durch Nestlé (2009) eingebrochenen Gewerbesteuereinnahmen gründete Wagner die „Gemeindestiftung Wagner Tiefkühlprodukte“ zur Unterstützung der Kommune.

9. Etappe: Nonnweiler – Börfink

14,1 km, 4 Std. 30 Min., ↑ 370 m, ↓ 200 m, ⇧ 400-695 m

0,0 km	⇧ 400 m	Abstecher nach Nonnweiler (1 km, B&B)
1,4 km	⇧ 465 m	Kreuzung am Stausee mit Abstecher nach Züsch/Neuhütten (2,5 km kürzer)
2,3 km	⇧ 495 m	Keltenpark Otzenhausen ⌘
5,7 km	⇧ 695 m	Dollberg, höchster Punkt
9,1 km	⇧ 670 m	Tirolerstein
12,8 km	⇧ 580 m	Abstecher zum Forellenhof Trauntal (1 km, Fewo)
14,1 km	⇧ 550 m	Abstecher nach Börfink (0,8 km)

Diese Etappe entführt Sie in die Vor- und Industriegeschichte: Kurz hinter der Primstalsperre passieren Sie mit dem Ringwall bei Otzenhausen eine der größten

Keltenfestungen Europas, wo seit einigen Jahren der Keltenpark das Leben unserer Vorfahren beleuchtet. Später wandern Sie oberhalb des Königsbachtals mit dem Züscher Hammer (Variante möglich), wo früher Erze mithilfe der Wasserkraft verhüttet und verarbeitet wurden. Ziel ist das Trauntal bei Börfink mit vielen Weihern und einem Forellenhof. Diese Etappe verläuft stellenweise entlang der Traumschleifen „Hubertusrunde", „Dollbergschleife" und „Börfinker Ochsentour". Die größte Steigung beginnt bei Nonnweiler unterhalb der Talsperre (↑ 260 m), der längste Abstieg kurz vor dem Tirolerstein (↓ 160 m).

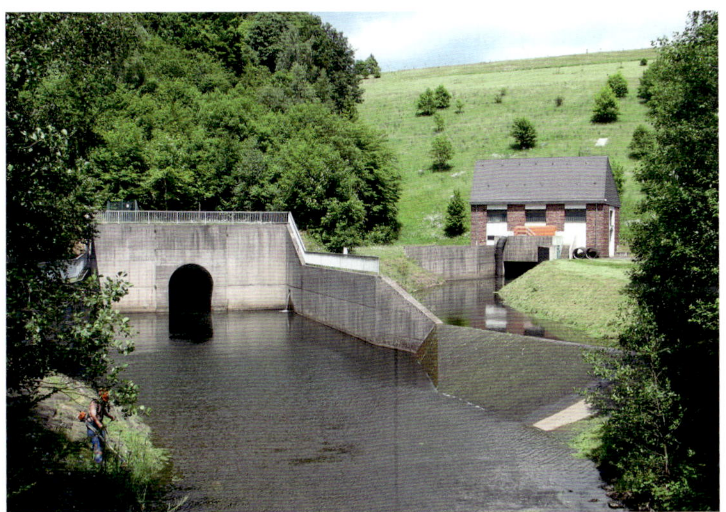

Talsperre Nonnweiler – größter Wasserspeicher des Saarlandes

Nach der Brücke unterhalb der Talsperre folgen Sie links dem Saar-Hunsrück-Steig auf einer Treppe aufwärts (zur Dammkrone) und in Serpentinen hinauf zum Stausee.

) Nach 10 Min. erreichen Sie auf einer Höhe von 455 m den Staudamm (km 0,5, ⇧ 450 m) der Primstalsperre Nonnweiler.

Y Kiosk am Staudamm mit kleinen Snacks und Erfrischungen, 01 51/10 23 92 41, täglich 10:00 bis 19:00, im Winter – nur bei schönem Wetter – 13:00 bis 17:00

Primstalsperre Nonnweiler – Wasserspeicher und Planetenrundweg

Die Primstalsperre bei Nonnweiler wurde 1982 fertiggestellt. Der 306 m lange Damm hat von der Talsohle gesehen eine Höhe von 62 m. Der durch den Damm entstandene See erreicht eine Tiefe von maximal 56 m, einen Umfang von 17 km und hat bei vollem Wasserstand ein Wasservolumen von 20 Mio. m^3 – das entspricht einem Würfel mit 270 m Kantenlänge! Bedingt durch den maximalen Durchfluss von 600 l pro Sekunde und die Fallhöhe von 62 m kann eine Leistung von 313 kW erreicht werden. Diese größte Talsperre der Region dient neben der Stromgewinnung als Wasserreservoir für Industriebetriebe.

An der Primstalsperre beginnt der 1996 vom Gymnasium Birkenfeld angelegte, 6 km lange **Planetenwanderweg**, der rund um den Stausee führt und dabei die Planeten unseres Sonnensystems bzgl. der Entfernung voneinander maßstabsgetreu im Verhältnis 1:1 Mrd. darstellt. Die erdähnlichen Planeten mit fester Masse (Merkur, Venus, Erde, Mars) sind noch auf dem Staudamm zu sehen, die anderen (gasförmigen) Planeten Jupiter, Saturn, Neptun, Uranus und Pluto folgen später beim Rundweg.

Von dem Damm folgen Sie dem Saar-Hunsrück-Steig anfangs rechts am Seeufer entlang etwas oberhalb des Schotter-Uferweges. Alternativ können Sie auch auf dem Schotterweg am Ufer wandern, wo allerdings am Wochenende viele Radler unterwegs sind. 15 Min. nach dem Staudamm erreichen Sie eine Kreuzung ❶ (km 1,4, ⇧ 465 m), wo Sie rechts dem Saar-Hunsrück-Steig Richtung keltischer Ringwall folgen – ein längerer Anstieg.

↳ Abkürzung über Züscher Hammer und Neuhütten – ohne Keltenring (➲ 3,5 km statt 6 km)

Wenn Neuhütten als Übernachtungsort gewählt wird, ist bei der Kreuzung am Seeufer der geradeaus weiterführende Uferweg eine nette und kürzere Alternative (➲ 3,5 km statt 6 km). Allerdings versäumen Sie dabei den keltischen Ringwall, sehen aber die Züscher Hammer (2,6 km ab Kreuzung), eine ehemalige Eisenschmelze mit (rekonstruiertem) wasserkraftgetriebenem Hammerwerk. Das im 17. Jh. größte Eisenhüttenwerk des Hunsrücks wurde 1843 stillgelegt. Zur Anlage gehörten ein Pochwerk, eine Schmelze, ein Eisenhammer und eine Holzkohlenscheuer. An den Sommerwochenenden kann die Anlage besichtigt werden (◨ Sa und So 14:00 bis 17:00). 800 m nach der Züscher Mühle erreichen Sie den Ort Neuhütten, wo links das Hotel-Restaurant Le Temple du Gourmet liegt (☞ S. 109).

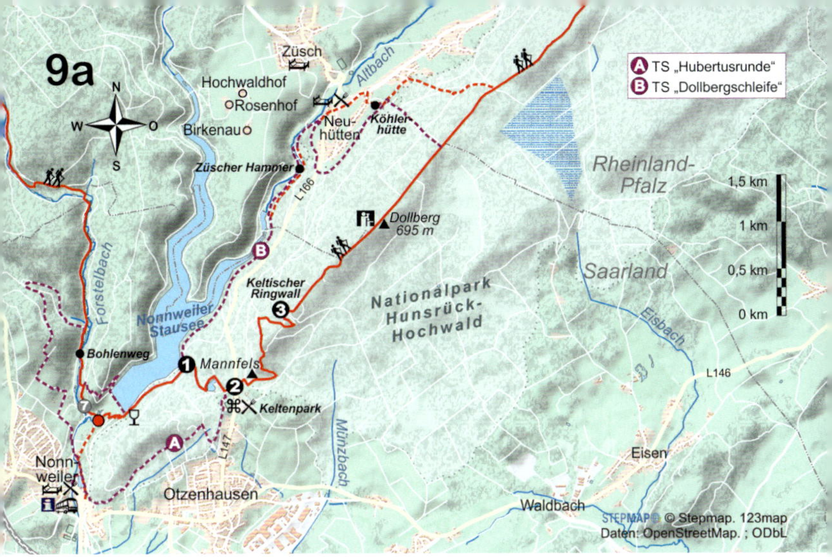

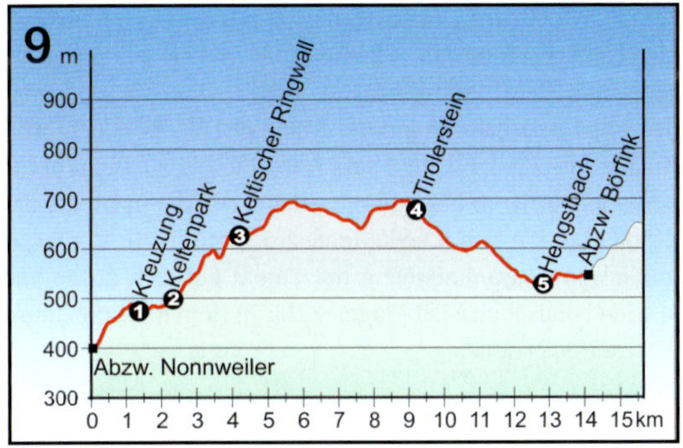

Vom Stausee führt der Saar-Hunsrück-Steig durch Wald aufwärts und am Klappbruchweiher vorbei, einem Naturschutzgebiet, zusammen mit der Traumschleife „Dollbergschleife“.

Traumschleife „Dollbergschleife“

Der 11,2 km lange Traumschleifen-Rundweg „Dollbergschleife“ führt östlich vom Nonnweiler Stausee über den Dollberg und folgt dabei dem SHS zwischen den ersten beiden Abzweigungen nach Neuhütten

Sie queren die Landstraße 147 beim Keltenpark und einer Einkehrgelegenheit ❷ (km 2,3, ⇧ 495 m).

⌘ Der 2016 eröffnete **Keltenpark Otzenhausen** zeigt anhand rund zehn rekonstruierter Gebäude, wie es hier zu Keltenzeiten vor mehr als 2.000 Jahren ausgesehen hat.

♦ 💻 www.keltenpark-otzenhausen.de, Anfang April bis Ende Oktober Do bis Sa 13:00 bis 18:00 und So 10:00 bis 18:00, Eintritt e 2,50

✕ Keltenklause, ☏ 068 73/99 25 11, Di-So 15:00 bis 23:00. Restaurant gegenüber vom Keltenpark

🚌 Bushaltestelle „Otzenhausen-Ringwall" beim Parkplatz des Keltenparks; Linie R200 Richtung Trier und Türkismühle, tagsüber Mo bis Fr stündlich, am Wochenende alle 2 Std.

💻 www.saarvv.de

Keltensiedlung „Hunnenring"

Der keltische Ringwall „Hunnenring" bei Otzenhausen gilt als eine der größten keltischen Befestigungsanlagen, erbaut überwiegend aus Taunusquarzit-Steinen des links oberhalb liegenden Mannfelsens. Von der im 1. Jh. v. Chr. erbauten Anlage mit 2,5 km Länge sind noch die bis zu 10 m hohen Mauern erhalten, die einst bis zu 40 m hoch und an der Basis 40 m breit waren und eine Fläche von 20 ha umschlossen. Die Keltenfestung wurde zur Römerzeit aufgegeben, was vermutlich im Zusammenhang mit einem kürzlich ausgegrabenen, etwa 5 km entfernten römischen Militärlager steht, in dem mehrere Tausend Soldaten stationiert gewesen sein sollen.

Sie folgen dem Saar-Hunsrück-Steig aufwärts in Serpentinen durch Wald, an den Mauern des keltischen Ringwalls vorbei ❸ (km 4,2, ⇧ 620 m) und hinauf auf den Dollberg (km 5,7, ⇧ 695 m), wo die Grenze zwischen dem Saarland (rechts) und Rheinland-Pfalz (links) verläuft.

schöner Ausblick vom Dollberg (695 m) oberhalb des Ringwalls auf die Primstalsperre

Nach einer Weile auf dem Kamm erreichen Sie links die offizielle Abzweigung nach Neuhütten und Züsch (km 6,7, ⇧ 665 m).

Bis Neuhütten sind es etwa 1,5 km, bis Züsch 2,5 km. Beide Orte liegen am Altbach westlich des SHS und sind seit Keltenzeiten von der Eisenverhüttung geprägt: Im 17. Jh. errichtete ein Belgier am Züscher Hammer in noch vorindustrieller Zeit ein Eisenwerk mit Hammerschmiede, das zum größten seiner Art im Hunsrück avancierte.

Neuhütten

Hotel-Restaurant Le Temple du Gourmet, Saarstraße 2, 065 03/76 69, le.temple.du.gourmet@t-online.de, www.le-temple-du-gourmet.de, ab € 60, , Bistro und Restaurant Do bis Di 18:00 bis 21:00, So auch 12:00 bis 14:00. Ausgezeichnete Küche und engagierte Wirtsleute (wd). Stilvoll eingerichtete und helle Zimmer, fast ein Design-Hotel. Schöner Blick in das Altbachtal. Der Wirt hat einen Michelin-Stern.

Züsch

Hofgut Retzenhöhe, 065 03/921 48 10, christel.sell@hofgut-retzenhoehe.de, www.hofgut-retzenhoehe.de, ab € 30. Pferdehof für Islandpferde, der nebenher auch Zimmer vermietet.

Von Neuhütten zum Saar-Hunsrück-Steig (1,5 bzw. 2 km)

Vom Hotel-Restaurant Le Temple du Gourmet in Neuhütten kommend nehmen Sie die Straße „Am Dollberg" aufwärts. Nach 400 m wandern Sie rechts aufwärts in die Brunnenstraße Richtung Köhlerhütte und Naturlehrpfad. Nach 100 m geht es links, nach 20 m rechts aufwärts über den Parkplatz und vorbei an der Einkehrgelegenheit Köhlerhütte. Links hinter der Köhlerhütte beginnt ein Naturlehrpfad, zu Beginn gleichzeitig der (markierte) Saar-Hunsrück-Steig-Zubringer. Nach 70 m halten Sie sich an einer T-Kreuzung links (Schild: „Tiroler Stein"). Nach 100 m erreichen Sie eine Abzweigung, wo Sie rechts dem Saar-Hunsrück-Steig-Zubringer folgen.

☺ Schöner (und insgesamt kürzer) gelangen Sie zum Saar-Hunsrück-Steig, wenn Sie bei der Abzweigung geradeaus gehen und dem Naturlehrpfad (sowie HT1) folgen. 5 Min. nach der Saar-Hunsrück-Steig-Abzweigung gehen Sie an der T-Kreuzung rechts aufwärts auf den Forstweg (Naturlehrpfad) und nach weiteren 5 Min. an einer Kreuzung geradeaus auf dem Weg HT1 (der Naturlehrpfad zweigt links ab). Nach 10 Min. nehmen Sie an einer Gabelung links den Spurweg. Nach 100 m halten Sie sich an einer T-Kreuzung links und nehmen nach weiteren 100 m rechts den Grasweg. Rund 2 km nach Neuhütten erreichen Sie den Saar-Hunsrück-Steig, dem Sie links folgen.

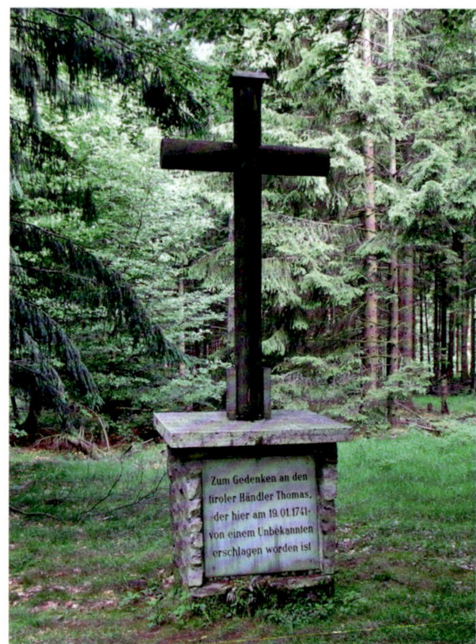

Der Tirolerstein erinnert an ein Attentat im 18.Jh.

Sie folgen dem Saar-Hunsrück-Steig über den Kamm Richtung Erbeskopf und erreichen nach 30 Min. den ⩩ Tirolerstein mit Rastgelegenheit ❹ (km 9,1, ⇧ 670 m). Der **Tirolerstein** erinnert an einen im Jahr 1741 an dieser Stelle erschlagenen Tiroler Händler. 30 m nach dem Tirolerstein zweigt der Saar-Hunsrück-Steig links ab und führt durch Wald.

Nach 20 Min. (km 10,7, ⇧ 595 m) folgen Sie dem Saar-Hunsrück-Steig nach rechts Richtung Morbach. Nach 200 m zweigt links der ↳ Zubringer von/nach Muhl ab (➲ 0,5 km). Dort soll sich einst der legendäre Räuber Schinderhannes versteckt haben (Info ☞ 15. Etappe).

Weiter führt der Saar-Hunsrück-Steig über einen langen Forstweg geradeaus. Nach etwa 30 Min. folgen Sie links dem Pfad über den Hengstbach ❺ (km 12,8, ⇧ 520 m).

↳ Geradeaus wäre ein Abstecher zum Forellenhof möglich (➲ 1 km).

🛏 ⛺ Fewo ✕ Forellenhof Trauntal, In den Quellwiesen, ☎ 067 82/10 98 88, 📱 01 71/931 33 14, 💻 www.forellenhof-trauntal.de, ab € 35, 🐕, 🚗, 🚪 täglich 11:00 bis 22:00. Der Forellenhof hat 6 Betten, 2 FeWo und eine Campingmöglichkeit und bietet naturbelassene Produkte aus der Region, 1 km vom SHS

Nach der Bachquerung führt der Saar-Hunsrück-Steig über eine freie Fläche und quert nach etwa 15 Min. die Landstraße 165. Kurz darauf (km 14,1, ⇧ 550 m) erreichen Sie die Kreisstraße, die ↳ rechts nach Börfink führt (➲ 0,8 km), und damit zum Etappenziel.

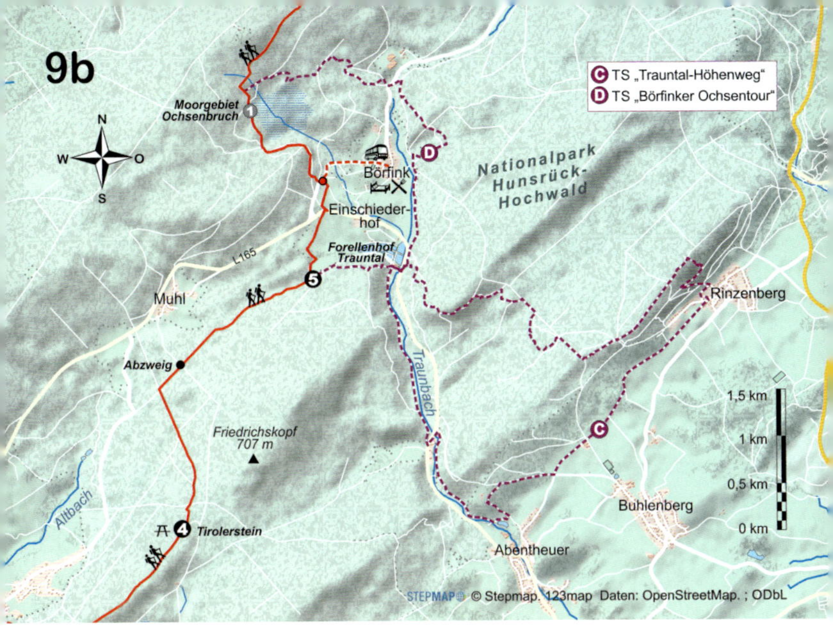

Börfink 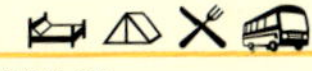

Gasthof/Pension Zur alten Mühle, Dorfstraße 33, ☏ 067 82/20 00, pallotz@web.de, www.altemuehle-boerfink.de, DZ ab € 38 p. P., Zelten ab € 10 p. P., (auf Anfrage), , Gasthof Mo bis Fr 15:00 bis 20:00, Sa ab 11:00, So ab 12:00. Kleine Unterkunft mit 9 Betten, tw. bio, Zeltplatz hinter dem Haus, bürgerliche Küche mit eingeschränkter Auswahl in ehemaliger Getreidemühle, 1 km vom SHS

(wenige) Busverbindungen mit Linie 323 Richtung Birkenfeld/Baumholder, www.vrt-info.de

Traumschleifen „Börfinker Ochsentour“ und „Trauntal-Höhenweg“

Der 10 km lange Traumschleifen-Rundweg „Börfinker Ochsentour“ verläuft rund um Börfink stellenweise entlang des SHS. Namensgeber ist das Moorgebiet Ochsenbruch mit Wollgras und Arnikawiesen. Südlich daran schließt die 12,4 km lange Traumschleife „Trauntal-Höhenweg“ mit dem Startpunkt am Forellenhof Trauntal an.

10. Etappe: Börfink – Morbach

23,5 km, 6 Std. 30 Min., ↑ 435 m, ↓ 475 m, ⇧ 435-816 m

0,0 km	⇧ 550 m	Abstecher nach Börfink (0,8 km,)
4,0 km	⇧ 690 m	Siegfriedsquelle
8,0 km	⇧ 816 m	Erbeskopf, höchster Punkt
15,7 km	⇧ 485 m	Eisenbahnviadukt Hoxel
18,7 km	⇧ 535 m	Hoxel
23,1 km	⇧ 540 m	Nixenweiher
23,5 km	⇧ 505 m	Abstecher nach Morbach (2 km, B&B ⌘)

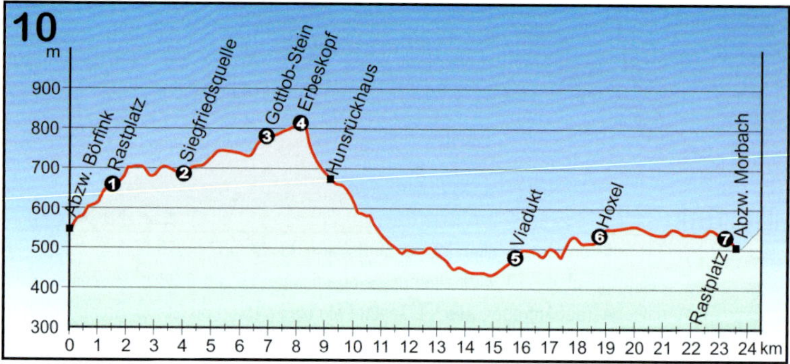

Diese etwas längere Etappe bietet eine ganze Reihe von natürlichen und kulturellen Höhenpunkten: Hochmoore passieren Sie am Anfang und Ende – den Ochsen- und Ortelsbruch – und kurz vor der Mitte dieser Etappe den höchsten Punkt auf dem SHS und von Rheinland-Pfalz: den 816 m hohen Erbeskopf, wo der hölzerne „Windklang" einen weiten Ausblick bietet. Für Abwechslung sorgt bei Hoxel das plötzlich über den Bäumen im Wald aufragende alte Eisenbahnviadukt der ehemaligen Hunsrückquerbahn. Der Zielort Morbach ist Heimat des Filmregisseurs Edgar Reitz, bekannt durch die gleichnamige Trilogie („Heimat"). Diese Etappe folgt stellenweise den Traumschleifen „Gipfelrauschen" und „Ölmühlentour". Die größte Steigung beginnt gleich zu Beginn bei Börfink (↑ 150 m), der längste Abstieg erfolgt hinunter vom Erbeskopf (↓ 310 m).

Sie queren westlich von Börfink die Kreisstraße und folgen dem SHS in den Wald und dort aufwärts. Nach einem kurzen flacheren Zwischenstück laden vor der nächsten Steigung ⛼ Tisch und Bänke zur Rast ein ❶ (km 1,5, ⇧ 655 m). Rechts liegt das Moorgebiet Ochsenbruch mit Wollgras und Arnikawiesen.

Nach 30 Min. folgen Sie bei einer Kreuzung (km 2,9, ⇧ 685 m) dem Saar-Hunsrück-Steig links abwärts, kreuzen nach 5 Min. einen Forstweg und erreichen nach weiteren 5 Min. die **Siegfriedsquelle** ❷ (km 4, ⇧ 690 m). Die Siegfriedsquelle speist den Hohltriefbach. Einzugsgebiet ist der Erbeskopf.

Nibelungensage & Siegfriedsquelle

Die Siegfriedsquelle und weitere Geländenamen der Region weisen auf mögliche Schauplätze der Nibelungensage hin. Nach einigen Überlieferungen lebten die Sagengestalten Hagen und Hunold als geschichtliche Persönlichkeiten am Erbeskopf.

An dieser Quelle soll Hagen den Helden Siegfried während dessen Erfrischungspause hinterrücks mit seinem Speer ermordet haben.

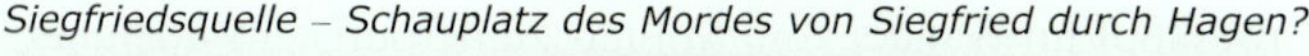

Siegfriedsquelle – Schauplatz des Mordes von Siegfried durch Hagen?

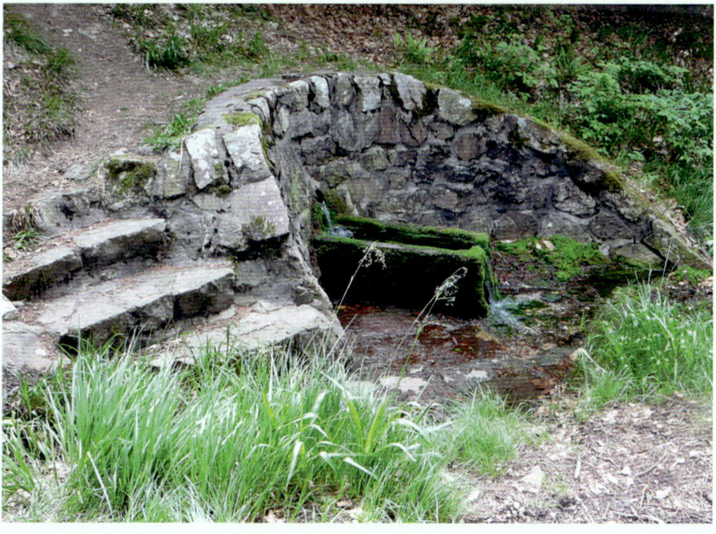

Nach der Siegfriedsquelle führt der Saar-Hunsrück-Steig rechts aufwärts durch Wald. Nach längerem Aufstieg erreichen Sie am höchsten Punkt bei einer Gabelung den **Gottlob-Stein ❸** (km 6,8, ⇧ 790 m).

„Gottlob" – woher der Name?

Diese Anhöhe im Hochwald erreichten früher die aus der Mark Thalfang nach Birkenfeld wandernden, schwer beladenen Markthändler nur unter größten Anstrengungen, weshalb sie vor dem Abstieg ein dankbares „Gottlob" ausgestoßen haben sollen. Daher der Gottlob-Stein an dieser Stelle.

Am Gottlob-Stein folgen Sie dem Saar-Hunsrück-Steig links Richtung Erbeskopf. Nach leichtem Anstieg über den bewaldeten Kamm steigen Sie nach 15 Min. links auf der neuen Treppe aufwärts und erreichen nach 100 m den 816 m hohen **Erbeskopf ❹** (km 8), den höchsten Berg von Rheinland-Pfalz.

vom hölzernen 11 m hohen Aussichtsturm weiter Rundblick

Erbeskopf im Wandel vom Militär- zum Touristenstützpunkt

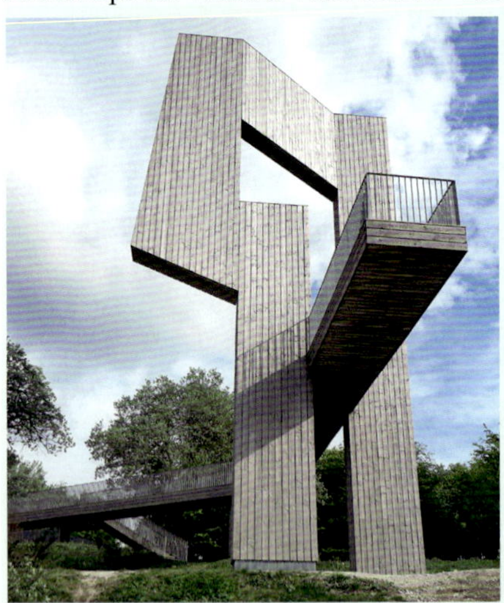

Windklang – Aussichtsplattform am Erbeskopf

Der erste, 24 m hohe, hölzerne Aussichtsturm wurde 1892 von preußischen Pionieren während eines Manövers errichtet. 9 Jahre später folgte der steinerne Kaiser-Wilhelm-Turm, der 1961 gesprengt wurde, weil er den Radar-Rundblick des damaligen militärischen Sperrgebietes störte. In Zeiten des Kalten Krieges erhoben sich drei große Radartürme auf dem Erbeskopf und auf seinem Südhang der 1960 errichtete „Bunker Erwin" – auch „Kriegshauptquartier Europa Mitte" bezeichnet. Heutiger Blickfang ist die 2011 errichtete Panoramaplattform **„Windklang"**.

Schöne Aussicht von der Panoramaplattform „Windklang". Dieses hölzerne Kunstwerk von Christoph Mancke erzeugt je nach Wind unterschiedliche Töne, Eintritt frei.

Wintersport wird schon seit 1905 auf dem Erbeskopf betrieben. Heute locken drei Skipisten mit 800 m Länge und einer Höhendifferenz von 120 m die Skifahrer ins westlichste Skigebiet Deutschlands. Dazu kommen Lifte, eine Rodelbahn und ein weitläufiges Loipennetz. Laut Eigenwerbung der Hunsrück-Touristik soll es auf dem Erbeskopf die „amtlich nachweisbar reinste Luft in Deutschland" geben.

Der Saar-Hunsrück-Steig führt Sie vom Gipfel begleitet von der Traumschleife „Gipfelrauschen" abwärts vorbei an der Panoramaplattform „Windklang" (s. o.) und neben der Skipiste zum Infozentrum Hunsrückhaus mit Bistro (km 9,1, ⇧ 685 m).

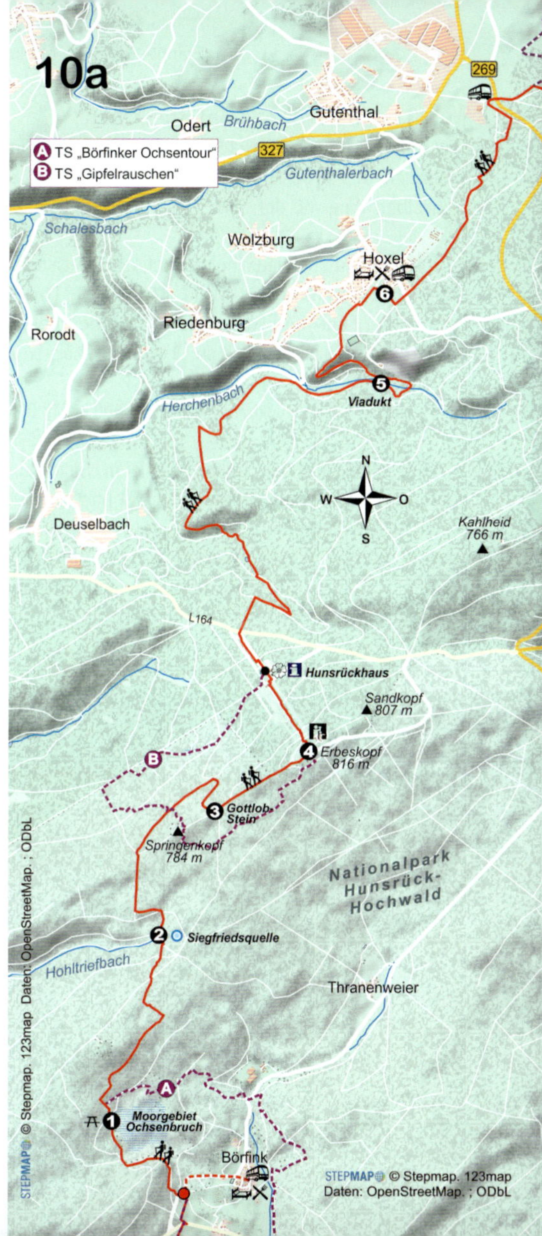

Traumschleife „Gipfelrauschen“

Der 7,4 km lange Traumschleifen-Rundweg „Gipfelrauschen“ führt über den Gipfelbereich des Erbeskopfs, zwischen dem Gipfel und dem Hunsrückhaus, auf demselben Weg wie der SHS.

Im Hunsrückhaus beleuchtet eine Ausstellung multimedial die Themen Landschaft des Hunsrücks, Wald, Klima sowie Umwelt und Freizeit. Dazu gibt es einen Tast-, Fühl- und Naturpfad sowie eine Infostelle zum Naturpark.

♦ www.hunsrueckhaus.de, täglich 9:00 bis 17:00, Eintritt frei

Bistro im Hunsrückhaus, täglich 11:00 bis 17:00

Vom Hunsrückhaus folgen Sie dem Saar-Hunsrück-Steig weiter abwärts, queren nach 500 m die Landstraße 164 und wandern weiter durch Wald abwärts. Bei einer Kreuzung am Simmbach (km 11, ⇧ 530 m) gehen Sie halb rechts und abwärts auf dem Forstweg. Nach 200 m führt der Saar-Hunsrück-Steig auf dem Pfad links abwärts durch das bewaldete Tal des Simmbaches. Nach einer kurzen Steigung im Wald passieren Sie eine alte Bahnlinie mit Viadukt (km 11,6,

Hunsrückbahnviadukt bei Hoxel 40 m hoch über dem Herchenbachtal

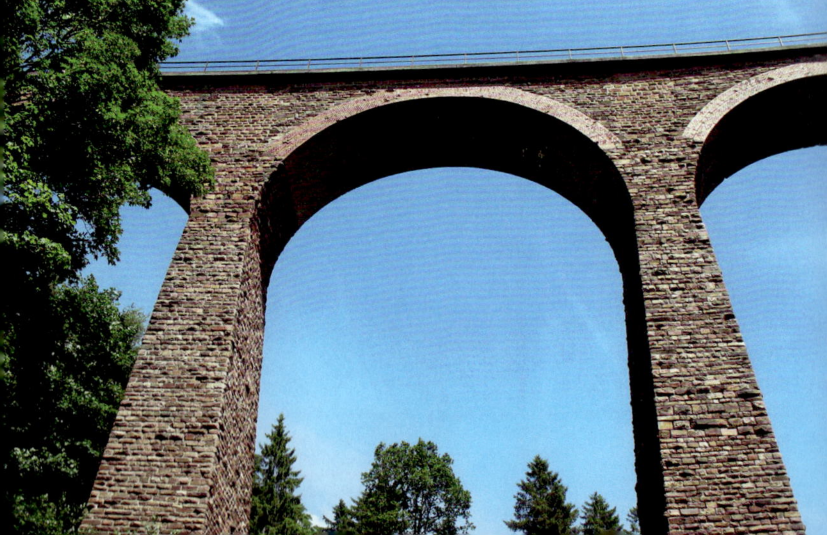

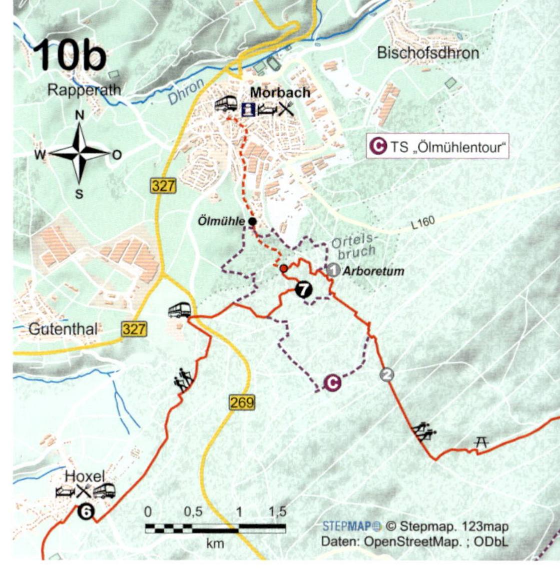

⇧ 490 m) und folgen dem Saar-Hunsrück-Steig in einer weiten Rechtskurve durch den Wald. Nach einem längeren Abstieg stoßen Sie im Tal wieder auf Zivilisation. Bei der Straße (km 14,8, ⇧ 435 m) zweigt links der ↳ Zubringer nach Morscheid-Riedenburg ab (➲ 1,4 km).

Der Saar-Hunsrück-Steig führt halb rechts weiter Richtung Morbach. Rechts von der Straße queren Sie den Herchenbach und wandern über die Wiese. Nach 100 m geht es rechts am Waldrand weiter und nach 200 m kurzzeitig auf einem Pfad am Bach entlang, ehe es wieder auf den Forstweg geht. Kurz darauf bietet sich ein schöner Blick auf ein weiteres Viadukt der alten Hunsrückquerbahn, das der SHS mit einer Schleife zweimal unterquert ❺ (km 15,7, ⇧ 485 m).

Eisenbahnviadukt von Hoxel

Die Eisenbahnbrücke zwischen Hoxel und Deuselbach ist eine der höchsten eingeschossigen steinernen Eisenbahnbrücken in Deutschland. Das im Volksmund „Enich Brick“ genannte Viadukt ist 160 m lang, 40 m hoch und besteht aus insgesamt acht Bögen, die das gesamte Herchenbachtal überspannen. Beim vier Jahre währenden Bau des Viaduktes wirkten neben der Hunsrücker Bevölkerung auch „Gastarbeiter“ aus Polen, Österreich und Italien mit. Über diese Brücke führte die 1903 eröffnete und zwischenzeitlich stillgelegte Bahnstrecke von Morbach nach Hermeskeil, Teil der Hunsrückquerbahn.

5 Min. nach einer weiteren Bahnquerung ist südlich von Hoxel auf der Straße Kreuzweg ein ↳ Abstecher nach Hoxel mit Übernachtungsmöglichkeiten möglich ❻ (km 18,7, ⇧ 535 m) (➲ 0,1 bis 0,5 km).

Hoxel

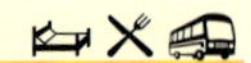

Gästehaus Hoxel, Kreuzweg 24, ☏ 065 33/95 92 24, vakantiehuisbriedel@gmail.com, www.hoxel.eu, ab € 28, 🐕. Einfaches Gästehaus mit 22 Zimmern, auf Wunsch auch mit Verpflegung, 100 m vom SHS

♦ Motorhotel Gus, Bahnhofsweg 4, ☏ +31 645/44 09 58, info@motorhotelgus.com, www.motorhotelgus.com, ab € 23, 🐕, einchecken ab 16:00 möglich. Mit Terrasse und Bar. Für Wanderer in Deutschland eher unkonventionelle Bleibe, da v. a. Motorradfahrer und Niederländer angesprochen werden (2019 nur niederländischsprachige Website). Wegen der niederländischen Besitzer Ad und Astrid als Kontakt nur niederländische Handynummer. 500 m vom SHS

Don Camillo, Zum Camping 19, ☏ 065 33/56 85, Di bis Sa 11:00 bis 14:00 und 17:00 bis 21:30, So 10:00 bis 21:30. Pizzeria gegenüber dem früheren Campingplatz am nordwestlichen Ortsrand

(wenige) Busverbindungen mit der Linie 210 Richtung Hermeskeil und Morbach, www.vrt-info.de

Sie folgen hier dem Saar-Hunsrück-Steig geradeaus Richtung Morbach und Wassertretbecken. Nach 30 Min. durch Wald queren Sie die Bundesstraße 269 bei einer Bushaltestelle (km 21,8, ⇧ 540 m) und folgen dem Saar-Hunsrück-Steig geradeaus auf dem Forstweg und durch Wald zur Wassertretstelle **„Nixenweiher“** beim Morbach mit Rastgelegenheit ❼ (km 23,1, ⇧ 540 m). Kurz vor dem Nixenweiher führt der Saar-Hunsrück-Steig links abwärts. Nach 200 m geht es auf einem Bohlenweg durch die Moorlandschaft des Ortelsbruchs. Am Ende des Bohlenweges führt der Saar-Hunsrück-Steig rechts weiter. Links geht es nach **Morbach** (➲ 2 km), bekannt für erneuerbare Energie und Edgar Reitz, Regisseur der Heimat-Filmreihe.

Der Nixenweiher bei Morbach lädt zum Wassertreten ein

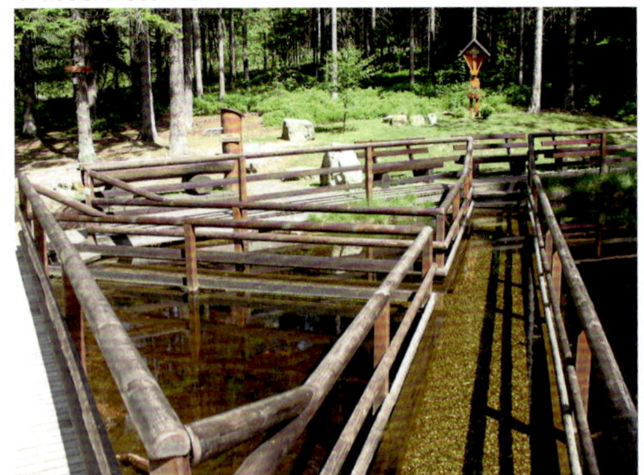

↳ Abstecher nach Morbach (➲ 2 km)

Nach dem Ende des Holzbohlenweges geht es links abwärts durch Wald, teilweise am Morbach entlang. Schließlich lösen Häuser die Bäume ab. Kurz vor Morbach, im Ortsteil Schmausemühle, geht es vorbei an der historischen Ölmühle, einem 250 Jahre alten, restaurierten Kulturdenkmal mit hölzernem Mahlwerk. Die Mühle wurde 1997 von der Gemeinde Morbach erworben und restauriert.

Der Saar-Hunsrück-Steig führt weiter nord- und abwärts Richtung Morbach. Nach 100 m passieren Sie zur Rechten das Hotel Am Kirschbaum (s. u.). Von dort ist es noch 1 km zum Zentrum von Morbach.

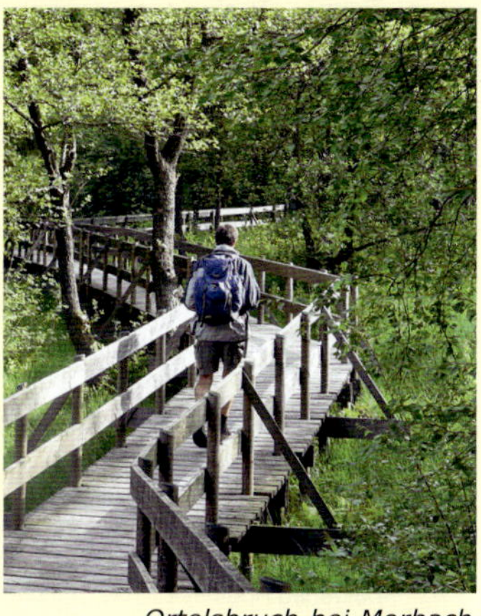

Ortelsbruch bei Morbach

Morbach

B&B

Touristinformation Morbach, Bahnhofstraße 19, 54497 Morbach, ☏ 065 33/711 17, touristinfo@morbach.de, www.morbach.de, Mo bis Fr 8:00 bis 12:30 und 14:00 bis 16:00, Mai bis Oktober auch Sa 10:00 bis 12:00

In Morbach gibt es eine große Auswahl an Unterkünften:

Landhotel Am Kirschbaum, Am Kirschbaum 55 A, ☏ 065 33/939 50, info@landhausamkirschbaum.de, www.landhausamkirschbaum.de, ab € 49, tw. bio, Restaurant täglich außer Mi und So 17:30 bis 21:00. 3-Sterne-Hotel (wd) mit 42 Betten, alle Zimmer 2019 renoviert. Am Ortsrand von Morbach gelegen, zwischen Saar-Hunsrück-Steig (➲ 700 m) und der Ortsmitte (➲ 1,2 km). Ideale und ruhige Lage in einem Seitental

♦ Hotel St. Michael, Bernkasteler Str. 3, ☏ 065 33/959 60, www.hotel-st-michael.de, ab € 40, Restaurant täglich ab 17:00. Großes 4-Sterne-Hotel der Kette Best Western mit 57 Zimmern im Zentrum, 2,2 km vom Saar-Hunsrück-Steig entfernt

Hotel Hochwaldcafé, Unterer Markt 4, ☏ 065 33/955 35 52, hotel@hochwald-cafe.de, www.hochwald-cafe.de, ab € 35, Café Mo bis Sa 7:00 bis 12:00, So 8:00 bis 18:00, Restaurant täglicher außer Mo 16:00 bis 18:00. Kleines Hotel (wd) mit 13 Zimmern, etwa 2,1 km vom Saar-Hunsrück-Steig, beliebtes Café mit eigener Konditorei

B&B Privatpension Wollmann, Auf dem Sand 4, ☎ 065 33/31 89, ab € 25. 4 Zimmer, Terrasse, Trockenraum, etwas südlich des Ortszentrums, etwa 2,4 km vom SHS

✕ Made in Italy, Birkenfelder Straße 4, ☎ 065 33/959 77 77, 🚪 Di bis So 11:30 bis 14:00 und 17:30 bis 21:30. Italienische Küche

♦ Bistro 4-Witz, Unterer Markt 2, ☎ 065 33/95 70 62, 💻 www.4-witz.de, 🚪 Di bis Sa 10:00 bis 1:00, So 13:00 bis 23:00. Snacks und nachmittags Kuchen, Terrasse

☕ Eiscafé Rizzardini, Birkenfelder Str. 20, ☎ 065 33/52 83, 🚪 Saison täglich 10:00 bis 22:00

☕ ⌘ Café Heimat, Biergasse 5, 💻 www.cafe-heimat-morbach.de, 🚪 Mo bis Sa 9:00 bis 18:00, So ab 10:00. Im Elternhaus des Heimat-Regisseurs Edgar Reitz gibt es nicht nur ein Café, sondern seit 2019 auch ein Kino sowie eine Ausstellung mit Filmszenen, Drehbüchern und Requisiten.

🛒 in der Ortsmitte Bäckerei, Supermärkte von der Ortsmitte 200 m stadtauswärts am Kreisverkehr der Hauptstraße (Rewe, Aldi, Lidl, Wasgau)

A Zwei Apotheken im Zentrum: Apotheke am Oberen Markt 4, ☎ 065 33/51 96, sowie Baldenau Apotheke in der Bahnhofstraße 10, ☎ 065 33/938 10

🚌 mehrere Busverbindungen, darunter alle 1 bis 2 Stunden Linie R100 von/nach Trier und Frankfurt-Hahn, 💻 www.vrt-info.de

🚗 Taxi Reitz, ☎ 065 33/957 88 88, 💻 www.taxi-reitz.de

Wirtshaus in Morbach

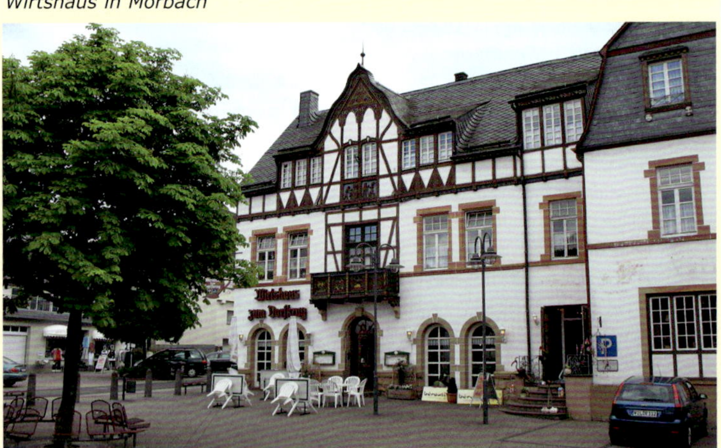

Morbach ist eine Einheitsgemeinde mit 19 Ortsbezirken und 11.000 Einwohnern. Der staatlich anerkannte Luftkurort Morbach ist mit 3.200 Einwohnern der Mittelpunkt. Früher war Morbach ein bedeutender Marktort. Unweit von Morbach befindet sich die die Ruine der im 14. Jh. errichteten Burg Baldenau, die einzige im Hunsrück erhaltene Wasserburg.

Morbach – Vorreiter im Bereich regenerativer Energien

Morbach hat den Ruf einer besonders klimafreundlichen Kommune: Die Morbacher Energielandschaft zeigt auf einer 145 ha großen Fläche Anlagen zur Gewinnung regenerativer Energie: Windkraftanlagen, Biomassekraftwerk und Fotovoltaik. Von einem 30 m hohen Aussichtsturm bietet sich ein guter Überblick über die umweltfreundlichen Energieträger.

Auf dem Gelände werden jährlich 50 Mio. kWh sauberer Strom erzeugt – das entspricht dem Jahresbedarf von rund 15.000 Haushalten. Für dieses Engagement wurde die Gemeinde Morbach mehrfach ausgezeichnet: 2006 Klimaschutzkommune, 2007 Deutscher Solarpreis, 2009 Gewinner des Bundeswettbewerbs „Kommunaler Klimaschutz“ und Auszeichnung „Klimaschutzprojekt 2009“ der Deutschen Umwelthilfe. Die Energielandschaft ist gleichzeitig Beispiel für ein erfolgreiches Konversionsprojekt militärischer Anlagen: Hier befand sich von 1955 bis 1995 das größte Munitionslager der US-Luftwaffe in Europa mit 35.000 t Munition.

💻 www.energielandschaft.de

⌘ Das **Deutsche Telefon-Museum** in der Jugendherbergsstraße 25 dokumentiert mit einer interaktiven Ausstellung die Geschichte der Telekommunikation in den letzten zwei Jahrhunderten. Die meisten der 1.200 deutschen Exponate sind noch funktionsfähig.

♦ 💻 www.deutsches-telefon-museum.de, 🚪 März bis Oktober Di bis Sa 14:00 bis 17:00, So 10:30 bis 17:00, Eintritt € 3

⌘ Im **Hunsrücker Holzmuseum** in Morbach-Weiperath, Weiperath 79, können Sie Holz mit allen Sinnen erleben: sehen, fühlen, hören, riechen und schmecken. Exponate und Schautafeln informieren über diesen Werkstoff, der das Leben der Menschen in dieser Region lange geprägt hat.

♦ 💻 www.hunsruecker-holzmuseum.de, 🚪 Anfang April bis Ende Oktober Di bis Sa 14:00 bis 17:00, So 10:30 bis 17:00, Eintritt € 2

Traumschleife „Ölmühlentour“

An der historischen Ölmühle startet der 6,5 km lange Traumschleifen-Rundweg „Ölmühlentour“, der stellenweise entlang des SHS führt.

11. Etappe: Morbach – Wildenburg bei Kempfeld

18,3 km, 5 Std., 630 m, 495 m, 390-710 m

0,0 km	505 m	Abstecher nach Morbach (2 km, B&B ⌘)
3,7 km	605 m	Rastplatz am Weiher
5,9 km	565 m	Langweiler
9,1 km	475 m	Geopark Krahloch
9,4 km	400 m	Abstecher zur Sensweiler Mühle (0,7 km, FeWo) und nach Allenbach (2,8 km)
10,8 km	505 m	Abstecher nach Katzenloch (2,5 km kürzer)
14,5 km	390 m	Abstecher nach Kirschweiler (1,2 km)
18,3 km	635 m	Wildenburg und Abstecher nach Kempfeld (2 km, B&B)

Vom Ortelsbruch geht es auf die Höhen des Idarwalds; zunächst nach Langweiler, einem ehemaligen Köhlerdorf mit Kloster(restaurant) und alles andere als langweiligem Blick über die Steinbachtalsperre hinüber zur Wildenburg, die Sie vorbei an den Felsen der Kirschweiler Festung und aus Quarzitschotter bestehenden

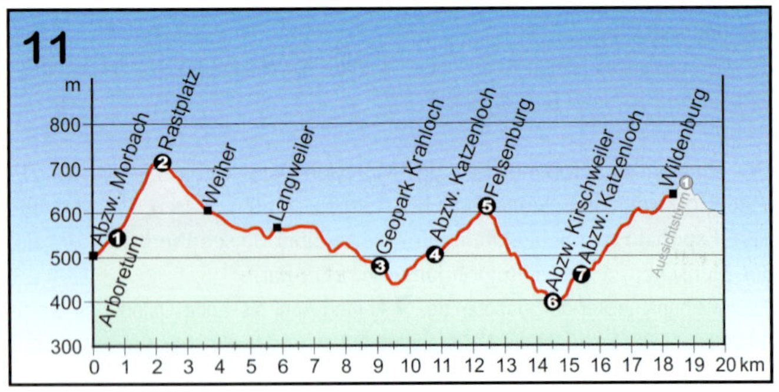

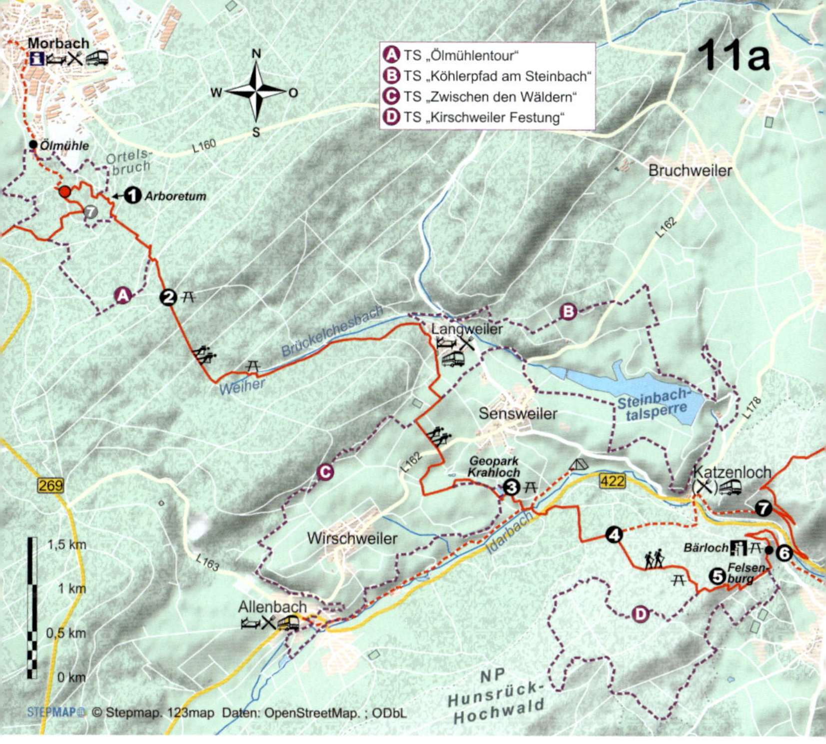

Rosselhalden erreichen. Unterwegs informiert der Geopark Krahloch über Geologie und Gestein. Teile dieser Etappe verlaufen entlang der Traumschleifen „Köhlerpfad Steinbach“, „Zwischen den Wäldern“ und „Kirschweiler Festung“. Die größte Steigung erwartet Sie zwischen der Querung der Bundesstraße 422 und der Wildenburg (↑ 240 m), der längste Abstieg beginnt nach 2 km, kurz hinter Morbach, und führt hinab zum Geopark Krahloch (↓ 280 m).

Der Start ist am Ende des ersten Bohlenweges beim Ortelsbruch. Nach 200 m beginnt ein weiterer Bohlenweg – 300 m lang mit Blick auf den Bruch bzw. das Moor. 50 m nach dem Ende des Bohlenweges gehen Sie bei einer Kreuzung halb rechts auf dem Saar-Hunsrück-Steig Richtung Langweiler. Nach 150 m geht es aufwärts auf einem Grasweg durch ein Arboretum ❶ (km 0,7, ⇧ 550 m) – oder besser: einen Wald von Baumschildern, die man auch schon dezenter gesehen hat. Nach 5 Min. gehen Sie bei einer Bank links aufwärts, den Baumweg verlassend, durch Wald.

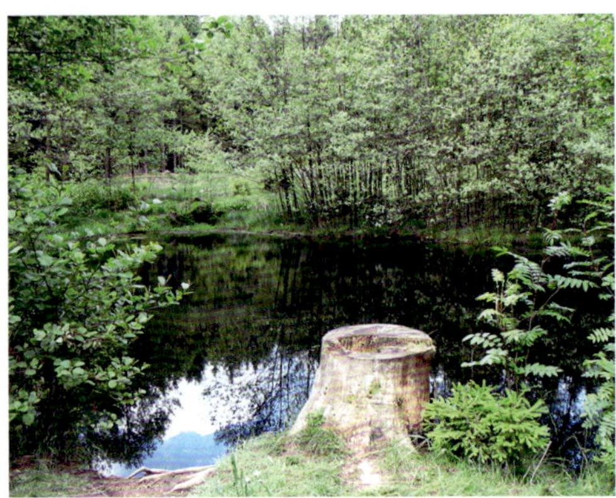

Waldweiher kurz vor Langweiler

Bei einer Mehrfachkreuzung mit ⊼ Rastgelegenheit ❷ (km 2,2, ⇧ 710 m) wandern Sie geradeaus auf dem Saar-Hunsrück-Steig Richtung Langweiler und Geopark. Nach 20 Min. und längerem Abstieg lädt rechts ein netter ⊼ Rastplatz am Weiher zur Pause ein (km 3,7, ⇧ 605 m). Vom Rastplatz folgen Sie dem Saar-Hunsrück-Steig zunächst durch das bewaldete Tal des Waldbaches, ehe der Weg nach der Bachquerung kurz aufwärtsführt. 10 Min. nach der Bachquerung zweigt der Saar-Hunsrück-Steig links vom Forstweg ab (km 5,2, ⇧ 570 m) und führt auf einem Grasweg im Wald weiter. Nach weiteren 10 Min. taucht vor Ihnen der Ort **Langweiler** auf (km 5,8, ⇧ 565 m); hier befindet sich links das Klosterhotel. 200 m nach den ersten Häusern zweigt links der ↳ Zubringerweg in die Dorfmitte von Langweiler ab.

Langweiler

Klosterhotel Marienhöh, ☎ 067 86/29 29 90, info@klosterhotel-marienhoeh.de, www.klosterhotel-marienhoeh.de, ab € 59, Restaurant „Altes Refektorium" täglich 12:00 bis 13:30 und 18:00 bis 21:15. Gepflegtes 4-Sterne-Hotel (wd), laut Eigenwerbung „Hunsrück-Hideaway" mit 62 Zimmern in altem restauriertem Kloster mit Wellnessbereich, direkt am Saar-Hunsrück-Steig

Steinbachschänke, Habschied 3, ☎ 067 86/29 28 59, Mo sowie Mi bis Fr ab 17:00, Sa ab 15:00

Köhlerstube, Kirchstraße 30, ☎ 067 86/988 99 17, www.kiosk.abitd.com, nur So 11:00 bis 18:00. Nettes, einfaches Café ohne Schnickschnack mit hausgemachtem Kuchen, unterhalb des Klosters

(wenige) Busverbindungen mit Linie 343 via Kempfeld nach Idar-Oberstein, www.vrt-info.de

Langweiler bietet außer einem alten, als Hotel umfunktionierten Kloster ein herrliches Panorama mit Blick auf die Steinbachtalsperre und den am Horizont aufragenden Turm der Wildenburg. Die Steinbachtalsperre wurde 1966 als Trinkwasserreservoir für Idar-Oberstein erbaut. 92 % der Fläche des 270 Einwohner zählenden Dorfes sind bewaldet, von daher ist es kein Wunder, dass die Köhlerei eine lange Tradition hat, zumal der Bedarf der umliegenden Schmelzen an (Holz-) Kohle immens war. Noch heute wird alle drei Jahr beim Köhlerfest mit kombiniertem Bauernmarkt ein großer Holzkohlenmeier gezündet – Feinstaubbelastung hin oder her ...

➭ Traumschleife „Köhlerpfad am Steinbach"

In Langweiler startet der 13 km lange Traumschleifen-Rundweg „Köhlerpfad am Steinbach" (meistens mit viel Abstand) rund um die Steinbachtalsperre und entlang des Steinbaches.

Bei der Abzweigung nach Langweiler folgen Sie dem Saar-Hunsrück-Steig geradeaus Richtung Kempfeld und Geopark auf einem Schotterweg. Hinter Langweiler geht es über Wiesen und Schotterwege, nach 10 Min. zusammen mit der von rechts einmündenden Traumschleife „Zwischen den Wäldern", die Sie bis zum Geopark Krahloch begleitet.

➭ Traumschleife „Zwischen den Wäldern"

Die 10,7 km lange Traumschleife „Zwischen den Wäldern" führt nördlich des Idarbaches rund um Wirschweiler.

15 Min. nach Langweiler queren Sie die Landstraße 162 (km 7,4, ⇧ 530 m). Nach 5 Min. zweigt links ein ➭ Zubringer nach Sensweiler ab (➲ 1 km). Sie folgen weiter dem Saar-Hunsrück-Steig auf einem Pfad in den Wald Richtung Geopark (➲ 0,8 km) und erreichen nach 10 Min. den Beginn des Geoparks mit Infos über bestimmte Gesteinsgruppen. Der **Geopark Krahloch** ist ein 1 km langer geologisch-mineralogischer Rundweg mit 14 Stationen, an denen Schautafeln und Steine zu den Themen Geologie, Gesteine und Bergbau informieren. Sie folgen dem Saar-Hunsrück-Steig und Geopark-Rundweg.

⛩ Nach 300 m Pausenplatz mit Tisch und Bänken am Weiher ❸ (km 9,1, ⇧ 475 m)

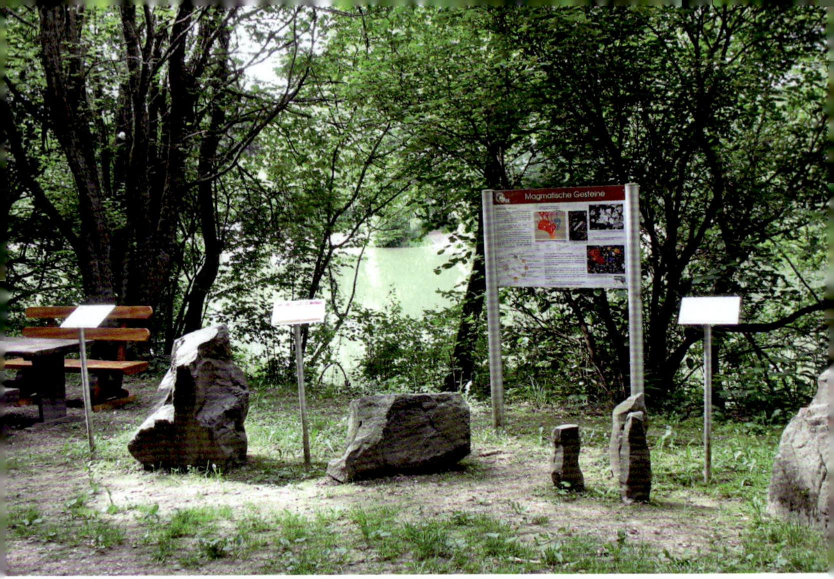

Der Geopark Krahloch informiert über die Gesteine der Region

Nach 200 m endet der Geopark und Sie folgen dem Saar-Hunsrück-Steig geradeaus auf dem Schotterweg abwärts in das Idarbachtal.

Vor der Querung der Bachbrücke (km 9,4, ⇧ 400 m) zweigt erst rechts der Zubringerweg nach Allenbach ab (➲ 2,8 km) und kurz darauf ist nach links ein Abstecher zur Sensweiler Mühle mit Einkehrgelegenheit und Campingplätzen möglich (➲ 0,7 km).

↳ Abstecher nach Allenbach (➲ 2,8 km)

Sie folgen dem Zubringerweg nach rechts auf einem netten Weg durch das Idarbachtal nach Allenbach.

Allenbach

Hotel Steuer, Hauptstraße 10, ☎ 067 86/20 89, info@hotel-steuer.de, www.hotel-steuer.de, ab € 36, täglich 7:00 bis 22:00. 3-Sterne-Hotel (wd) mit 14 Zimmern, regionalen Produkten, tw. bio, und einer kleinen Schleiferei, 3 km vom Saar-Hunsrück-Steig

(wenige) Busverbindungen mit Linie 343 nach Idar-Oberstein, www.rnn.info

Taxi Haas, ☎ 067 86/25 19

Abstecher zu Campingplätzen bei Sensweiler Mühle (ca. ➲ 0,7 km)

Sie folgen dem Weg vor der Brücke links durch das Idarbachtal auf der linken Bachseite und erreichen nach etwa 10 Min. kurz nacheinander die beiden Campingplätze mit Einkehrgelegenheit (Ende 2019 geschlossen).

Campingplatz Sensweiler Mühle, An der B422, ☏ 067 86/23 95, info@sensweiler-muehle.de, www.sensweiler-muehle.de, Platz mit rund 100 Stell- und 80 Zeltplätzen sowie einfachen Zimmern und Ferienwohnungen (FeWo), € 8 pro Zelt und € 5 pro Person, € 20 p. P. im DZ ohne Frühstück, € 55 pro Nacht für die FeWo bei mind. 5 Übernachtungen (zzgl. € 30 für die Endreinigung), , Ende März bis Ende Oktober, Landgasthof 11:00 bis 22:30.
Zum Platz gehört ein Landgasthof, der allerdings zurzeit geschlossen ist – solange, bis ein neuer Pächter gefunden ist.

FeWo Waldcampingplatz Oberes Idartal, Sensweiler Mühle 1, ☏ 067 86/21 14, cpoberesidartal@aol.com, www.oberes-idartal.de, € 5 pro Zelt und € 4 pro Person, FeWo für 2 Pers. ab € 40 pro Nacht, ganzjährig. Kleinerer und einfacher Platz mit 90 Stell- und 50 Zeltplätzen sowie Ferienwohnung

Sie queren auf dem Saar-Hunsrück-Steig den Idarbach über die Brücke und kurz darauf die Bundesstraße 422. Der Saar-Hunsrück-Steig verläuft rechts oberhalb der B422 weiter.

Während des folgenden längeren Aufstieges können Sie links nach Katzenloch abzweigen ❹ (km 10,8, ⇧ 505 m), einer kürzeren Variante mit Einkehrgelegenheit (➲ etwa 1 km).

↳ Abkürzung über Katzenloch mit Einkehrgelegenheit im Sommer (➲ Variante 2,5 km kürzer)

Die Abkürzung führt links hinunter in das Tal nach Katzenloch statt weiter aufwärts; Sie sparen dabei einige Höhenmeter (↑ 110 m), versäumen aber die Felsenburg. Dafür lockt in Katzenloch eine Einkehrgelegenheit.

Katzenloch 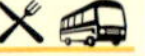

✕ Gartenwirtschaft am Alten Sägewerk bzw. Wasserfall mit Kleinigkeiten wie (Flamm-) Kuchen, bei schönem Wetter Mo bis Sa 16:00 bis 22:00, So ab 10:00

 (wenige) Busverbindungen mit Linie 343 Richtung Kempfeld und Idar-Oberstein, www.rnn.info

In Katzenloch gehen Sie gegenüber dem Parkplatz am Alten Sägewerk (Gartenwirtschaft) links an dem Haus vorbei in den Wald und aufwärts in zunächst südöstlicher Richtung, bis Sie nach knapp 10 Min. den SHS erreichen.

Nach längerem Aufstieg im Wald erreichen Sie 400 m nach einer Rastgelegenheit den Gipfel mit der **Felsenburg** in dem Naturschutzgebiet **Kirschweiler Festung** ❺ (km 12,4, ⇧ 610 m).

Kirschweiler Festung – Felsen, Wald und Aussicht

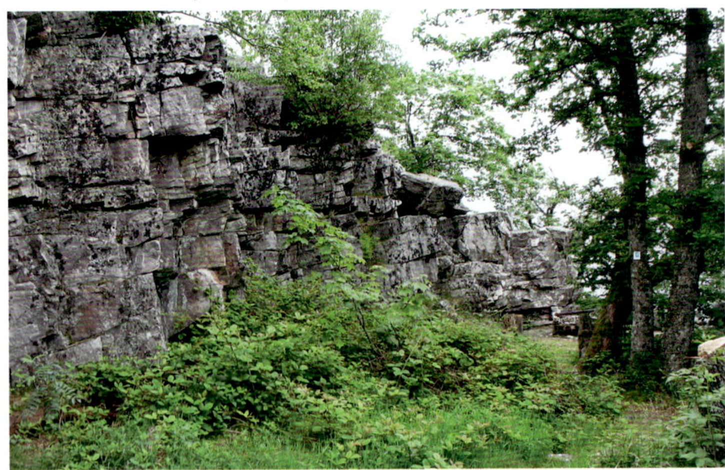

↳ Traumschleife „Kirschweiler Festung“

Der rund 9 km lange Traumschleifen-Rundweg „Kirschweiler Festung“ verläuft im Bereich der Felsenburg entlang des SHS.

Nach kurzem Abstieg halten Sie sich links. Der Saar-Hunsrück-Steig verläuft hier identisch mit dem 100 km langen Fernwanderweg Sirona-Weg, benannt nach der gallorömischen Göttin Sirona, Beschützerin von Brunnen und Wasserläufen.

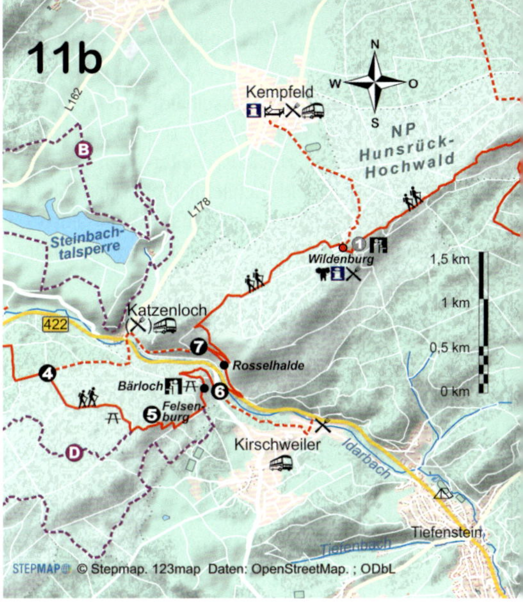

15 Min. nach der Felsenburg Bank mit weiter Aussicht, genannt „Bärloch“ (km 13,4, ⇧ 495 m)

Nach der Bank folgen Sie dem Saar-Hunsrück-Steig rechts (↳ links führt ein weiterer Weg nach Katzenloch), der später in Serpentinen abwärtsführt. Nach 15 Min. zweigt rechts ein ↳ Zubringerweg nach **Kirschweiler** ab ❻ (km 14,5, ⇧ 390 m) (➲ 1,2 km).

Kirschweiler 

✕ Restaurant Kirschweiler Brücke, Kirschweiler Brücke 2, ☏ 067 81/333 83, www.kirschweilerbruecke.de, Do bis Di 11:45 bis 14:00 und 17:00 bis 21:30

(wenige) Busverbindungen mit Linie 343 via Kempfeld nach Idar-Oberstein, www.vrt-info.de

Sie folgen dem SHS im Tal über den Idarbach und queren gleich danach die Bundesstraße. Hier halten Sie sich rechts und folgen nach 100 m dem Saar-Hunsrück-Steig links aufwärts über die sogenannte „Rosselhalde“, einen unter Naturschutz gestellten Steinschutthang aus 380 Mio. Jahre altem Quarzit. Kurz nach dem Ende der Rosselhalde zweigt links ein weiterer ↬ Zubringer nach Katzenloch ab ❼ (km 15,4, ⇧ 460 m). Der Saar-Hunsrück-Steig führt scharf rechts aufwärts, zunächst weiter über die Rosselhalde und später durch Wald Richtung Kempfeld. Schließlich erreichen Sie den Parkplatz der Wildenburg mit Kiosk, Infozentrum und rechts einem Wildpark (s. u.). Links ragt der Turm der Wildenburg auf, der höchstgelegenen Burg des Landes Rheinland-Pfalz (⇧ 657 m).

Wildenburg

Schon in der La-Tène-Zeit (ca. 450-50 v. Chr.) stand eine wichtige keltische Fliehburg der Treverer mit doppelter Ringwallanlage auf dem Wildenburger Kopf, einem 675 m hohen Quarzitfelsen. Die Mauern der keltischen Festungsanlage waren bis zu 4,5 m hoch. Danach – bei den Römern – war die Anlage ein Bergheiligtum und in spätromanischer Zeit (um 350 n. Chr.) eine Befestigung. Der Name „Wildenburg" stammt vom Wildgrafen Friedrich von Kyrburg aus Kirn an der Nahe, der hier 1330 eine nur per Holzbrücke erreichbare Burg erbauen ließ, die 1651 von lothringischen Truppen niedergebrannt wurde. Danach konnten nur noch die Nebengebäude in der Unterburg als Amtssitz genutzt werden, wo heute die Burggaststätte ihren Service anbietet. Von 1859 bis 1962 diente die Burg als Sitz der Revierförsterei, ehe der Hunsrückverein sich dort niederließ.

Der Lehrpfad „Wanderung durch zwei Jahrtausende" veranschaulicht mit 13 Stationen die Geschichte der Wildenburg. Außerdem gibt es an der Wildenburg einen 3,5 km langen Waldlehrpfad.

Die Wildenburg wird überragt von dem 1981 fertiggestellten, 22 m hohen Aussichtsturm mit 80 Stufen, der einen weiten Ausblick bietet (gratis, evtl. Spende für Hunsrückverein).

Der Wildpark an der Wildenburg richtet sich v. a. an Familien und zeigt auf einer Fläche von 42 ha unter anderem Hirsche, Wildschweine, Mufflons, Luchse, Gämsen, Vögel, Wildkatzen und seit 2015 in einem 1,2 ha großen, Wolfsgehege vier europäische Grauwölfe aus Sachsen. Am Wildpark ist eine Infostelle zum Naturpark.

♦ www.wildfreigehege-wildenburg.de, ganzjährig täglich 9:00 bis 17:00, € 6

Burggaststätte Wildenburg, ☏ 067 86/292 95 50, www.eventburg-wildenburg.de, So 11:00 bis 18:00, betrieben vom Wirt des Hotels Hunsrücker Fass aus Kempfeld

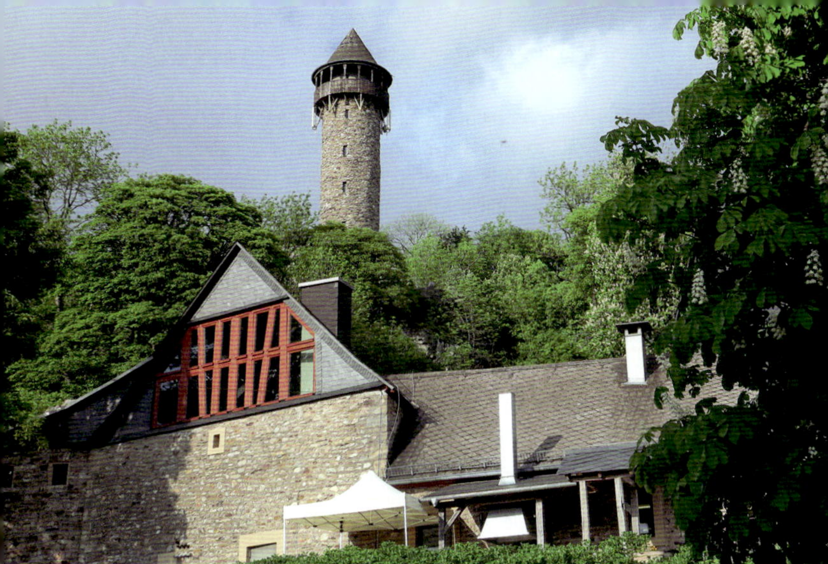

Der 22 m hohe Aussichtsturm überragt die Wildenburg und Burggaststätte

Beim Parkplatz der Wildenburg zweigt links (nordwärts) der ↳ Zubringer nach **Kempfeld** ab (➲ 2 km).

Kempfeld

ℹ 🛏 B&B ✕ ☕ 🥖 🚌

🛏 ✕ Hotel Hunsrücker Fass, Hauptstraße 70, ☎ 067 86/97 00, 💻 www.gartenhotel-hunsruecker-fass.de, ab € 55, 🐕, 🚗, 🚪 Küche täglich 12:00 bis 14:00 und 18:00 bis 22:00. 4-Sterne-Hotel (wd) mit 17 Zimmern. Der Werbespruch des Hotels, „in Ruhe stilvoll genießen", gilt nur für einen Teil der Zimmer: die hinteren. Die Zimmer nach vorne meiden! Diese liegen direkt an der Hauptstraße, die hier früh morgens als Warteplatz für Busse dient.

🛏 Hotel Wildenburger Hof, Wildenburgstraße 17, ☎ 067 86/70 33, ✉ info@wildenburger-hof.de, 💻 www.wildenburger-hof.de, ab € 40. Kleines, einfaches Hotel mit 9 DZ, 1,5 km vom Saar-Hunsrück-Steig entfernt

B&B Birgit's Kräuterherberge, Hauptstraße 32, ☎ 067 86/70 09, 💻 www.kraeuterparadies.de, ab € 28. 2 Zimmer im selbst ernannten Kräuterparadies

☕ 🥖 zwei Cafés/Bäckereien, beide an der Hauptstraße

🚌 Busverbindungen von/nach Idar-Oberstein mit der Linie 343, 3- bis 8-mal täglich, 💻 www.rnn.info

Das schon zu Römerzeiten besiedelte Kempfeld liegt an der Deutschen Edelsteinstraße, welche als touristische Route alle Orte in der Region, in denen die Edelsteinbearbeitung eine Rolle spielt(e), miteinander verbindet. In der Dorfmitte zeigt der Edelsteingarten (Eintritt frei) einige seltene Steine bzw. zeigte, denn es fehlen infolge Diebstahls und Vandalismus leider einige.

12. Etappe: Wildenburg bei Kempfeld – Idar-Oberstein

19,1 km, 4, 5 Std., 540 m, 835 m, 320-665 m

0,0 km	635 m	Wildenburg und Abstecher nach Kempfeld (2 km, B&B)
2,4 km	610 m	Panorama bei Mörschieder Burr
2,9 km	585 m	Abstecher zur Harfenmühle (2,5 km)
6,7 km	485 m	Herborn B&B
7,6 km	450 m	Steinernes Gästebuch
9,3 km	405 m	Abstecher nach Veitsrodt (0,8 km)
10,2 km	405 m	Abzweigung zur Historischen Weiherschleife – alter SHS (4,7 km, ⌘)
10,7 km	440 m	Aussicht & Rastgelegenheit
12,8 km	435 m	Regulshausen FeWo
19,1 km	345 m	Abstecher nach Idar-Oberstein (0,5 km, ⌘)

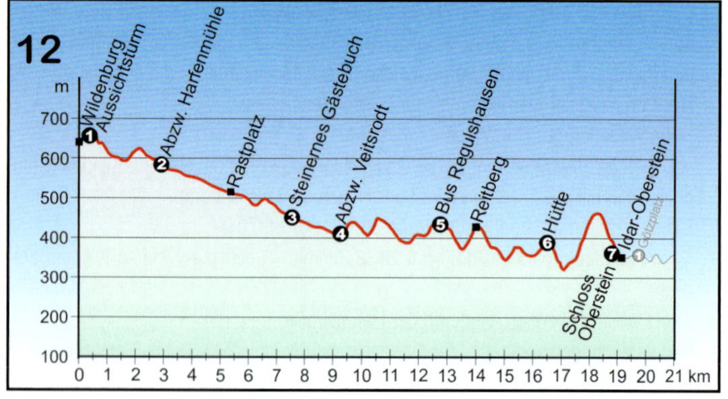

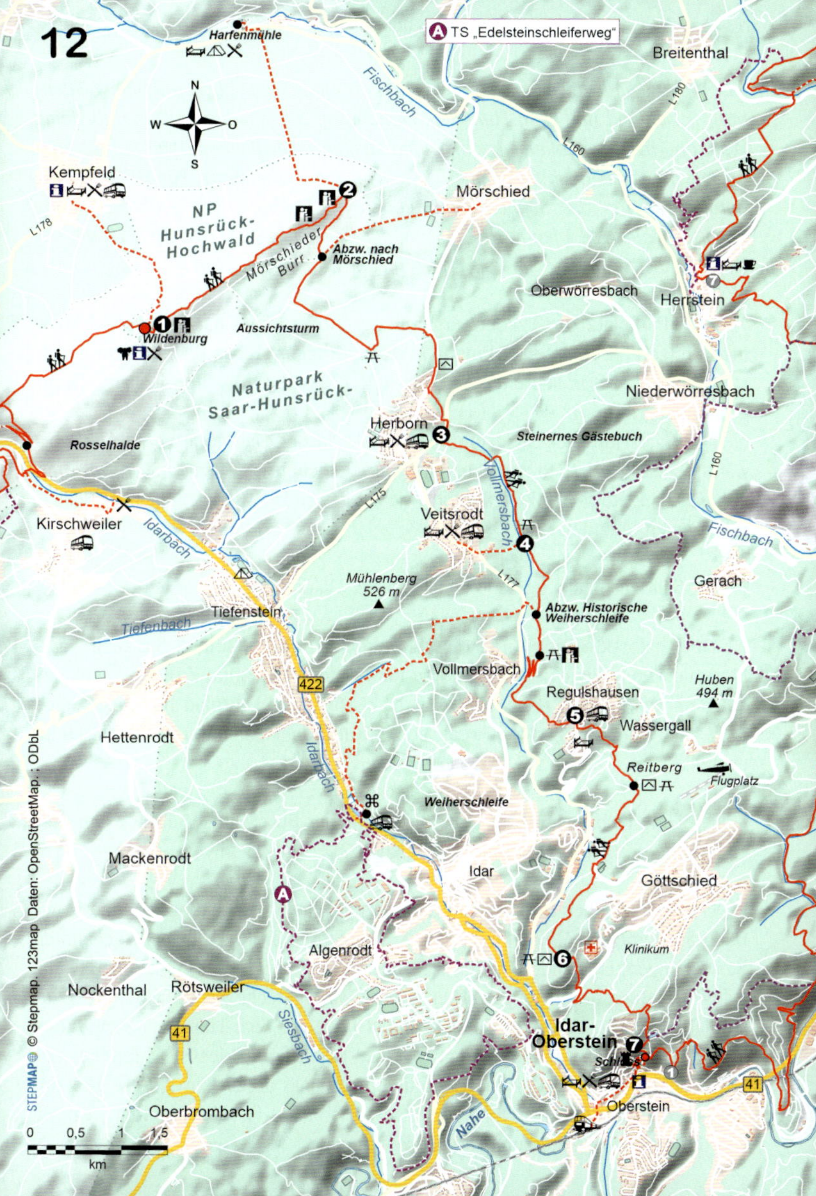
12
TS „Edelsteinschleiferweg“
Harfenmühle
Fischbach
Breitenthal
L180
L160
Kempfeld
NP Hunsrück-Hochwald
L178
Mörschied
Mörschieder Burr
Abzw. nach Mörschied
Oberwörresbach
Herrstein
Wildenburg
Aussichtsturm
Naturpark Saar-Hunsrück-
Niederwörresbach
Herborn
Steinernes Gästebuch
Rosselhalde
Vollmersbach
L160
Kirschweiler
Idarbach
L175
Veitsrodt
Fischbach
L177
Mühlenberg 526 m
Gerach
Tiefenstein
Abzw. Historische Weiherschleife
Tiefenbach
Vollmersbach
422
Regulshausen
Huben 494 m
Hettenrodt
Wassergall
Idarbach
Reitberg
Flugplatz
Weiherschleife
Mackenrodt
Idar
Göttschied
Klinikum
Algenrodt
Nockenthal
Rötsweiler
Siesbach
41
Idar-Oberstein
Schloss
41
Oberstein
Oberbrombach
Nahe
0 0,5 1 1,5
km
STEPMAP © Stepmap, 123map Daten: OpenStreetMap; ODbL

Der Weg beginnt spektakulär, aber nicht ganz einfach zu gehen, auf dem Wildenburg-Felsenpfad und dem Hunsrück-Höhenweg. Sie wandern auf und ab durch Wald oberhalb des Vollmersbachtals und steigen schließlich mit Blick auf die ehemalige Edelsteinhochburg Idar-Oberstein in das Nahetal ab. Für Auflockerung unterwegs sorgt das Steinerne Gästebuch bei Herborn. Die größte Steigung erwartet Sie nach 14 km nach Querung der Göttschieder Straße (🡅 150 m), der längste Abstieg nach 2 km vom Mörschieder Burr (🡇 235 m).

Vom Parkplatz der Wildenburg mit der Abzweigung nach Kempfeld kommend folgen Sie dem Saar-Hunsrück-Steig vorbei am Kiosk Richtung Burggaststätte. Nach 100 m schreiten Sie links durch das Burgtor; links liegt die Burggaststätte.

Der Saar-Hunsrück-Steig führt Sie rechts an der Gaststätte vorbei und aufwärts zum 22 m hohen Aussichtsturm der Wildenburg ❶ (km 0,3, ⇧ 660 m), von dessen Plattform in 700 m Höhe Sie einen weiten Ausblick genießen (Besteigung gegen Spende).

Schöner Blick vom Aussichtsturm der Wildenburg

Unterhalb des Turms, bei einer Infotafel zur Burg, folgen Sie dem Saar-Hunsrück-Steig über den bewaldeten Kamm des Wildenburger Kopfes, anfangs auf dem Wildenburg-Felsenpfad, einem historischen Lehrpfad mit vielen Infos über die Wildenburg. Das Areal ist als Kulturdenkmal unter Denkmalschutz gestellt.

Unterhalb der 646 m hohen Mörschieder Burr weiter Ausblick (km 2,4, ⇧ 610 m) und nach 5 Min. noch einer (km 2,7, ⇧ 605 m)

Die **Mörschieder Burr** ist eine aus hartem Taunusquarzit bestehende Erhebung am Rand des Wildenburgrückens mit mehreren „Rosselhalden" genannten Schutthängen, entstanden infolge eiszeitlicher Verwitterung des Quarzits. Für die keltischen Burgen und Ringe dieser Region waren solche Schutthalden als Baustofflager beliebt. Von dem Aussichtspunkt führt der Saar-Hunsrück-Steig durch Wald abwärts. Kurz darauf zweigt in einer Rechtskurve der ↳ Zubringer zur Historischen Schleiferei und Harfenmühle nach links ab ❷ (km 2,9, ⇧ 585 m), der Sie 2,5 km und 160 Höhenmeter abwärts in das Fischbachtal führt, wo Sie eine Einkehr- und Unterkunftsmöglichkeit finden.

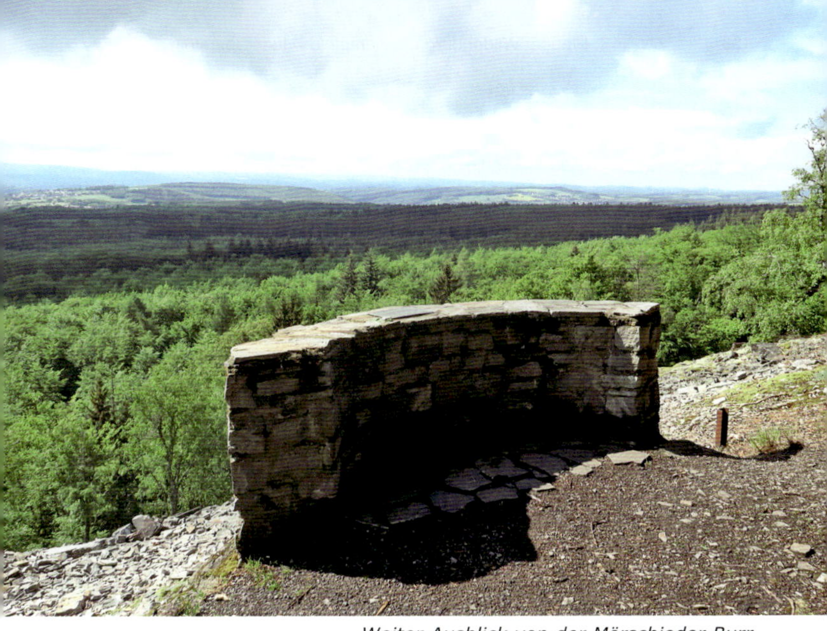

Weiter Ausblick von der Mörschieder Burr

🛏 ⛺ ✕ Restaurant Harfenmühle in Asbacherhütte, ☎ 067 86/13 04, 💻 www.harfenmuehle.de, DZ ab € 44 p. P., Camping € 5 p. P. zzgl. € 5 bis 15 pro Zelt (je nach Saison), 🐕, 🚗, 🚪 April bis Ende Oktober, Küche täglich ab 12:00. Restaurant mit 4 Gästezimmern in 3-Sterne- und gut gepflegtem Campingplatz mit 150 Plätzen in 5-Sterne-Qualität (wd), 2,5 km vom Saar-Hunsrück-Steig

Nach der linken Abzweigung zur Harfenmühle folgen Sie dem Saar-Hunsrück-Steig auf einem Forstweg rechts abwärts. Nach knapp 10 Min. verlassen Sie den Forstweg in einer Linkskurve (km 3,5, ⇧ 565 m) und folgen dem Saar-Hunsrück-Steig auf dem Waldpfad geradeaus. Nach 5 Min. (km 3,8, ⇧ 550 m) zweigt links der ↳ Zubringer nach Mörschied ab (➲ 1,4 km). Sie gehen auf dem Saar-Hunsrück-Steig geradeaus und wandern etwa 20 Min. durch Wald. Bei einer T-Kreuzung am Waldende (km 5,3, ⇧ 510 m) mit ⊼ Rastgelegenheit halten Sie sich links, folgen dem Saar-Hunsrück-Steig Richtung Veitsrodt und gehen nach 15 Min. rechts neben der Straße. Nach 5 Min. kommen Sie an einer ⌂ Schutzhütte vorbei und gehen weiter nach **Herborn** (550 Einwohner) mit Übernachtungs- und Einkehrgelegenheiten (km 6,7, ⇧ 485 m).

Herborn

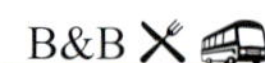

B&B Pension Schmähler, Heuacker 20, 067 81/353 20, www.pension-schmaehler.de, ab € 25. 6 Zimmer, 100 m vom Saar-Hunsrück-Steig

♦ Pension Hierzer, Hauptstraße 16, 067 81/36 79 46, m.hierzer@t-online.de, www.pension-hierzer.de, ab € 33. 2 Zimmer, kleine Unterkunft mit nettem Garten, etwa 600 m vom SHS

La bella Casa da Silvio, Am Simmer 14, 067 81/93 30 99, www.la-bellacasa.de, Di bis So 17:30 bis 23:00, Sa und So auch 12:00 bis 14:30. Italiener am nördlichen Ortsrand

Buslinie 351 tagsüber beinahe alle 2 Stunden (unregelmäßig) von/nach Idar-Oberstein, www.rnn.info

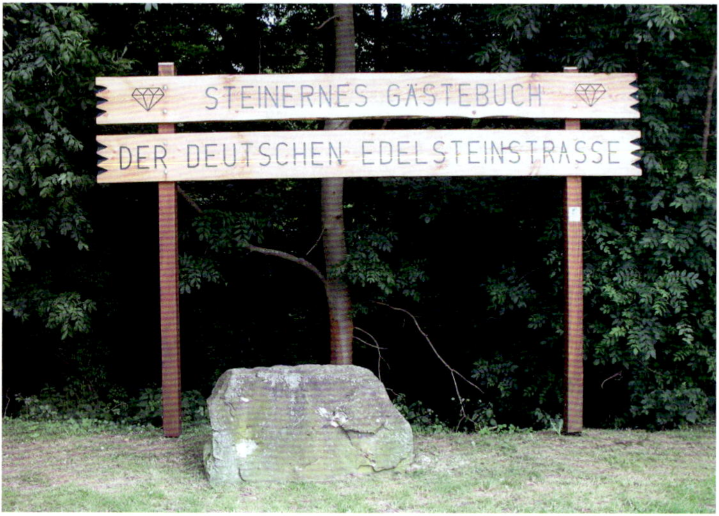

Das Steinerne Gästebuch erinnert an prominente Besucher der Edelsteinstraße

Am Ortsende von Herborn (km 7,3, ⇧ 455 m) queren Sie die Landstraße 175 und folgen rechts dem Saar-Hunsrück-Steig auf einem Grasweg links neben der Straße. Nach wenigen Minuten beginnt links das **Steinerne Gästebuch** ❸ (km 7,6, ⇧ 450 m), dessen Rundweg der SHS einige Zeit folgt.

Das Steinerne Gästebuch

Das Steinerne Gästebuch erinnert an prominente Besucher der Deutschen Edelsteinstraße. Die von Gästen aus Politik, Wirtschaft und Kultur signierten Steine sind entlang eines 1,47 km langen Wanderweges aufgestellt. Auf diese Weise ist seit 1976 eine ansehnliche Steinsammlung entstanden. Bekannte Namen: Hans-Dietrich Genscher oder Karlheinz Böhm.

Nach der Querung des Vollmersbaches (km 8,2, ⇧ 430 m) zweigt links der ↳ Zubringer nach Niederwörresbach ab. Sie folgen hier dem Saar-Hunsrück-Steig südwärts, der nach einer Rechtskurve links parallel zum Vollmersbach verläuft. Nach 10 Min. passieren Sie einen Fischweiher (km 9, ⇧ 410 m) mit Rastgelegenheit und 250 m später zur Rechten die erste ↳ Abzweigung nach **Veitsrodt ❹** (km 9,3, ⇧ 410 m) (➲ 0,8 km).

Veitsrodt

Hotel-Restaurant Sonnenhof, Hauptstraße 16a, ☎ 067 81/933 90, mail@sonnenhof-veitsrodt.de, www.sonnenhof-veitsrodt.de, ab € 38, Restaurant Di bis Sa ab 17:00, So 11:00 bis 15:00. 700 m vom Saar-Hunsrück-Steig

Gasthaus Hartmann-Dreher, Hauptstraße 18, ☎ 067 81/337 31, www.hartmann-dreher.de, Gaststube Mi bis Mo 18:00 bis 21:00, So auch 12:00 bis 14:00

Busverbindungen mit Linie 351 und 346 tagsüber beinahe alle 2 Stunden (unregelmäßig) von/nach Idar-Oberstein, www.rnn.info

Taxi Marx, ☎ 067 81/315 53

Das Dorf Veitsrodt ist von Weitem an dem hohen Turm der protestantischen Barockkirche zu erkennen. Am zweiten Wochenende im Juli ist hier die Hölle los – beim „Roarer Maad", einem traditionsreichen Markt mit Tierprämierungen, 300 Verkaufsständen und alljährlich rund 150.000 Besuchern.

Sie wandern weiter geradeaus auf dem Saar-Hunsrück-Steig durch Wald – zunächst auf-, dann abwärts. Beachten Sie den rechts scharf abzweigenden Abstecher zur Weiherschleife nicht (km 10,2, ⇧ 405 m) und steigen Sie auf dem SHS links durch Wald wieder an („Idar-Oberstein 10,2 km"). Nach 500 m kommen Sie an einem schönen Aussichtspunkt mit Tisch und Bank vorbei (km 10,7, ⇧ 440 m).

↳ Variante zur Historischen Weiherschleife (➲ 4,7 km)

Der Abstecher zur Historischen Weiherschleife entspricht dem ehemaligen Verlauf des SHS, der anfangs über die Weiherschleife nach Idar-Oberstein führte und dort endete. Sie folgen dafür der scharfen Abzweigung nach rechts und gehen abwärts. Unten im Tal queren Sie erst den Vollmersbach, dann die Landstraße 177. Danach wandern Sie aufwärts auf einem Asphaltweg, der nach 300 m in Schotter übergeht. Vorbei an einer Schranke und dem Andreasbrunnen erreichen Sie schließlich im Tal die **Historische Weiherschleife**, wo früher Edelsteine mithilfe einer Wassermühle bearbeitet wurden. Die Weiherschleife ist touristisch gut erschlossen.

⌘ Das Multi-Media-Centrum „Historische Weiherschleife" an der Tiefensteiner Straße 87 informiert über die letzte erhaltene wasserbetriebene Schleifmühle am Idarbach.

♦ www.edelsteinminen-idar-oberstein.de, März bis November täglich 10:00 bis 17:00, € 6. Besucher (Kinder) können den Sand selbst nach Edelsteinen durchsieben und danach an Steinrädern die Funde bearbeiten. Die Fundstücke darf der Hobby-„Schürfer" behalten (Kosten pauschal € 7).

Von der Weiherschleife nehmen Sie entweder den Bus in das Zentrum von Idar-Oberstein oder Sie wandern 2 km talabwärts parallel zur Straße in den Ortsteil Idar und weitere 3 km in den Ortsteil Oberstein mit dem Bahnhof – allerdings auf viel Asphalt und mit viel Verkehr!

Busverbindungen nach Idar-Oberstein mit den Linien 301 und 343 tagsüber etwa stündlich, meist um :23, www.rnn.info

Der SHS führt in Schlangen abwärts, vorbei an einer Abzweigung nach Vollmersbach (km 11,7, ⇧ 390 m) und weiter nach **Regulshausen**. Im Dorf Regulshausen passieren Sie die Hauptstraße mit der Bushaltestelle „Regulshausener Straße" ❺ (km 12,8, ⇧ 435 m).

Regulshausen FeWo

FeWo Ferienwohnung Jungbluth, Auf dem Obersten Sand 3, ☏ 067 81/417 88, ijungbluth@fewo-jungbluth.de, www.fewo-jungbluth.de, FeWo ab € 55 inkl. Endreinigung, April bis Oktober. FeWo mit Terrasse. 300 m vom SHS

Stadtbus Linie 307 nach Idar-Oberstein Mo bis Sa tagsüber stündlich zwischen 9:30 und 18:30, So alle 2 Stunden zwischen 11:30 und 17:30, www.rnn.info

Weiter geht es abwärts durch Wald und am Reitberg an einer ⌂ Schutzhütte mit ⊼ Tisch und Bank vorbei (km 14, ⇧ 425 m). Sie wandern weiter abwärts, vorbei an einer (linken) Abzweigung zum Flugplatz, über die Flugplatzstraße (km 15,1, ⇧ 345 m) und danach wieder aufwärts, bis Sie eine weitere ⌂ Schutzhütte mit ⊼ Tisch und Bank nahe dem Idar-Obersteiner Ortsteil Göttschied mit Klinikum passieren ❻ (km 16,5, ⇧ 390 m). Nach weiterem Abstieg halten Sie sich am Schlossweiher oberhalb von Oberstein rechts (km 18,7, ⇧ 390 m) und gehen nach 50 m nach links, vorbei an einem schönen Aussichtspunkt über das Nahetal mit Oberstein.

Nach 100 m lohnt sich ein kurzer Abstecher nach rechts zum Schloss Oberstein ❼ (km 19, ⇧ 365 m) (➲ 0,1 km).

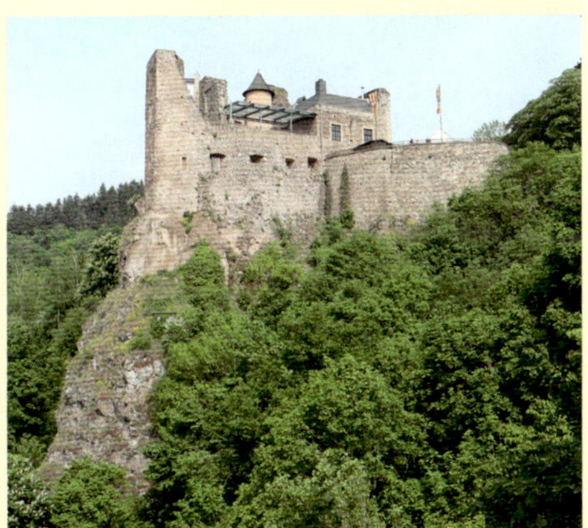
Wieder aufgebautes Schloss Oberstein

Das im 14. Jh. erstmals urkundlich erwähnte Schloss Oberstein war bis 1624 die Residenz der Grafen von Daun-Oberstein. Nach einem Brand im 19. Jh. wurde das Schloss wiederaufgebaut und erst als Jugendherberge, später als Gaststätte genutzt. In den letzten Jahrzehnten wurde die Anlage mehrfach durch den 1963 gegründeten Burgenverein restauriert. Das restaurierte Schloss kann auf Anfrage besichtigt werden. Vom Innenhof und dem Vorplatz bietet sich ein schöner Blick auf Idar-Oberstein.

♦ ☏ 067 81/249 33, www.schloss-oberstein.de, Führungen auf Anfrage, April bis Oktober Di bis So 11:00 bis 17:00, Eintritt für Innenräume € 2

✕ Wyrichstube, Imbiss am Schloss, ☏ 067 81/56 22 65, April bis Oktober Di bis So 11:00 bis 17:00

Kurz darauf erreichen Sie im Wald rechts die Abzweigung nach Idar-Oberstein (km 19,1, ⇧ 345 m) und damit das reguläre Ende dieser Etappe.

Geradeaus lohnt sich ein kurzer Abstecher (➲ 0,1 km) zur **Burgruine Bosselstein** mit tollem Blick auf das Nahetal. Die Burg Bosselstein wurde um 1330 erbaut und um 1600 wegen des zu hohen Sanierungsaufwands aufgegeben.

Abstecher nach Idar-Oberstein (➲ 0,5 km zum alten Marktplatz)

Sie folgen rechts dem asphaltierten Fußweg in Serpentinen hinunter nach Idar-Oberstein, vorbei am restaurierten Schloss Oberstein und am Wahrzeichen von Oberstein, der Felsenkirche, die durch einen vor Steinschlag schützenden Tunnel betreten werden kann.

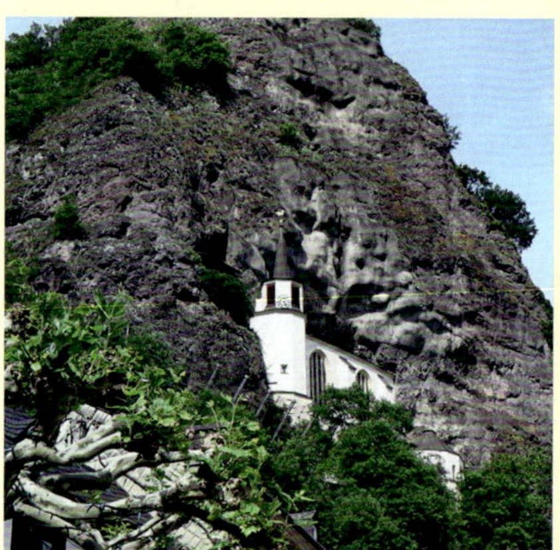

Felsenkirche – Wahrzeichen von Idar-Oberstein

Die protestantische **Felsenkirche** liegt 60 m hoch in den Felsen oberhalb von Idar-Oberstein und ist das sakrale Wahrzeichen des Ortes. Sie wurde im 15. Jh. durch Wyrich IV. von Daun-Oberstein als Sühne für einen Brudermord erbaut. Auffällig sind der fünfteilige Altar von 1410 und die Quelle im Seitenschiff. Passend zum Ort erinnern weitere Ausstattungsstücke an Edelsteine, u. a. das Kruzifix aus Bergkristall und das naturgewachsene Achatkreuz aus Brasilien.

♦ www.felsenkirche-oberstein.de, 15. März bis 31. Oktober täglich 10:00 bis 18:00 und im Winter täglich 11:00 bis 16:00, € 2

Aussichtsplattform vor der Kirche mit schönem Blick auf den Ortsteil Oberstein und den Glockenturm der Felsenkirche

Sie erreichen Oberstein am Hauptplatz mit Fachwerkhäusern und Cafés sowie der Touristinfo. Die sich daran anschließende Fußgängerzone (Hauptstraße) mit leer stehenden Ladenimmobilien bietet eher ein trauriges Bild, genauso wie im Tal die zugebaute Nahe, wo statt Wasser Autos die Bundesstraße rauschen ...

Idar-Oberstein

Touristinformation, Hauptstraße 419, 55743 Idar-Oberstein, ☏ 067 81/563 90, info@@edelsteinland.de, www.edelsteinland.de, Mitte März bis Mitte November Mo bis Fr 9:00 bis 18:00, Sa & Feiertage 11:00 bis 16:00, Mitte November bis Mitte März Mo bis Fr 10:00 bis 12:00 und bis 13:00 bis 16:00

Mehr als 20 Übernachtungsmöglichkeiten stehen in Idar-Oberstein zur Wahl, die meisten im Stadtteil Oberstein. Buchungshotline: ☏ 067 81/648 71

♦ Gästehaus Amethyst, Hauptstraße 324, ☏ 067 81/700 01, www.gaestehaus-amethyst.de, ab € 45. Familiär geführtes Haus, zentral, etwa 500 m vom Bahnhof und 1,1 km vom SHS

♦ City-Hotel, Otto-Decker-Str. 15, ☏ 067 81/505 50, info@cityhotel-idar-oberstein.de, www.cityhotel-idar-oberstein.de, ab € 40. Bahnhofsnah in Eckgebäude, 1,3 km vom SHS

♦ Hotel Zum Schwan, Hauptstraße 25, ☏ 067 81/944 30, www.hotel-zum-schwan.de, ab € 53, Restaurant Mo bis Sa ab 17:30. Außerhalb gelegen (2,5 km vom Bahnhof), zwischen Weiherschleife und Idar-Oberstein

Jugendherberge Idar-Oberstein, Alte Treibe 23 im Ortsteil Oberstein, ☏ 067 81/243 66, idar-oberstein@diejugendherbergen.de, www.diejugendherbergen.de, ÜF im DZ ab € 28, Mehrbettzimmer ab € 21,50. 129 Betten in 1- bis 4-Bett-Zimmern, alle Zimmer mit Dusche/WC. Die Herberge (wd) liegt oberhalb des Bahnhofs (etwa 1 km), etwa 2,1 km vom SHS, zu erreichen mit der Buslinie 301, Haltestelle „Café Weber“.

Campingplatz Idar-Oberstein, Im Staden 34, ☏ 067 81/318 21, info@campingplatz-idar-oberstein.de, www.campingplatz-idar-oberstein.com, ab € 5 p. P. Kleiner Platz mit 40 Plätzen, Küche, am Idarbach im Ortsteil Tiefenstein 6 km nordwestlich von Idar-Oberstein

Einkehrgelegenheiten gibt es in großer Auswahl am Marktplatz sowie in der Hauptstraße. Etwas außergewöhnlich sind das Idarer Brauhaus mit hausgebrautem Hauspils (Hauptstraße 84, täglich 10:00 bis 23:00) und Brittas Pfannkuchenhäuschen mit großer Auswahl herzhafter und süßer Pfannkuchen, auf Wunsch auch ohne Gluten oder Laktose (Hauptstraße 48, www.brittas-pfannkuchenhaeuschen.de, Di bis Fr 10:00 bis 21:00. Sa und So 11:00 bis 21:00).

Im Ortszentrum gibt es zwei Supermärkte: Lidl in Bahnhofsnähe sowie Norma in der Mitte der Fußgängerzone (Hauptstraße).

mehrere Apotheken im Ortszentrum, davon drei entlang der Fußgängerzone (Hauptstraße)

Klinikum Idar-Oberstein im Ortsteil Göttschied oberhalb des Zentrums

 In Idar-Oberstein gibt es ein Hallenbad, Hauptstraße 213, Mo bis Fr 10:00 bis 21:00 sowie Sa/So 10:00 bis 17:00, und ein Naturfreibad, Letzteres im Ortsteil Tiefenstein, Im Staden, Sommer Mo bis Fr 13:00 bis 19:00 sowie Sa/So und in Schulferien täglich 10:30 bis 19:00. www.idar-oberstein.de/leben/leben/baeder

 Taxi Allmang in Idar-Oberstein, 067 81/21 91 21, www.taxi-allmang.de

Idar-Oberstein ist über die Bahnstrecke Mainz – Bingen – Saarbrücken mit dem Saarland und dem Rhein-Main-Gebiet verbunden: Der Rhein-Nahe-Express auf der Strecke Mainz – Saarbrücken verkehrt im Stundentakt und wird bis 2037 von der Firma Vlexx betrieben, indirekt ein Tochterunternehmen der italienischen Staatsbahn. Der Bahnhof liegt im Ortsteil Oberstein nahe der Nahe.

 In Idar-Oberstein verkehren 6 Stadtbuslinien, außerdem gibt es viele Verbindungen ins Umland vom Busbahnhof neben dem Bahnhof, www.rnn.info

In Idar-Oberstein dreht sich wie an der Deutschen Edelsteinstraße alles um Edelsteine und deren Verarbeitung. Das 31.000 Einwohner zählende Idar-Oberstein ist ein Konglomerat aus mehr als 20 Stadtteilen, die in den Jahren 1933, 1969 und 1970 zusammengelegt wurden. Hauptorte sind Oberstein (8.800 Einwohner) und Idar (8.450 Einwohner).

Für die alte Garnisonsstadt Idar-Oberstein sind neben Edelsteinen die Bundeswehrkaserne und die Firma Fissler, bekannt durch Kochgeschirr sowie die Erfindung der früheren fahrbaren Feldküchen namens „Gulaschkanone“, wirtschaftlich von Bedeutung. Bis 2008 war hier auch die US-Armee stationiert, darunter der Vater des US-Schauspielers Bruce Willis. Letzterer ist in Idar-Oberstein geboren und verbrachte hier die ersten zwei Jahre seiner Kindheit.

Die um 1075 erstmals erwähnten Herren vom Stein residierten auf der Burg am Loch und später der Burg Bosselstein oberhalb der später errichteten Felsenkirche nahe der Höhe des „oberen Steins“ – daher der Name „Oberstein“. In den folgenden Jahrhunderten entwickelte sich der Ort Oberstein und erhielt um 1410 eine Stadtmauer. Später wechselten die Besitzer der Herrschaft Oberstein wie folgt: ab 1682 die Grafen von Leiningen-Heidesheim, ab 1766 die Grafen von Limburg-Styrum und ab 1776 die Markgrafen von Baden.

Nach der Französischen Revolution sorgten die französischen Besatzer für eine territoriale Neustrukturierung. Die Einführung des revolutionären „Code civil“ und die damit verbundene Abschaffung von Adel und Klerus sowie Frondienst machten die französische Herrschaft populär. Andererseits forderten die Franzosen Geld (Steuern) und Personal (Soldaten für die Armee).

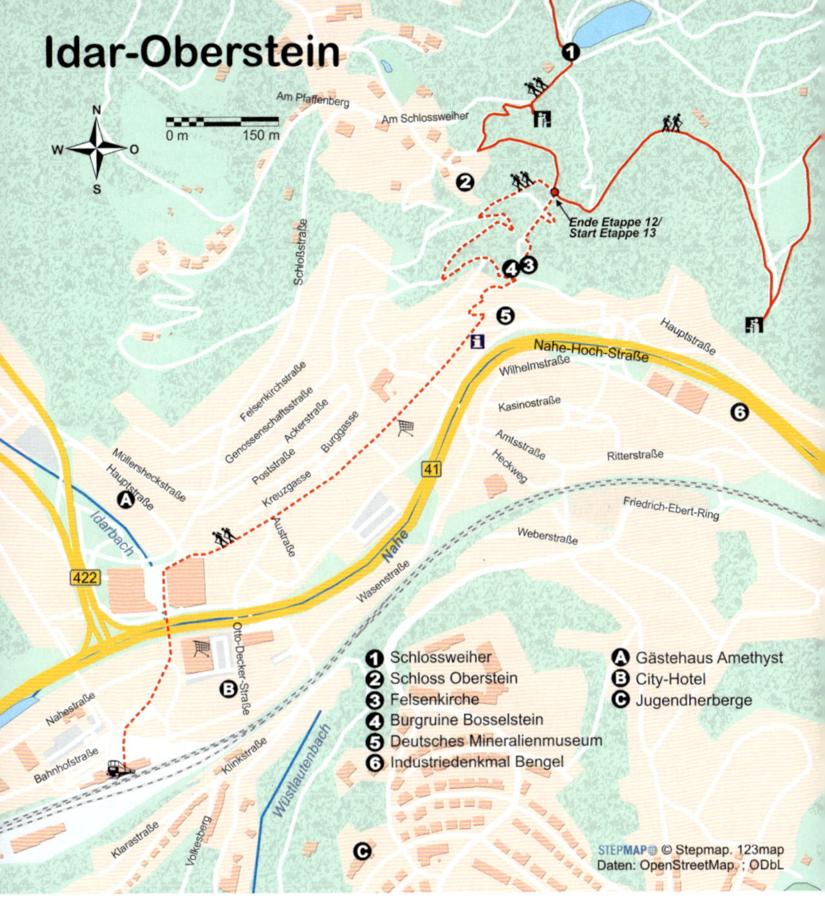

Nach dem Ende der napoleonischen Herrschaft und dem Wiener Kongress sowie dem Pariser Frieden 1815 kam es zu einer weiteren Aufteilung der Region an verschiedene Herzogtümer – zum Leidwesen der Bevölkerung, da sich das seinerzeit schon weit entwickelte Schmuck- und Edelsteingewerbe mit Frankreich und besonders dem mondänen Zentrum Paris wirtschaftlich gut arrangiert hatte. Dafür kümmerte sich der Freistaat Oldenburg um sein Besitztum Oberstein, indem er die Infrastruktur verbesserte – mit dem Bau von Straßen, einer Fahrpost und dem Bau der Nahe-Eisenbahn.

Mit einer spektakulären Baumaßnahme gewann Idar-Oberstein 1988 den von deutschen Stadtplanern durchgeführten Wettbewerb um die „konsequenteste Verschandelung eines historischen Stadtbildes": Die B41 wurde so auf einer vierspurigen Betonbrücke über die Nahe gebaut, dass von dem Fluss nichts mehr zu sehen ist: Die Nahe fließt unterirdisch durch einen 2 km langen Tunnel, während oberirdisch der Durchgangsverkehr fließt. Die Anwohner hören heute statt des Wasserrauschens das Rauschen des Autoverkehrs

Edelsteine in Idar-Oberstein

Idar-Oberstein und die Deutsche Edelsteinstraße gelten als Zentrum der Edelsteinindustrie. In zwei Rundkursen verbindet die Deutsche Edelsteinstraße alle Orte der Verbandsgemeinde Herrstein und der Edelsteinmetropole Idar-Oberstein miteinander, die von der Edelsteinbearbeitung geprägt sind. Die Anfänge des Edelsteinschleifens gehen zurück auf die reichen Mineralienfunde in der Region und deren Abbau von 1375 bis 1875. Seitdem werden Edelsteine aus Übersee importiert; andersherum wanderten viele Handwerker der Gegend um 1900 in Regionen mit größeren Vorkommen aus, vor allem nach Brasilien.

Fast alle in Manufakturen an der Deutschen Edelsteinstraße bearbeiteten Edelsteine werden heute importiert – rund 50 Schleifereien und Ateliers zeigen die Steinbearbeitung und Schmuckgestaltung bzw. Produkte.

Zahlreiche Firmen und Forschungseinrichtungen beschäftigen sich mit den Mineralen. Natürliche Edelsteinvorkommen in der Region sind vor allem Achat, Jaspis und Bergkristall. Und nicht nur Edelsteine wurden von Idar-Oberstein aus exportiert, sondern auch das mit dem Abbau zusammenhängende Know-how: Im 18. und 19. Jh. wanderten viele Bewohner der Region aus, vor allem in das rohstoffreiche Südamerika. Dort entdeckten Auswanderer aus Idar-Oberstein 1827 im brasilianischen Rio Grande do Sul wertvolle Achatvorkommen. Heute werden in Idar-Oberstein nur noch hochwertige Schmucksteine weiterverarbeitet, dazu kommen Import und Vertrieb von im Ausland hergestellten Edelsteinprodukten.

Folgende Institutionen, Veranstaltungen und Forschungseinrichtungen in Idar-Oberstein verdeutlichen die Bedeutung der Edelsteine für den Ort:

- Bundesverband der Diamant- und Edelsteinindustrie e. V.
- Deutsche Diamant- und Edelsteinbörse e. V., eine von 25 anerkannten Diamantbörsen weltweit
- Internationale Fachmesse für Edelsteine, Edelsteinschmuck und Edelsteinobjekte – kurz „Intergem" – mit rund 130 Ausstellern

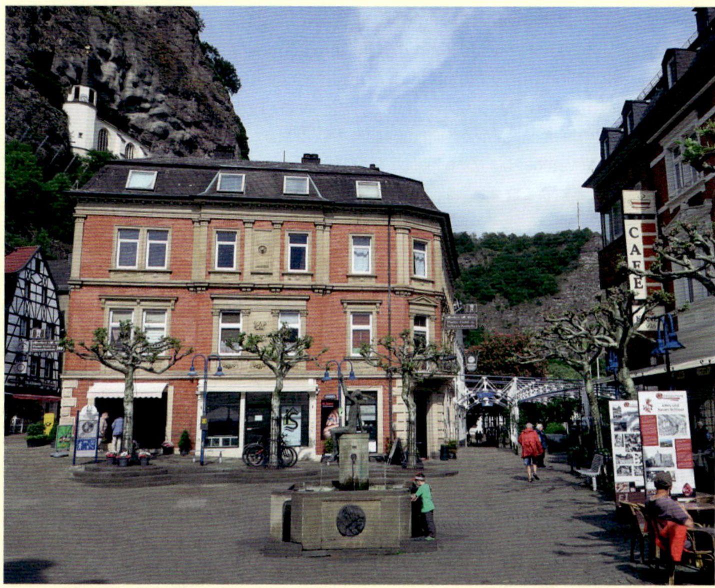

Marktplatz von Idar-Oberstein

- Fachbereich Gestaltung der FH Trier mit Fachrichtung Edelstein- und Schmuckdesign
- Institut für Edelsteinforschung vom Fachbereich Geowissenschaften der Johannes-Gutenberg-Universität Mainz
- Deutsche Gemmologische Gesellschaft e. V. mit Bildungsgängen Edelsteinkunde (Gemmologie) und Diamantenkunde
- Forschungsinstitut für mineralische und metallische Werkstoffe Edelsteine/Edelmetalle GmbH (FEE) mit Spezialisierung auf Kristallzucht und Herstellung optischer Elemente für Laser
- Deutsches Diamantprüflabor, das Diamanten als erstes Labor seiner Art in Deutschland nach international anerkannten Standards prüfen kann.

Im Folgenden eine kleine Auswahl größerer Museen. Daneben gibt es zahlreiche weitere Edelsteinschleifereien, -werkstätten und -läden, in denen Edelstein-, Schmuck- und Mineralienfreunde fündig werden.

⌘ Das **Deutsche Mineralienmuseum Idar-Oberstein** in der Hauptstraße 436 im Stadtteil Oberstein – unterhalb der Felsenkirche – zeigt Edelsteine und Mineralien aus aller Welt und Zeugnisse der Stadtgeschichte. Auch die Schmuckindustrie und Edelsteinbearbeitung werden beleuchtet, etwa die Achatschleiferei.

♦ www.deutsches-mineralienmuseum.de, März bis November täglich 9:30 bis 18:00, November bis März täglich 11:00 bis 17:00, € 6

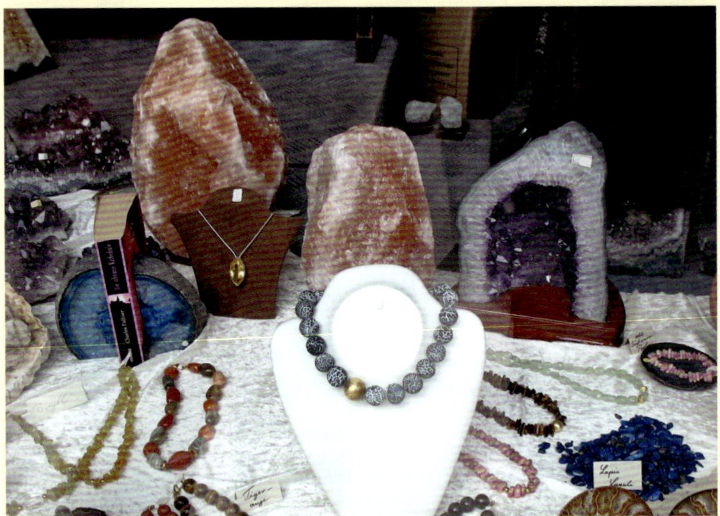

Idar-Oberstein – geschliffene Edelsteine

⌘ Das **Deutsche Edelsteinmuseum** in der Hauptstraße 118 im Stadtteil Idar zeigt mit aufwendiger Präsentation mehr als 10.000 rohe und bearbeitete Edelsteine.

♦ www.edelsteinmuseum.de, Anfang Mai bis Ende Oktober täglich 9:30 bis 17:30, sonst täglich 10:00 bis 17:00, € 7

⌘ Das **Industriedenkmal Jakob Bengel** in der Wilhelmstraße 42a ist die einzige im Original erhaltene Fabrik mit vielen alten Maschinen sowie Werkswohnungen, die für 140 Jahre Industriegeschichte in Idar-Oberstein steht.

♦ www.jakob-bengel.de, Di bis Fr 10:00 bis 16:00, Mai bis September auch Sa und So 10:00 bis 16:00, € 4,50

➪ Traumschleife „Edelsteinschleiferweg“ westlich von Idar-Oberstein

Die 16 km lange Traumschleife „Edelsteinschleiferweg“ führt westlich von Idar-Oberstein durch landschaftlich und geologisch interessantes Gelände und bringt Sie zu den Spuren der Edelsteinschleifer bei Idar-Oberstein mit dem einzigen Edelsteinbergwerk Europas, das besichtigt werden kann. Startpunkt ist die Historische Weiherschleife.

13. Etappe: Idar-Oberstein –Fischbach – Herrstein

➲ 19,6 km, ⌛ 6 Std. 30 Min., ↑ 770 m, ↓ 810 m, ⇧ 235-435 m

0,0 km	⇧ 345 m	Abstecher nach Idar-Oberstein (➲ 0,5 km, ⌘ ✝)
3,0 km	⇧ 295 m	NSG Altenberg
11,4 km	⇧ 245 m	Abstecher nach Fischbach (➲ 2 km, B&B FeWo)
14,4 km	⇧ 290 m	Abstecher zum Historischen Kupferbergwerk (➲ 0,8 km ⌘)
19,6 km	⇧ 315 m	Herrstein B&B ✝

Diese Etappe beginnt nahe der Burg Oberstein oberhalb des Edelsteinzentrums Idar-Oberstein und bietet anfangs viele Blicke auf den Ort und das überbaute Tal der gewundenen Nahe. Nach der Querung des Fischbaches geht es wieder aufwärts und durch Wald zum kleinen mittelalterlichen Ort Herrstein. Diese Etappe folgt durchgehend dem Hildegard-von-Bingen-Pilgerweg und stellenweise dem Sirona-Weg sowie den Traumschleifen „Nahe-Felsen-Weg“ und „Kupfer-Jaspis-Pfad“. Die größte Steigung erwartet Sie nach 4 km beim Anstieg aus dem Nahetal (↑ 160 m), der längste Abstieg vor dem Fischbachtal (↓ 150 m).

Idar-Oberstein im Nahetal

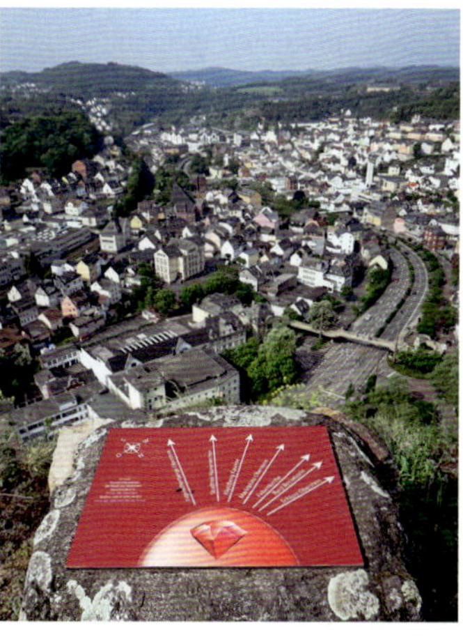

Diese Etappe beginnt oberhalb des Edelsteinzentrums Idar-Oberstein (⇧ 210 m) bei der Abzweigung zur Burgruine Bosselstein (Info ☞ 12. Etappe) nahe der Burg Oberstein.

↳ Zubringer von Idar-Oberstein (Bf.) zum SHS (➲ ab Bahnhof 1,3 km, ab Marktplatz 0,5 km)

Vom Bahnhof folgen Sie dem Fußweg Richtung Zentrum, über Idarbach und die große Autostraße. 50 m nach dem Idarbach halten Sie sich rechts und gehen durch die lange Fußgängerstraße (Hauptstraße) bis zu deren Ende beim Marktplatz mit rechts der Touristinfo.

Beim Marktplatz beginnt links an dessen Nordseite der ausgewiesene Aufstieg Richtung Felsenkirche, Schloss Oberstein und Burg Bosselstein. 300 m nach der Felsenkirche erreichen Sie den SHS; links geht es zum Schloss Oberstein, rechts zur Burgruine Bosselstein. Sie folgen dem SHS geradeaus.

Zunächst führt der SHS oberhalb des Nahetals durch Wald entlang der Traumschleife „Nahe-Felsen-Weg" mit schönen Panoramen und Pausengelegenheiten; vor allem lohnt sich der Aussichtspunkt namens Götzplatz oberhalb von Idar-Oberstein ❶ (km 0,5, ⇧ 365 m).

↳ Traumschleife „Nahe-Felsen-Weg"

Der 19 km lange Traumschleifen-Rundweg „Nahe-Felsen-Weg" führt oberhalb des Nahetals durch Wald und folgt dabei für 5 km dem SHS.

Sie wandern durch das Naturschutzgebiet Altenberg mit seinen exponierten Felshängen und einer Rastgelegenheit (km 3) über dem Nahetal, wo u. a. Uhus,

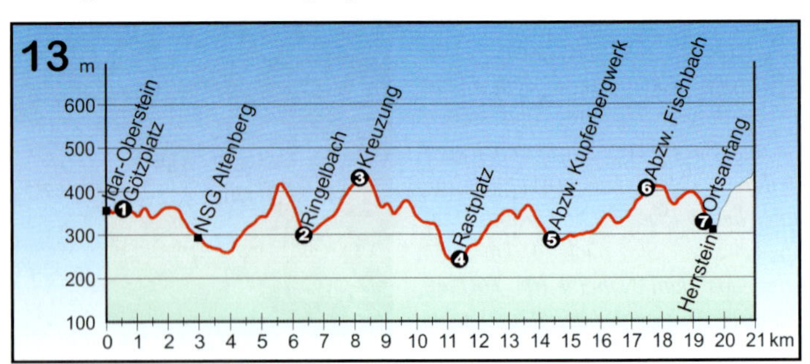

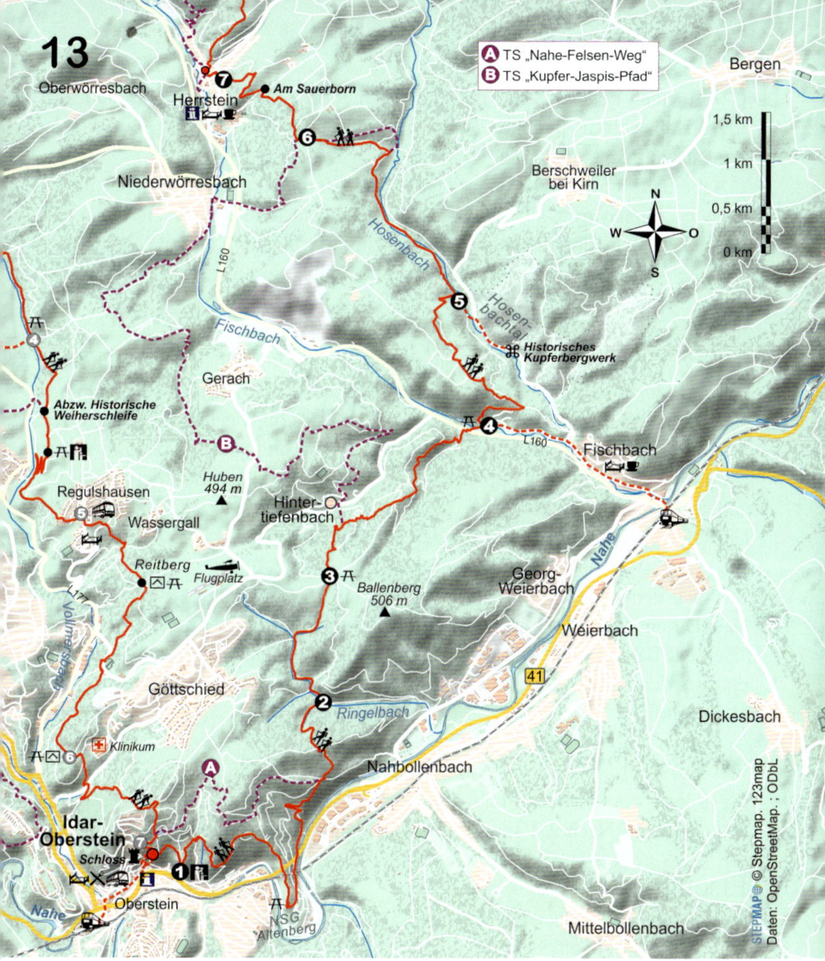

Dohlen und Turmfalken brüten. Nach einem Friedhof (km 3,4, ⇧ 270 m) folgen Sie bei einer Kreuzung dem SHS und der Traumschleife weiter geradeaus – über den Bahn- und Straßentunnel. Der SHS führt ein längeres Stück mit vielen Kurven durch Wald. Nach längerem An- und Abstieg erreichen Sie das Ringelbachtal, queren den Bach ❷ (km 6,4, ⇧ 295 m) und halten sich links, um das Tal nach 200 m mit längerem Anstieg wieder zu verlassen. Links unterhalb liegt Göttschied.

Auf einer freien Fläche, dem höchsten Punkt dieser Etappe ❸ (km 8,2, ⇧ 430 m), geht es bei einer Kreuzung mehrerer Wege und einer Rastgelegenheit erst rechts und dann links weiter.

Oberhalb von Hintertiefenbach (km 9, ⇧ 370 m) mündet von links die Traumschleife „Kupfer-Jaspis-Pfad" ein und begleitet Sie bis kurz vor Herrstein. Ein Abstecher nach **Hintertiefenbach** lohnt nicht, zumal eine in alten Verzeichnissen noch gelistete Einkehrgelegenheit (Pulverloch) mittlerweile geschlossen ist.

Traumschleife „Kupfer-Jaspis-Pfad"

Der 19 km lange Traumschleifen-Rundweg „Kupfer-Jaspis-Pfad" führt durch die von Edelstein- und Erzabbau geprägte Landschaft zwischen Idar-Oberstein und Herrstein und folgt dabei ab Hintertiefenbach fast durchgehend (8,6 km) dem SHS. Mit seiner abwechslungsreichen Wegführung und vielen Infos zum Abbau und der Verarbeitung von Kupfer und Jaspis belegte diese mit 86 Erlebnispunkten außerordentlich hoch bewertete Traumschleife 2013 bei der Wahl zu Deutschlands schönstem Rundwanderweg den zweiten Platz.

Nach dem folgenden längeren Abstieg durch Wald queren Sie vorsichtig die Hauptstraße (km 11,1, ⇧ 245 m), gehen geradeaus und erreichen einen Tisch mit Bank. Davor geht es auf kleinem Pfad nach links, während nach rechts entlang der Straße ein Abstecher nach Fischbach möglich ist ❹ (km 11,4, ⇧ 245 m).

Abstecher nach Fischbach (➲ 2 km)

Sie folgen der kleinen Straße durch die Rechtskurve und weiter geradeaus (Hauptstraße). Nach 2,3 km erreichen Sie den Bahnhof von Fischbach.

Fischbach

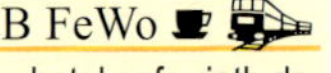

Hotel-Café Rieth, Weierbacher Str. 13, ☏ 067 84/12 44, www.hotel-cafe-rieth.de, ab € 38, Café/Restaurant täglich außer Mo 7:30 bis 13:30 sowie ab 17:00. Hotel mit 9 Zimmern und Biergarten, 200 m vom Bf. entfernt und 2,2 km vom SHS

B&B FeWo Pension Anni, Fam. Prinz, Am Schindberg 20, ☏ 067 84/86 61, www.pensionanni.de, ab € 33. Pension mit 17 Zimmern und Apartments mit Blick ins Fischbachtal, tw. mit Balkon, 1,8 km vom SHS

Bahnhof Fischbach mit halbstündlich bis stündlichen Verbindungen Richtung Mainz und Saarbrücken

Das an der Nahe gelegene Fischbach war vom Mittelalter bis Mitte des 18. Jh. bekannt für Kupferbergbau im Hosenbachtal mit einem besonders reinen Kupfer (Erz mit 98 % Kupfergehalt). Ein Rundweg und das Besucherbergwerk erinnern an den Kupferbergbau (s. u.).

Kurz nach einer ⌂ Schutzhütte folgt der SHS dem Bergbaurundweg mit Informationen zum Kupferabbau. Nach dem Abstieg in das Hosenbachtal ist bei einer ⊼ Rastgelegenheit nach rechts ein Abstecher möglich zum Historischen Kupferbergwerk ❺ (km 14,4, ⇧ 290 m).

↳ Abstecher zum Historischen Kupferbergwerk (➲ 0,8 km)

Nach rechts führt der Weg nach 5 Min. zu einer kleinen Straße und auf dieser rechts nach 500 m zum Historischen Kupferbergwerk.

⌘ Das 1 km nordwestlich von Fischbach gelegene Besucherbergwerk zeigt anschaulich, unter welchen Bedingungen die Arbeiter unter Tage das wertvolle Erz gewannen. Heute reift in den konstant kühlen (ca. 11°C) und feuchten Stollen ein Bergkäse. Eine Besichtigung ist mit Führungen möglich (Dauer ca. 1 Std.).

♦ 💻 www.besucherbergwerk-fischbach.de, 🚪 März bis November täglich 10:00 bis 17:00 etwa alle 45 Min., im Winter täglich 11:30 und 13:30, Eintritt € 7

Am Bergwerk startet ein 3,5 km langer Bergbau-Rundweg mit 17 Stationen über Geologie und den Kupferbergbau.

Sie wandern links durch das urige und unberührte Hosenbachtal, ehe es wieder aufwärtsgeht. 100 m nach einer Kreuzung am Waldrand mit links freier Fläche ❻ (km 17,5, ⇧ 405 m) folgen Sie dem SHS nach rechts in den Wald und verlassen damit den geradeaus weiterführenden Kupfer-Jaspis-Pfad. Nach 500 m geht es abwärts und schließlich über die Straße Am Sauerborn.

✋ 600 m nach Querung der kleinen Straße biegen Sie scharf links auf einen Grasweg ab (km 19, ⇧ 400 m) und gehen nach 80 m durch das hölzerne Drehkreuz und am Waldrand entlang. Nach 150 m tauchen Sie in den Wald ein und folgen dem Waldpfad hinunter nach **Herrstein**, wo Sie der ersten Straße links abwärts folgen ❼ (km 19,5, ⇧ 330 m) und weiter geradeaus in Richtung des historischen Ortskerns gehen, den Sie rechts durch den Uhrmacherturm betreten.

Herrstein

i B&B

i Touristinfo Herrstein, Brühlstraße 16, 55756 Herrstein, ☏ 067 85/790, www.vg-herrstein.de und www.edelsteinland.de, Mo bis Fr 9:00 bis 12:00 und 13:30 bis 17:00. Unterhalb des Zentrums beim großen Parkplatz

B&B Pension und Café Zehntscheune, Schlossweg 13, beim Stadttor, ☏ 067 85/16 58, www.zehntscheune.de, ab € 30, Café/Restaurant Mai bis Oktober täglich Mo bis Sa 12:00 bis 21:00 sowie So 10:00 bis 21:00, Winterhalbjahr Mo bis Fr 12:00 bis 16:30. Rustikales Wirtshaus in altem Fachwerkgebäude von 1526, in dem früher die Zwangsabgaben der Bauern an die Burgherren aufbewahrt wurden. Bekannt für hausgemachte Torten und üppige gefüllte Klöße. Gegenüber werden in einem restaurierten Fachwerkhaus Zimmer und Ferienwohnungen vermietet.
50 m vom SHS

B&B Pension Doris Hansen, Uhrturmstraße 6, ☏ 067 85/77 91, ab € 25. Kleine Privatunterkunft mit 2 Zimmern und Kühlschrank sowie Wasserkocher am Stadttor direkt am SHS

♦ Fremdenzimmer-Gierig, Kirner Weg 6, ☏ 067 85/73 30, Mathias.Gierig@web.de, www.fremdenzimmer-gierig.de, ab € 22. Mit Liegewiese und Kaffeeautomat, am Ortseingang direkt am SHS

Fachwerkhäuser in Herrstein

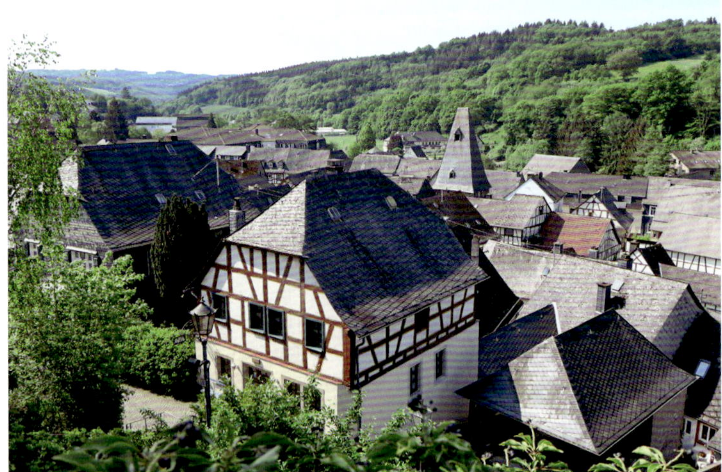

Schulers Dorfladen, Hauptstraße 1a, ☏ 067 85/14 69, www.schulers-dorfladen.de, Mo bis Fr 8:00 bis 13:00 und 14:00 bis 17:00, Sa 8:00 bis 11:00. Unten im Tal nahe Parkplatz und Touristinfo

Rats-Apotheke Herrstein, Hauptstraße 19, ☏ 067 85/382, www.ratsapotheke-herrstein.de

(wenige) Busverbindungen mit den Linien 346 und 351 nach/von Idar-Oberstein, Wickenrodt und Rhaunen, www.rnn.info

Herrstein ist ein kleiner, mittelalterlich anmutender Ort mit verwinkelten Gassen und netten Fachwerkfassaden von rund 60 alten Bürgerhäusern. Der 1289 erstmals urkundlich erwähnte Ort erhielt im Jahr 1428 die Stadtrechte durch die Grafen von Sponheim. Die um 1300 erbaute Stadtmauer ist nur noch in Teilen erhalten, nachdem sie im Jahr 1674 von den Bewohnern eigenhändig niedergerissen worden sein soll, in der Hoffnung, dass die Stadt ohne eine Stadtmauer mit möglicherweise reicher Beute dahinter weniger attraktiv für Feinde (Franzosen) wäre.

Oberhalb von Herrstein thronen auf dem Herestey das kleine Schloss und die Kirche. In dem gotischen Vorgängerbau des Schlosses residierte im 14. Jh. Loretta von Sponheim, eine Kontrahentin des mächtigen Erzbischofs von Trier, den sie kurzzeitig gefangen nehmen ließ, um dem Bischof Balduin ein Burgen-Baustopp auf ihrem Gebiet abzupressen. Die kleine Schlosskirche ist bekannt für ihre großzügige Stumm-Orgel. Der breite Glockenturm ist über einen Wehrgang mit dem Schinderhannesturm verbunden, in dem dieser Hunsrücker Räuber (Info ☞ 15. Etappe) eine Nacht im Juli 1798 eingesperrt gewesen sein soll.

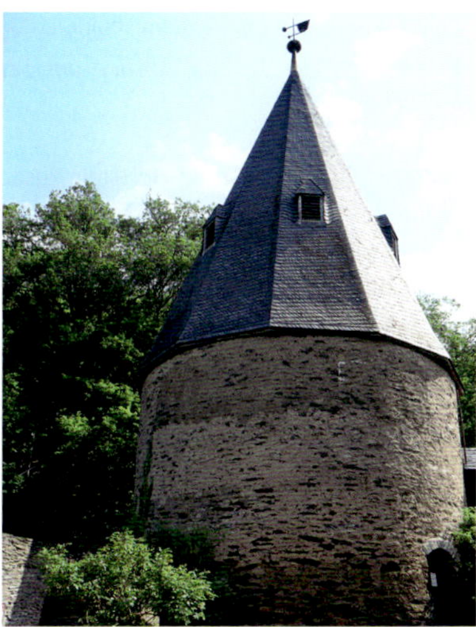

Schinderhannesturm in Herrstein

♦ Führungen Anfang Mai bis Ende Oktober Do um 16:30 und Sa um 14:30 ab Uhrturm, € 3

14. Etappe: Herrstein – Forellenhof Reinhardtsmühle

13,7 km, 4 Std. 30 Min., ↑ 305 m, ↓ 350 m, ⇧ 255-450 m

0,0 km	⇧ 315 m	Herrstein B&B
3,3 km	⇧ 390 m	Naturdenkmal Rabenkanzel
8,2 km	⇧ 395 m	(Grill-)Hütte bei Sonnschied
13,7 km	⇧ 265 m	Forellenhof Reinhardtsmühle

Diese Etappe führt anfangs über die Höhen oberhalb von Herrstein mit im Frühjahr leuchtend gelben Rapsfeldern. Kurz vor der Rabenkanzel queren Sie das Hosenbachtal, wandern großteils durch Wald nach Rudolfshaus im Hahnenbachtal und erreichen kurz darauf die Fischweiher des Forellenhofs Reinhardtsmühle. Diese Etappe folgt stellenweise den Fernwanderwegen „Hildegard-von-Bingen-Pilgerweg", „Sirona-Weg", „Soonwaldsteig" sowie zu Beginn der Traumschleife „Mittelalterpfad". Die größte Steigung erwartet Sie zu Beginn ab Herrstein (↑ 140 m), der längste Abstieg am Schluss hinunter in das Hahnenbachtal (↓ 130 m).

Zu Beginn folgen Sie ab Herrstein zusammen mit dem SHS zunächst dem Hildegard-von-Bingen-Pilgerweg sowie der Traumschleife „Mittelalterpfad" und passieren das hölzerne Eingangsportal oberhalb des schönen Fachwerkdorfes. Weiter geht es aufwärts durch den Kirchwald und nach 15 Min. über freie Hochebene.

Traumschleife „Mittelalterpfad"

Der 8,6 km lange Traumschleifen-Rundweg „Mittelalterpfad" wurde 2010 als Deutschlands schönster Rundwanderweg ausgezeichnet und folgt auf den ersten 3,8 km dieser Etappe dem SHS.

Nach einem Abstieg durch Wald und einer Straßenquerung erreichen Sie wieder den von gestern bekannten Hosenbach ❶ (km 2,7, ⇧ 370 m) und folgen diesem nach links.

Rechts zweigen der Hildegard-von-Bingen-Pilgerweg und Zubringerweg nach Niederhosenbach ab, dem vermutlichen Geburtsort der mittelalterlichen Benediktinerin und Gelehrten Hildegard von Bingen.

Niederhosenbach 

(sehr wenige) Busverbindungen mit Linie 346 nach/von Idar-Oberstein und Wickenrodt, www.rnn.info

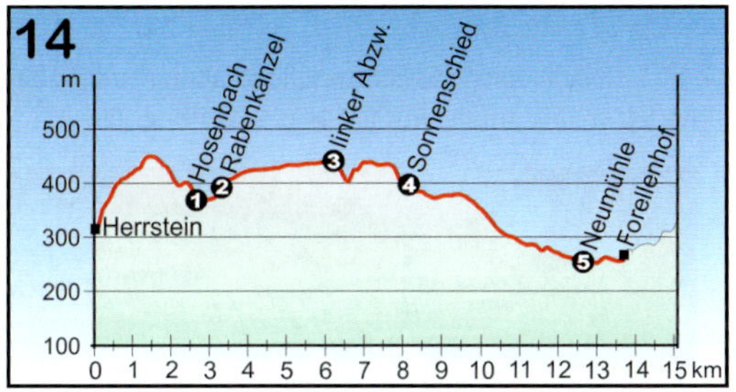

In Niederhosenbach ist Hildegard von Bingen vermutlich geboren, die Visionärin und Theologin, die 2012 unter dem bayerischen Papst Benedikt XVI. heiliggesprochen wurde. Den Spuren Hildegard von Bingens folgt der nach ihr benannte, 137 km lange Pilgerweg von Idar-Oberstein über Kirch nach Bingen am Rhein, quert diesen dort und endet oberhalb von Rüdesheim an der Abtei Hildegard von Bingens.

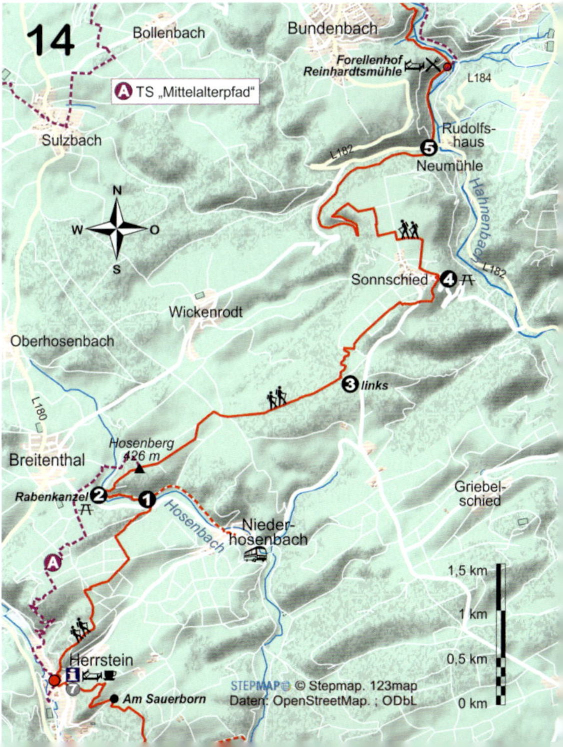

Beim Rastplatz unter dem Naturdenkmal Rabenkanzel, einer steil abfallenden Felsformation ❷ (km 3,3, ⇧ 390 m), steigen Sie auf dem SHS und dem Mittelalterpfad rechts aufwärts zum Hosenberg. Der Mittelalterpfad zweigt kurz darauf links ab. Der SHS führt weiter über die Hochfläche, mal über offene

Fläche, mal am Waldrand oder im Wald. Nach einer längeren Passage durch Wald folgen Sie, weiterhin im Wald, dem SHS nach links abwärts ❸ (km 6,5, ⇧ 450 m), um nach einigen Kurven am Waldrand mit Blickrichtung auf das Dorf Sonnschied entlangzugehen.

☟ Nach einer aussichtsreichen Passage am Waldrand zweigt der SHS unvermittelt rechts auf einen Pfad in den Wald ab (km 7,6, ⇧ 435 m).

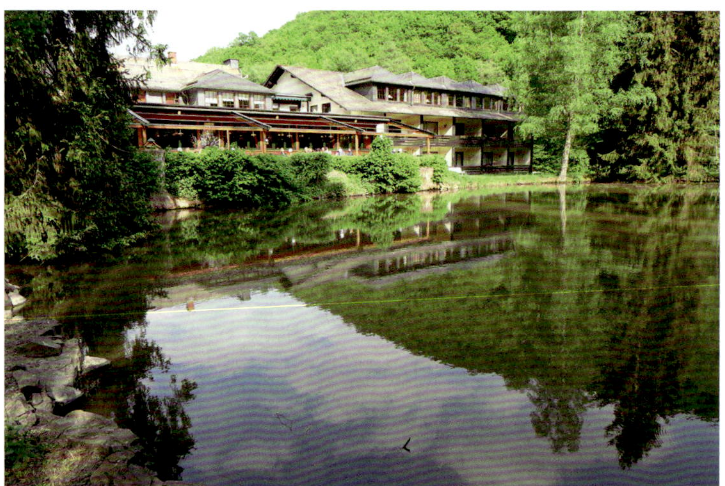

Idyllischer Endpunkt der 14. Etappe: der Forellenhof Reinhardtsmühle

Der SHS führt rechts um den Ort Sonnschied herum, passiert dabei eine kleine ⩫ (Grill-)Hütte ❹ (km 8,2, ⇧ 395 m) und verläuft über offene Fläche auf den Junkersberg, ehe es in Serpentinen abwärts in ein Bachtal geht. Diesem folgen Sie abwärts bis Neumühle ❺ (km 12,7, ⇧ 250 m). Neumühle ist eine kleine Häusergruppe im Hahnenbachtal, wo der Soonwaldsteig von rechts einmündet, dem Sie bis zum Etappenende (und auf der morgigen Etappe) folgen werden. Sie queren die Straße bei Neumühle und folgen dem SHS links vom Hahnenbach durch das Tal zum großen Weiher des Forellenhofs Reinhardtsmühle, öfter auch „Reinhartsmühle" geschrieben (die Website des Forellenhofs nutzt beide Schreibweisen, Stand 8/2019).

Hotel Forellenhof Reinhardtsmühle, 065 44/373, info@hotel-forellenhof.de, www.hotel-forellenhof.de, ab € 53, Küche Anfang April bis Mitte Oktober Di bis Fr 12:00 bis 21:00, So 11:30 bis 20:00, im Winterhalbjahr abweichend Di bis Do 14:30 bis 20:30, Fr, Sa und So wie im Sommer. Am Fischteich einsam im Tal gelegene Unterkunft (3 Sterne, wd) mit 28 Zimmern und schöner Terrasse. Neben Fischen spezialisiert auf Whisky mit über 1.800 Sorten

15. Etappe: Forellenhof Reinhardtsmühle – Bundenbach – Rhaunen

12,5 km, 4 Std., 380 m, 320 m, 260-395 m

0,0 km	265 m	Forellenhof Reinhardtsmühle
2,0 km	335 m	Schieferbergwerk Bundenbach ⌘
2,3 km	350 m	keltische Altburg ⌘
4,3 km	310 m	Schieferhalde Sinsenbach
7,9 km	310 m	Rastplatz mit Hütte in Isarbachtal
9,3 km	330 m	Abstecher nach Hausen (1 km,)
11,0 km	340 m	Panorama und 1. Abstecher nach Rhaunen (0,8 km, FeWo)
12,5 km	340 m	Etappenende und 2. Abstecher nach Rhaunen (1 km, FeWo)

Anfangs stoßen Sie im Hahnenbachtal auf zahlreiche Spuren des Schieferabbaus, darunter das bekannte Bergwerk Herrenberg. Rechts ragen auf der anderen Seite des Tals die Ruinen der Schmidtburg auf, um 1800 Unterschlupf des Schinderhannes, ehe Sie eine rekonstruierte Keltensiedlung passieren. Nach der Querung des Idarbaches wandern Sie auf den Wartenberg mit schönen Blicken auf das Etappenziel Rhaunen, bekannt für die Kirche mit der ältesten Orgel der Orgelbaufamilie Stumm. Diese Etappe folgt stellenweise den Fernwanderwegen „Sirona-Weg" und „Soonwaldsteig" sowie den Traumschleifen „Hahnenbachtal" und „STUMM-Orgel-Weg". Die größte Steigung erwartet Sie zu Beginn (90 m), der längste Abstieg kurz nach der Keltensiedlung (105 m).

Vom Forellenhof folgen Sie dem SHS sowie der Traumschleife „Hahnenbachtal" entlang der bewaldeten Westseite des Hahnenbachtals.

Traumschleife „Hahnenbachtal“

Am Schieferbergwerk startet der 10 km lange Traumschleifen-Rundweg „Hahnenbachtal“, 2012 als Deutschlands schönster Rundwanderweg ausgezeichnet und mit außergewöhnlichen 93 Erlebnispunkten bewertet. Er führt stellenweise entlang des SHS.

Bald stoßen Sie auf Spuren des früheren Bergbaus, darunter einem Stollen. In 32 Gruben wurde bei Bundenbach bis in die 1960er-Jahre Schiefer abgebaut – verwendet für Hausfassaden und -dächer. An vielen Stellen ist der Schotter des Abraums (80 % des geförderten Materials) noch heute sichtbar. Mit günstigeren Schiefern aus dem Ausland sowie modernen Baumaterialien konnte der Hunsrückschiefer allerdings nicht konkurrieren. Einen weiteren Schatz fanden Forscher später zwischen den Schieferplatten: bis zu 400 Mio. Jahre alte Fossilien von u. a. Trilobiten und Seesternen.

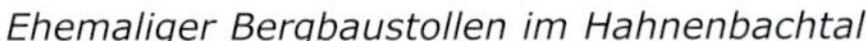
Ehemaliger Bergbaustollen im Hahnenbachtal

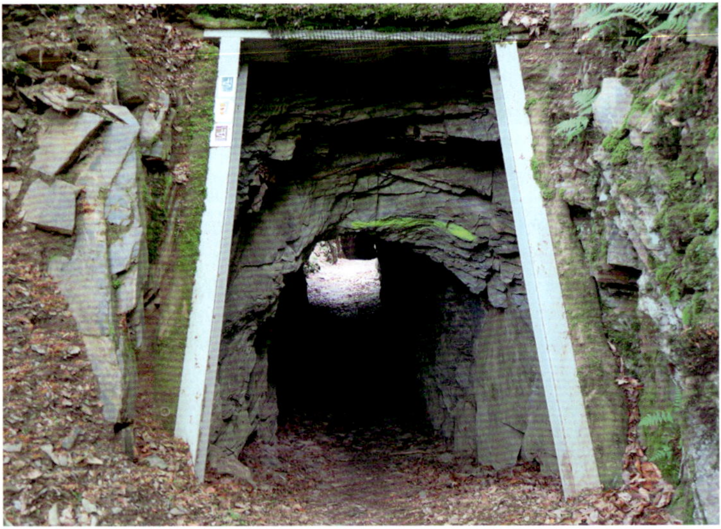

500 m nach einem Felsentunnel bietet sich nach rechts ein schöner Blick über das Hahnenbachtal auf die Schmidtburg ❶ (km 1, ⇧ 295 m).

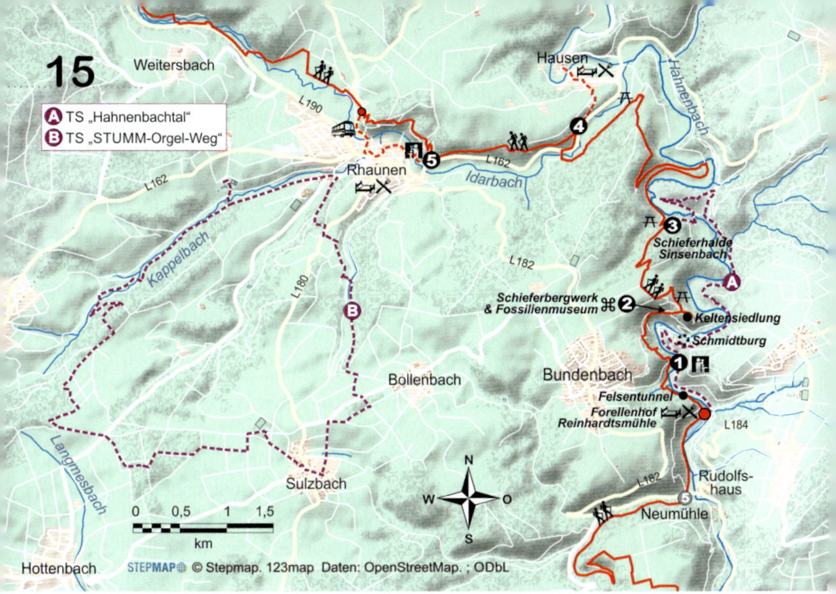

Schmidtburg & Schinderhannes

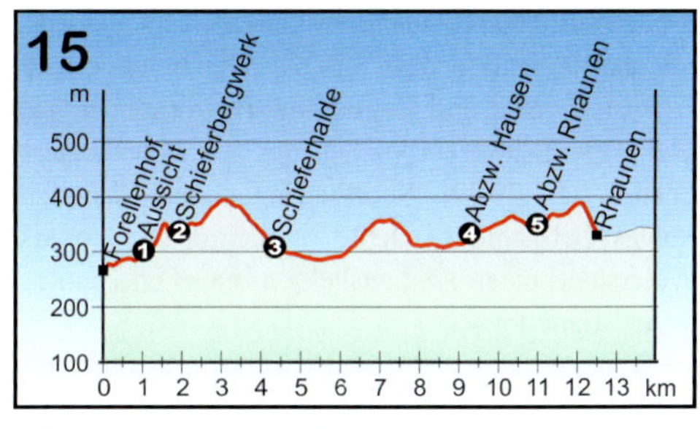

Die Schmidtburg thront auf der östlichen Seite des Hahnenbachtals auf einem Bergsporn. Die mit einer Fläche von 220 x 80 m beachtlich große Anlage wurde 926 auf römischen Ruinen errichtet und war Stammsitz der Wild- und Rheingrafen, ehe sie im 14. Jh. an den Erzbischof von Trier übergeben wurde. Später dienten die heruntergekommenen Mauern als Schutz bzw. Baumaterial für die einfachen Hütten der Tagelöhner des Erzbergbaus. Der Name der Burg geht auf Schmieden zurück, die im Hahnenbachtal im Zuge der Erzgewinnung angesiedelt waren.

Der legendäre Hunsrücker Räuber Schinderhannes hinterließ hier seine Spuren, da er sich mit seiner Bande um 1800 nach dem Holterbacher Raubzug monatelang in der alten Burgkapelle einquartiert haben soll. Quellen zufolge soll er in der Zeit Freunde besucht und Beutestücke verkauft haben.

Schinderhannes – der Robin Hood des Hunsrücks!?

Als „Schinderhannes“ ist ein gewisser Johannes Bückler (1777-1803) in die regionale Geschichtsschreibung eingegangen. Er soll den Reichen genommen und den Armen gegeben haben – sagen seine Bewunderer. Bei den anderen (eher Wohlhabenden) galt er dagegen lediglich als gefährlicher Räuber. So soll Schinderhannes 1796 Geld vom Gastwirt Koch zweckentfremdet haben, indem er es in einer Schänke in Oberstein vertrank statt für den Gastwirt Koch Branntwein zu kaufen. Zufluchtsorte von Schinderhannes sollen Krummenau im Hunsrück und die Schmidtburg gewesen sein – nach seiner spektakulären Flucht aus dem Simmerner Gefängnisturm.

In Mainz wurde er 1803 zusammen mit 19 Komplizen hingerichtet. Weitere 18 Komplizen erhielten Haftstrafen, darunter ein gewisser Peter Stibitz, dessen Nachname Synonym für „stehlen“ werden sollte: stibitzen.

Seine Geliebte Julchen Blasius, die er 1800 bei einer Kirmes kennengelernt und mit der er zwei Kinder hatte, schlug sich 11 Jahre nach Schinderhannes' Hinrichtung auf die Gegenseite und heiratete einen Gendarmen.

Neuere Forschungsergebnisse werfen kein positives Licht auf Schinderhannes: Nach einer Studie von Marc Scheibe vom Institut für Strafrecht und Strafrechtsgeschichte der Uni Mainz soll Schinderhannes 129 Verbrechensdelikte begangen haben, darunter 40 Viehdiebstähle und mindestens einen Mord. Die Frankfurter Rundschau schrieb dazu 2009: „Der Schinderhannes war kein charismatischer Freiheitskämpfer und Frauenschwarm, als der er landläufig gilt, sondern einer der brutalsten Schwerverbrecher des 18. Jahrhunderts.“ (Frankfurter Rundschau-online, 30.9.2009). Natürlich muss man Schinderhannes auch im historischen Kontext betrachten: Er lebte zur Zeit der französischen Besetzung, als der lokale Widerstand einen Freiheitshelden brauchen konnte, auch wenn es nur ein „normaler“ Bandit war.

Schinderhannes wird im Hunsrück allerorten so vermarktet, dass man denken könnte, er sei eine Erfindung von PR-Fachleuten – etwa Schinderhannespfad, Schinderhannes-Räuberfest (Herrstein), Schinder(hannes) MTB Marathon (Emmelshausen), Schinderhannes-Festspiele (Simmern), Schinderhannes Bock und Alt (Kirner Brauerei).

Weiter geht es entlang der Traumschleife „Hahnenbachtal“ auf der linken Talseite nordwärts, vorbei an weiteren Aussichtspunkten zur Schmidtburg und einem Parkplatz. Links liegt der Ort Bundenbach, allerdings ohne Einkehr-/Einkaufsgelegenheiten. Schließlich erreichen Sie das bekannte Schieferbergwerk von Bundenbach mit einer Einkehrgelegenheit ❷ (km 2, ⇧ 335 m).

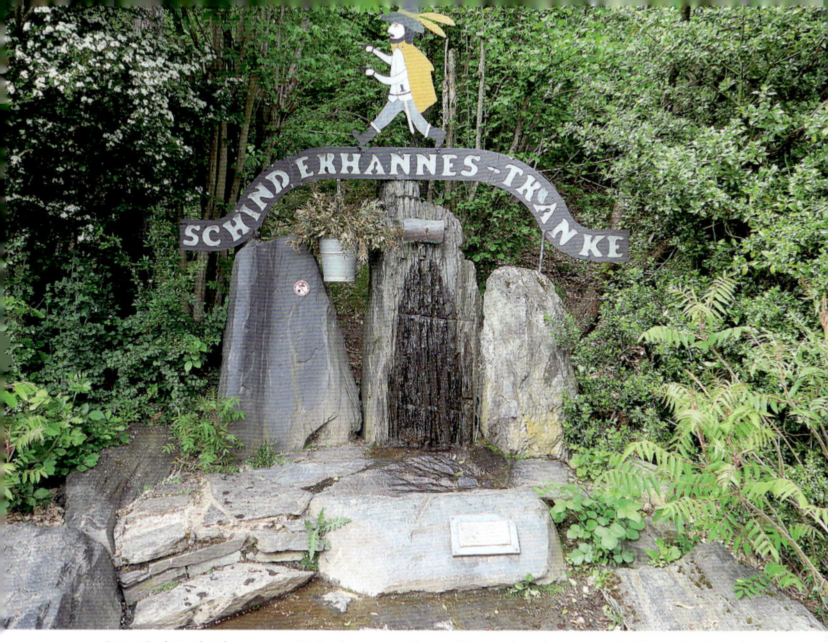

Die Schinderhannes-Tränke vor dem Besucherbergwerk Bundenbach

⌘ Das **Schieferbergwerk Herrenberg** veranschaulicht in zahlreichen in den Fels getriebenen Stollen die früheren Arbeitsbedingungen beim Abbau des „grauen Goldes". Am Eingang des Stollens zeigt ein Museum Fossilienfunde. Ein Teil des alten Bergwerks dient als Therapiestollen – wegen der staubfreien Luft mit 90 % Feuchtigkeit und konstanten Temperatur von 8 °C ideal für Allergiker und Asthmatiker.

♦ www.bundenbach.de, Anfang April bis Ende Oktober täglich 11:00 bis 16:00, Führungen 11:30 und 14:00, Bergwerk € 4,50, Gesamtkarte für Bergwerk, Museum und Keltensiedlung € 9

✕ Bergmannsschänke am Eingang zum Schieferbergwerk Herrenberg, mit schönem Blick auf das Hahnenbachtal,
Anfang April bis Ende Oktober täglich 11:00 bis 16:00

200 m hinter dem Bergwerk lohnt sich nach rechts ein kurzer Abstecher (➲ 50 m) zur keltischen Altburg mit tollem Blick auf das Hahnenbachtal.

♜ Die oberhalb des Hahnenbachtals auf einem Plateau liegende **keltische Altburg** geht auf die Eisenzeit zurück (1. Bis 4. Jh. v. Chr.). Anhand von 2.500 registrierten Bodenvertiefungen konnte die Siedlung teilweise rekonstruiert werden, die einst erst durch einen Palisadenzaun und später einen 80 m langen und bis zu 7 m hohen Wall geschützt wurde.

⌘ Das Freilichtmuseum Altburg mit mehreren rekonstruierten strohgedeckten Wohnhäusern der Keltenzeit liegt hinter dem Palisadenzaum.

♦ 💻 www.bundenbach.de, 🚪 Anfang April bis Ende Oktober täglich 10:00 bis 16:00, Führung ab 6 Personen, € 9 pro Person

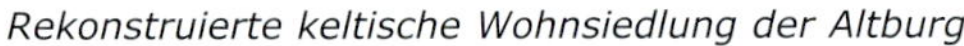

Rekonstruierte keltische Wohnsiedlung der Altburg

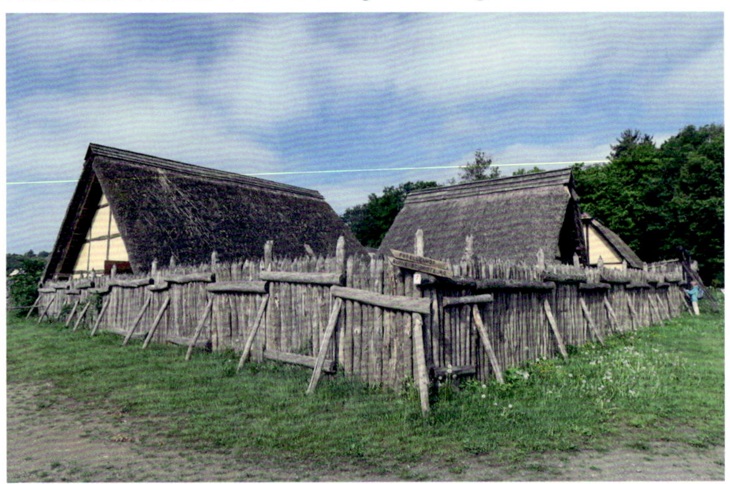

Der SHS führt zusammen mit der Traumschleife noch kurz durch den Wald mit einer ⛼ Rastgelegenheit, dann über eine freie Fläche und schließlich wieder in den Wald, wo sich ein Insektenhotel befindet (km 3,4, ⇧ 380 m).

Nach einem kurzen Abstieg durch den Wald erreichen Sie die Schieferhalde Sinsenbach ❸ (km 4,3, ⇧ 310 m), die ehemalige Abraumhalde eines Schieferbruchs, wo ⛼ Bänke zur Rast einladen. Hier verabschiedet sich die Traumschleife „Hahnenbach“ nach rechts, während Sie dem SHS links abwärts folgen. Sie laufen unterhalb der Halde an einer ⌂ Schutzhütte mit ⛼ Rastgelegenheit vorbei und weiter am Hang des Hahnenbachtals entlang, wo bald der Sirona-Weg nach rechts über den Bach abzweigt (km 5,8, ⇧ 290 m). Der SHS führt links aufwärts durch Wald und nach einer Serpentine und freien Fläche hinunter in das Tal des Idarbaches, vorbei an einem Rastplatz mit Hütte (km 7,9, ⇧ 310 m). Kurz darauf quert der SHS den Idarbach und eine Landstraße. Sie erreichen eine scharfe Linkskurve des SHS ❹ (km 9,3, ⇧ 330 m), wo der SHS in den Sirona-Weg mündet, der aus Hausen kommt.

Abstecher nach Hausen (➲ 1 km)

Wenn Sie dem Sirona-Weg geradeaus folgen, erreichen Sie nach 10 Min. das Dorf Hausen mit einer Einkehrgelegenheit.

Hausen

Gaststätte/Pension Zur Dorfschänke „Wildlife Hunsrück", Lückerbergweg 5, ☏ 065 44/92 33, www.zur-dorfschaenke-hunsrueck.de, ab € 28, tw. bio, Küche Mo bis Sa 18:00 bis 21:00, So 11:00 bis 21:00. Gasthaus mit 8 Betten an Dorfstraße in Ortsmitte

Ab der Abzweigung nach Hausen folgen Sie dem SHS und dem Sirona-Weg scharf links Richtung Rhaunen rechts oberhalb des Idarbaches – bis Rhaunen bleiben Sie auf derselben Trasse.

Kurz vor Rhaunen bieten sich vom bewaldeten Hang oberhalb des Idarbaches gelegentlich schöne Blicke hinunter nach Rhaunen.

50 m vor einer Rechtskurve mit einem besonders schönen Ausblick führt nach links ein erster Zubringerweg (die schönste und schnellste Variante in den Ort) hinunter nach Rhaunen ❺ (km 11, ⇧ 340 m).

Erster Zubringerweg nach Rhaunen (➲ 0,8 km)

Der links abzweigende erste Zubringerweg nach Rhaunen – mit der Markierung E3 – führt zunächst abwärts durch Wald und dann über den Mühlenweg und am Dorfbach entlang zur Ortsmitte.

Der SHS führt nach rechts oberhalb des Idarbaches rechts an Rhaunen vorbei und erreicht nördlich des Ortes vor dem Friedhof einen Parkplatz, das offizielle Etappenende.

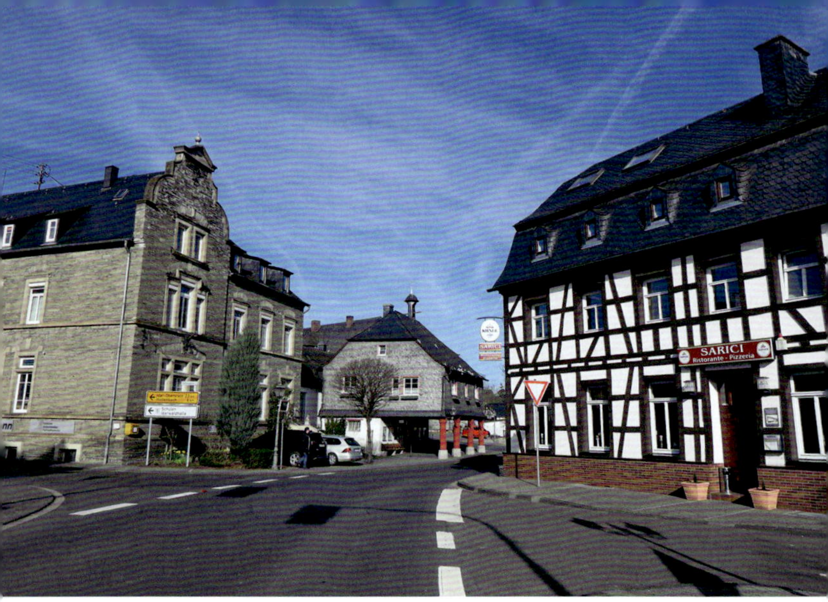

Säulengestütztes Rathaus und Fachwerk-Gasthaus in Rhaunen

↳ Nach Rhaunen gelangen Sie in knapp 5 Min. links entlang der Straße.

Rhaunen

i FeWo

i Tourist-Info Rhaunen, Zum Idar 23, 55624 Rhaunen, ☏ 065 44/181 30, www.vg-rhaunen.de, etwas chaotisch: Mo und Mi 8:30 bis 16:30, Di 8:30 bis 14:00, Do 8:30 bis 18:00, Fr 8:30 bis 12:00

Rhaunen hat leider keine Hotels oder größere Pensionen. Die nächstgelegenen Hotels liegen in Hausen (s. o.) und im 5 km nordwestlich gelegenen Laufersweiler, ☞ als Abstecher bei der 16. Etappe beschrieben (bei km 4,9).

B&B Irma's Pension, Im Näsbachtal 14, ☏ 065 44/82 45, irmaspension@aol.com, www.irmaspension.beepworld.de, ab € 30 p. P., ohne Frühstück. 2 FeWo und 3 DZ mit Garten im Süden von Rhaunen, 1,5 km vom SHS

♦ „Kunstwerkstatt", Hinter der Kirch 10, ☏ 065 44/10 23, kwik.jaenicke@t-online.de, Zimmer mit Doppelbett für € 35 p. P. zzgl. € 5 für vegetarisches Frühstück, € 10. 1,3 km vom SHS.

Goldener Anker, Am Wartenberg 11, ☏ 065 44/356, www.restaurantgoldeneranker.de, Küche Di bis So 11:30 bis 22:00. Restaurant mit Biergarten

Sarici Ristorante & Pizzeria, Otto-Conrad-Straße 1, 065 44/991 37 37, Di bis Sa 11:30 bis 14:30 und 16:30 bis 22:00, So 11:30 bis 22:00. Italiener in Fachwerk-Barockbau aus dem 18. Jh. in Ortsmitte mit Terrasse/Biergarten

Kebab Haus, Hauptstraße 33, täglich durchgehend ab 11:00

Supermärkte (Lidl, Edeka) an der Ausfallstraße nordwestlich von Rhaunen

Adler Apotheke, Hauptstraße 21, 065 44/230, www.adler-apotheke.info

Taxi Konrad, 065 43/988 20, www.taxi-konrad.de

(wenige) Busverbindungen ab „Rhaunen-Markt" Mo bis Fr mit den Linien 345 und 351 nach Idar-Oberstein und Linie 352 zum Flughafen Hahn via Laufersweiler und Kirn, www.rnn.info

Der Ortsname des Durchgangsortes Rhaunen tauchte bereits im 9. Jh. in einer Urkunde auf, aber die Region war schon lange Zeit vorher besiedelt, wie der steinzeitliche Rhauner Königstein am westlichen Ortsausgang beweist. Ungewöhnlich ist das Rathaus von 1723, dessen schieferverkleidetes Obergeschoss teilweise auf freien Eichensäulen ruht.

Traumschleife „STUMM-Orgel-Weg"

In Rhaunen startet der 10 km lange Traumschleifen-Rundweg „STUMM-Orgel-Weg", der an 15 Infotafeln sowie mehreren Kirchen mit Instrumenten der in der Region bekannten Orgelbauerfamilie vorbeiführt. QR-Codes am Weg verlinken auf dem Smartphone nicht nur zu weiteren Infos, sondern auch Orgel-Originaltönen.

16. Etappe: Rhaunen – Laufersweiler – Sohren

19,0 km, 5 Std. 30 Min., ↑ 375 m, ↓ 275 m, ⇧ 330-455 m

0,0 km	⇧ 340 m	Zubringerweg nach/von Rhaunen (0,6 km, FeWo)
1,7 km	⇧ 340 m	Weitersbacher Mühle Lorenz
3,5 km	⇧ 355 m	Gösenrother Fußmühle
4,9 km	⇧ 375 m	Abstecher nach Laufersweiler (1 km)
5,9 km	⇧ 415 m	Kappleifelsen
9,4 km	⇧ 405 m	Anfang Römerstraße
14,5 km	⇧ 360 m	Dill B&B
15,8 km	⇧ 400 m	rekonstruierter Römerturm
19,0 km	⇧ 440 m	Abstecher nach Sohren (1 km)

Zunächst wandern Sie durch das Tal des Idarbaches mit seinen vielen Mühlen und anschließend abwechselnd über Wiesen und durch Wald zum Dillerbachtal. Ab dem Dillerbach folgt der SHS Spuren der älteren Geschichte mit Rekonstruktionen einer alten Römerstraße und eines Römerturms sowie der jüngeren Geschichte entlang einer aufgegebenen Bahnstrecke. Schöne Blicke auf den Isarkopf begleiten Sie zuletzt zum Zielort Sohren. Diese Etappe folgt stellenweise der alten Römerstraße Ausoniusweg und den Traumschleifen „Kappleifelsentour" und „Via Molarum". Die größte Steigung erwartet Sie am Ende (🡅 90 m), der längste Abstieg kurz vor Dill (🡇 100 m).

Ab dem Parkplatz nördlich von Rhaunen folgen Sie dem SHS links unterhalb der Straße und dem Friedhof durch das Idarbachtal. Im Idarbachtal zeugen viele Mühlen von früherer Betriebsamkeit. Von den Mühlen ist die Weitersbacher Mühle Lorenz mit angeschlossenem Hofladen noch in Betrieb ❶ (km 1,7, ⇧ 340 m), heute wie früher (seit 150 Jahren) zum Mahlen von Getreide von Wasser betrieben. Davor wurde hier Eisen verhüttet sowie Holz gesägt.

Weitersbacher Getreidemühle mit Hofladen (u. a. Bioprodukte), der 2021 erweitert werden soll, betrieben von Familie Lorenz, www.muehle-lorenz.mengerschied.de, Mo, Di, Do, Fr 8:30 bis 12:00 und 14:00 bis 17:00, Sa 8:30 bis 12:00

Der SHS führt weiter durch das leicht ansteigende Tal, vorbei an der restaurierten Gösenrother Fußmühle mit Rastplatz ❷ (km 3,5, ⇧ 350 m).

Nach der Querung des Idarbaches gehen Sie über eine offene Fläche, halten sich dort rechts, vorbei an einer weiteren Rastgelegenheit, und queren erneut den Idarbach. Direkt danach stoßen Sie bei einer Kreuzung auf die Traumschleife „Kappleifelsentour" ❸ (km 4,9, ⇧ 375 m), der Sie links durch das Idarbachtal folgen. Geradeaus ist ein Abstecher nach Laufersweiler möglich.

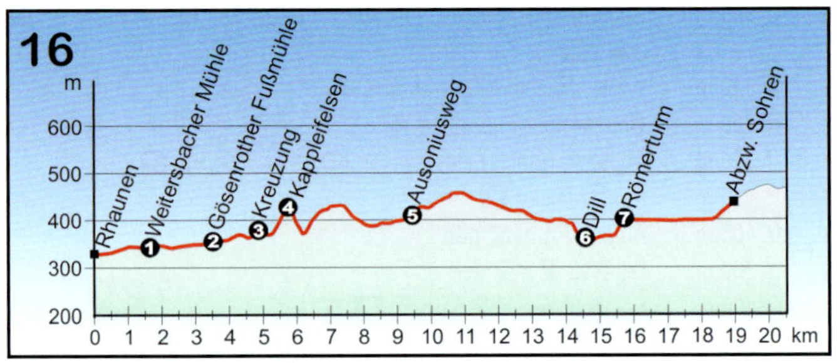

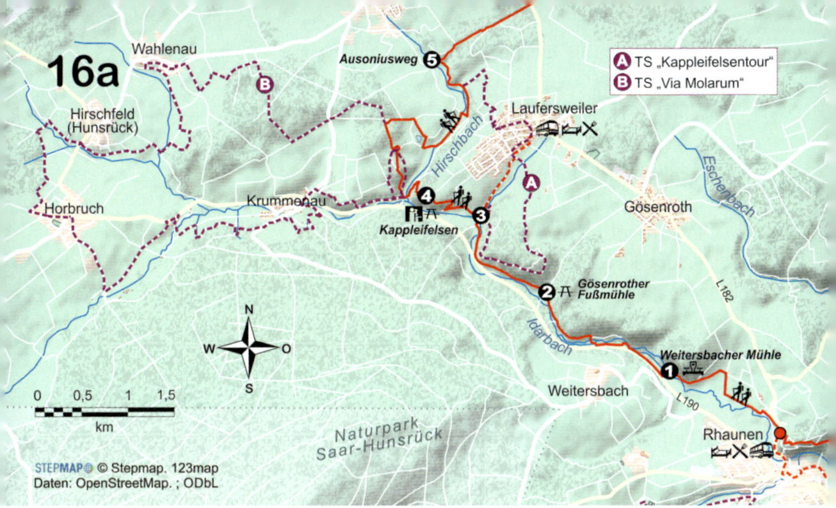

Abstecher nach Laufersweiler (➲ 1 km)

Wenn Sie bei der Kreuzung geradeaus gehen, erreichen Sie nach 1 km Laufersweiler mit Einkehr- und Übernachtungsgelegenheit, beide am Südrand des Dorfes.

Laufersweiler

Hotel Schatulle, Provinzialstraße 6, ☏ 065 43/98 03 19, www.hotel-schatulle.de, ab € 35, Küche Mi bis Mo 17:00 bis 23:00, So auch 12:00 bis 14:00, Di Ruhetag. Kleines Hotel mit 12 Betten (wd) im Südosten von Laufersweiler, 1,5 km vom SHS und 4 km vom Flughafen-Hahn

Gasthaus Zum Idartal, Unterdorf 35, ☏ 065 43/64 23, Mo, Di, Do, Fr 15:00 bis 0:00, Sa und So 10:00 bis 0:00. Freundliche, gediegene Lokalität mit Terrasse

(sehr wenige) Busverbindungen ab Laufersweiler Mo bis Fr mit der Linie 352 nach Kirn via Rhaunen sowie zum Flughafen Hahn, www.rnn.info

Traumschleife „Kappleifelsentour"

Der 9 km lange Traumschleifen-Rundweg „Kappleifelsentour" führt rund um Laufersweiler mit dem Höhepunkt Kappleifelsen und dabei rund 1 km entlang der Idar.

Nach kurzem Anstieg erreichen Sie den **Kappleifelsen** mit schöner Aussicht und Sinnesbank ❹ (km 5,9, ⇧ 415 m).

Weiter geht es abwärts in das Seitental des Hirschbaches, nach dessen Querung Sie dem SHS rechts aufwärts folgen – jetzt zusammen mit einer anderen Traumschleife, der „Via Molarum".

Traumschleife „Via Molarum"

Der 16 km lange Traumschleifen-Rundweg „Via Molarum" führt ab dem Kappleifelsen bis zur Kreuzung mit dem Ausoniusweg entlang des SHS. Dieser „Mühlenweg" verläuft u. a. durch die Krummenauer Wacholderheide und informiert auf 13 Tafeln über die römische Vergangenheit und Mühlen.

Nach rund 15 Min., 200 m nach Querung einer Stromleitung (km 7,2, ⇧ 430 m), zweigt der SHS zusammen mit der Traumschleife „Kappleifelsenweg" nach rechts ab, während die Via Molarum geradeaus weiterführt.

Der SHS führt Sie zunächst durch Nadelwald und später über offene Fläche und kurz darauf am Waldrand entlang in großem Bogen an die Trasse einer alten Römerstraße heran ❺ (km 9,4, ⇧ 405 m), heute als „Ausoniusweg" ein weiterer

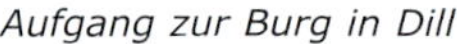

Aufgang zur Burg in Dill

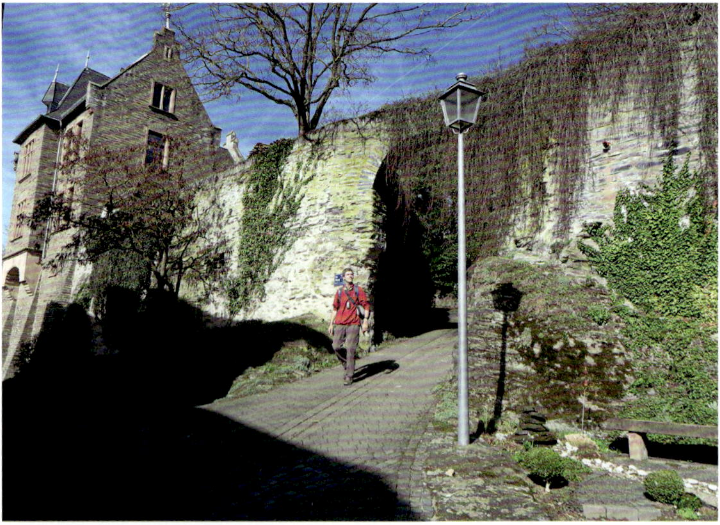

Fernwanderweg, dem Sie rechts folgen. Stellenweise sind die alten Pflastersteine aus römischer Zeit zu erkennen.

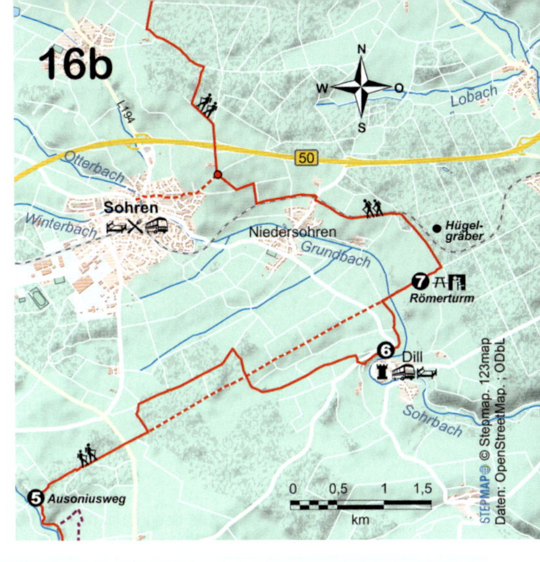

Ausoniusweg – Wandersteig und Römerstraße

Der 119 km lange Ausoniusweg folgt großteils der Römerstraße zwischen der alten römischen Festungsstadt Bingium/Bingen am Rhein und Trier, der einst größten römischen Stadt nördlich der Alpen. Wie die meisten Römerstraßen verlief diese ziemlich geradlinig mit einer Breite von bis zu 7 m und ist punktuell mit ihrem Steinbelag noch erkennbar. Benannt ist diese ehemalige Römerstraße nach dem römischen Dichter und Gelehrten Decimus Magnus Ausonius, der 368 n. Chr. durch den Hunsrück gereist war und wenige Jahre später seine Reiseeindrücke in einem Loblied auf die Mosel verarbeitete („Mosella"). Am Hunsrück hinterließ der Dichter kein gutes Haar: „einsam, unwegsam, dunkel" lauteten seine eher abwertenden Attribute.

Nach 1,5 km entfernt sich der SHS erst auf nördlicher, dann auf südlicher Seite vom Ausoniusweg und führt nördlich am Örtchen Dill mit alter Burgruine vorbei, das Sie an einem Abzweig ❻ (km 14,5, ⇧ 360 m) auf einem Abstecher erreichen können (➲ 0,1 km).

Dill

B&B 🚌 ♜ ✞

B&B Hering & Dill, Beckersacker 5, 🐕, 🚗, ab etwa € 60. Engagiert geführte Gästewohnung mit Anspielung auf den würzigen Ortsnamen, mit Küche, Frühstück gegen Aufpreis möglich, Buchung über 💻 www.booking.com 💻 www.bedandbreakfast.eu, südlich vom alten Dorf, 500 vom SHS

🚌 (sehr wenige) Busverbindungen ab der Haltestelle „Dill-Denkmalstraße" an Schultagen mit der Linie 664 nach Sohren/Kirchberg, 💻 www.rnn.info

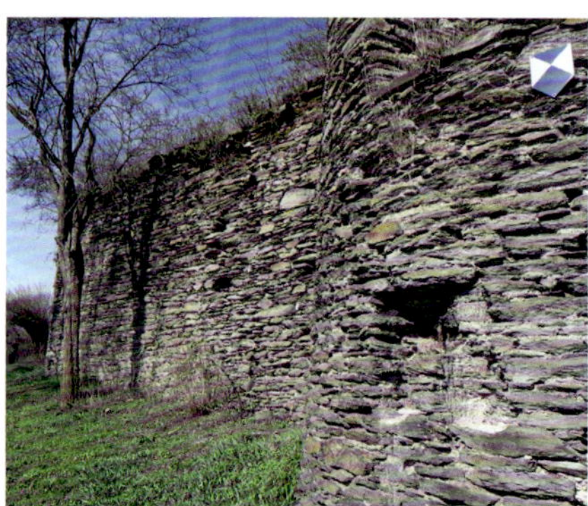

Die als Ruine erhaltene Burg Dill

Die heute nur noch als Ruine erhaltene Burg Dill wurde im 11. Jh. als eine der ältesten Burganlagen des Hunsrücks unter Adalbert von Dill Graf von Mörsberg vermutlich auf den Resten einer römischen oder keltischen Vorgängerburg errichtet und um 1698 von Franzosen im Pfälzischen Erbfolgekrieg zerstört. Steine der Burg wurden vor allem im 19. Jh. als Baumaterial im Dorf Dill genutzt, also „recycelt".

Die in Privatbesitz befindliche Burg kann nur an 1 bis 2 Terminen im Jahr besichtigt werden, ☏ 067 63/13 39.

✝ Die protestantische Dorfkirche wurde 1701 an Stelle der alten Burgkapelle erbaut.

Abkürzung Ausoniusweg (➲ 3,4 km statt 4,9 km bis zum Römerturm)

Die Schlenker des SHS lassen sich vermeiden und damit 1,5 km einsparen, indem Sie der Römerstraße Ausoniusweg geradeaus folgen (ohne Dill). 500 m vor dem Römerturm treffen beide Optionen wieder zusammen.

Knapp 10 Min. nach dem Dorf Dill trifft der SHS wieder auf den Ausoniusweg und folgt ihm nach rechts. Nach 150 m geht es links auf altem gepflastertem Weg zwischen Bäumen entlang – die Pflastersteine sind nicht original römisch, wohl aber der Wegverlauf. Nach 5 Min. passieren Sie einen rekonstruierten gemauerten **Römerturm** ❼ (km 15,8, ⇧ 400 m), der hier mit seinen 9 m Höhe allerdings nie gestanden hat, sondern als Aussichtspunkt nach dem Vorbild der Wachtürme am Limes erbaut wurde – und zwar 1985 von Arbeitslosen im Rahmen einer Arbeitsbeschaffungsmaßnahme.

Der frei zugängliche Römerturm bietet einen guten Blick hinüber zum Idarkopf sowie den Flughafen Hahn. Es gibt eine Rastgelegenheit beim Römerturm sowie eine Schutzhütte 200 m danach.

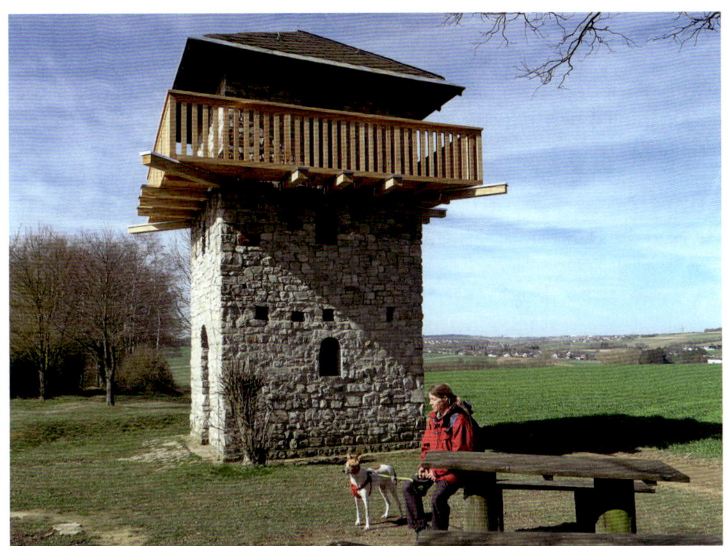

Rekonstruierter Römerturm am Ausoniusweg

200 m nach dem Römerturm folgen Sie bei der Schutzhütte dem SHS nach links am Waldrand entlang. Rechts im Wald liegen einige alte Hügelgräber.

Nach 10 Min. knickt der SHS links ab und führt weiter über freie Fläche links neben den Gleisen der um 1980 stillgelegten Hunsrückquerbahn entlang.

Hunsrückquerbahn – mit der Bahn zum Flugplatz Hahn?

Die Hunsrückquerbahn verband auf einer 110 km langen Strecke ab etwa 1900 Langenlonsheim im Nahetal mit Hermeskeil und wurde in Etappen um 1980 stillgelegt. Seit 2003 wird über die Wiederbelebung der maroden Strecke diskutiert. Geplant ist die Wiedereröffnung der Strecke vom Nahetal über Sohren zum Flughafen Hahn, um den Flughafen so an das Bahnnetz anzubinden. Nicht zuletzt aufgrund der hohen Kosten für die Streckensanierung (2010 geschätzt auf 130 Mio.) und entsprechender Bedenken u. a. des Steuerzahlerbundes dürfte das aber noch eine Weile dauern ...

Kurz vor Querung der Bundesstraße endet diese Etappe; nach links führt ein Zubringerweg in 10 Min. nach Sohren.

Abstecher nach Sohren (1 km)

Links führt der Zubringerweg nach Sohren: Nach 5 Min. erreichen Sie den Ortsanfang. Weiter geht es rechts auf die Erlenstraße und nach 100 m geradeaus in die Kirchstraße zur Dorfmitte mit Übernachtungs-, Einkehr- und Einkaufsgelegenheiten.

Sohren

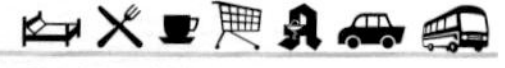

Hotel-Restaurant zum Felsenkeller, Hauptstraße 29, ☏ 065 43/22 60, m.klein@hotel-zum-felsenkeller.de, www.hotel-zum-felsenkeller.de, ab € 40, , tw. bio, Küche Fr bis Mi 17:30 bis 21:30, So auch 12:00 bis 13:30. Kleines 3-Sterne-Hotel (wd) mit 18 Betten, Küche mit regionalen Produkten, 1,1 km vom SHS

♦ Hotel-Pizzeria Venezia, Niedersohrener Str. 14, ☏ 065 43/988 80, www.hotel-pizzeria-venezia.de, DZ ab € 36 p. P, Restaurant/Pizzeria zur Sommerzeit täglich außer Di ab 18:00 bzw. So schon ab 17:00, zur Winterzeit täglich außer Di ab 17:30. Kleines Hotel der Familie Dupré mit 15 Zimmern und italienischer Küche, 900 vom SHS

Hotel Schinderhannes, Schlossstraße 3, ☏ 065 43/20 18, www.hotel-schinderhannes.de, ab € 45, , Rezeption 7:00 bis 18:30. 3-Sterne-Hotel (wd) mit 50 Betten in 3 Gebäuden im Norden von Sohren, 800 m vom SHS und 400 m von der Autobahn

♦ Hotel Garni Viktoria, Hauptstraße 44, ☏ 065 43/20 63, www.hotel-garni-viktoria.de, ab € 30, einfache, günstige Unterkunft im Zentrum, 1,1 km vom SHS

Dilan, Hauptstraße 15, ☏ 065 43/50 04 46, www.dilan-sohren.de, täglich außer Mo ab 11:00. Nach Eigenwerbung der beste Döner im Hunsrück

♦ Bistro Altes Kino, Hauptstraße 55, täglich außer Mo ab 15:00 oder 16:00

Bäckerei-Café Wald, Hauptstraße 7, Mo, Di, Do und Fr 6:00 bis 20:00, Sa 6:00 bis 13:00 und So 7:00 bis 13:00

Supermarkt Norma im Norden und Netto im Südwesten von Sohren sowie kleiner Lebensmittelmarkt im Zentrum

Neue Apotheke Sohren, Hauptstraße 16, ☏ 065 43/81 84 10, www.neue-apotheke-sohren.de

Taxi Konrad, ☏ 065 43/988 20, www.taxi-konrad.de

Buslinie 660 ab Haltestelle „Sohren-Denkmal" von/nach Frankfurt-Hahn und Simmern, tagsüber Mo bis Fr stündlich, Sa und So alle 2 Std. www.rnn.info

Sohren profitiert mit seinen für die Ortsgröße (3.200 Einwohner) relativ vielen Einkehr- und Übernachtungsmöglichkeiten von der Nähe zum Flughafen Hahn. Das Gewerbegebiet südwestlich von Sohren besteht großteils aus Parkplätzen für Fluggäste.

17. Etappe: Sohren – Hahn – Altlay

10,6 km, 3 Std. 30 Min., ↑ 170 m, ↓ 260 m, ⇧ 320-490 m

0,0 km	⇧ 440 m	Abstecher nach Sohren (1 km)
2,6 km	⇧ 450 m	geografischen Mittelpunkt von Rheinland-Pfalz
6,0 km	⇧ 485 m	Einflugschneise Flughafen Hahn
7,1 km	⇧ 445 m	Abstecher zum Dorf Hahn mit Simultankirche (0,5 km)
10,6 km	⇧ 350 m	Abstecher nach Altlay (0,5 km, FeWo)

Diese Etappe bietet neben dem geografischen Mittelpunkt von Rheinland-Pfalz mehrere Aussichtspunkte, etwa auf den Idarkopf oder zum Flugzeugspotting auf den Hunsrück-Flughafen Hahn, den Sie nördlich umgehen. In Hahn erreichen Sie mit der Simultankirche ein kurioses Gotteshaus, das sowohl von Protestanten als auch Katholiken genutzt wird. Kurz vor Altlay passieren Sie mehrere alte Schiefersteinbrüche. Die größte – eher mäßige – Steigung erwartet Sie zu Beginn (↑ 35 m), der längste Abstieg nach der Einflugschneise zum Flughafen (↓ 120 m).

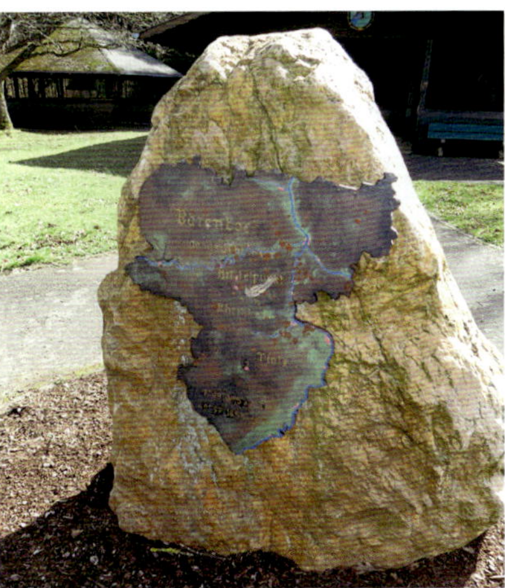

Geografischer Mittelpunkt von Rheinland-Pfalz

Nordöstlich von Sohren folgen Sie dem SHS über die Bundesstraße, kurz danach leicht links am Waldrand entlang und schließlich durch den Wald mit einem alten jüdischen Friedhof. 20 Min. nach der Querung der Bundesstraße passieren Sie ein Schützenhaus mit Rastgelegenheit ❶ (km 1,9, ⇧ 465 m) sowie links einer Abzweigungsmöglichkeit nach Bärenbach (➲ 0,5 km). Sie folgen dem SHS geradeaus und nach 100 m rechts, rechts am Waldrand entlang bzw. rechts am Dorf Bärenbach vorbei. Bei einer Kreuzung erreichen Sie den geografischen Mittelpunkt von Rheinland-Pfalz mit überdachter Rastmöglichkeit, markiert mit einem Stein ❷ (km 2,6, ⇧ 450 m).

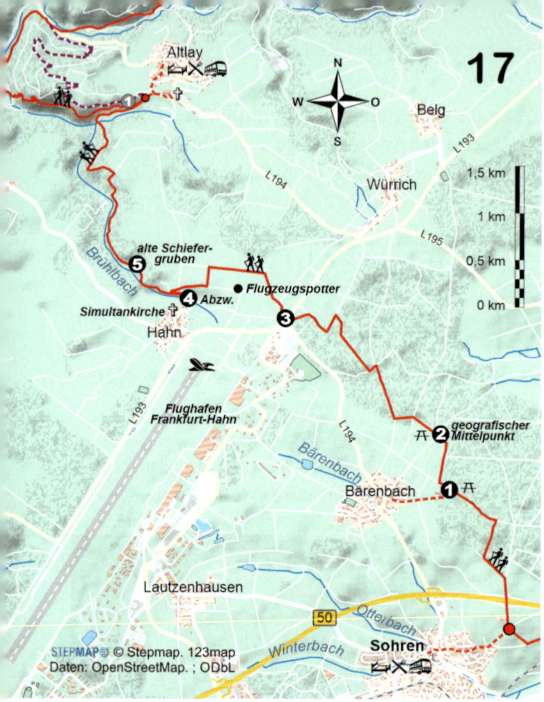

Weiter geht es kurz am Waldrand entlang und dann durch den Wald mit mehreren Abzweigungen und über die Landstraße ❸ (km 5,3, ⇧ 495 m). An tieffliegenden Flugzeugen ist zu erkennen, dass Sie sich dem **Flughafen Hahn** nähern, ehe Sie direkt unter der Einflugschneise hindurchwandern – links liegt ein bei Flugzeugspottern beliebter Punkt (km 6, ⇧ 485 m).

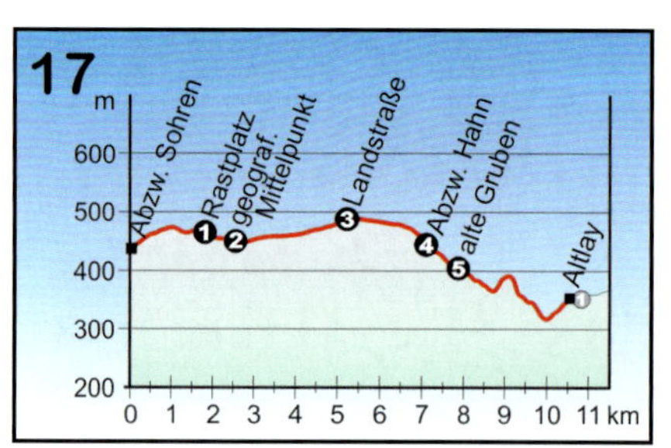

Hahn – vom britischen Militärflughafen zum Drehkreuz des irischen Billigfliegers und Frachtflugzentrum

Der ehemalige US-Luftwaffenstützpunkt Hahn mit einstmals 14.000 stationierten US-Soldaten wird seit 1993 als Passagier- und Frachtflughafen genutzt. Seit 1999 entwickelte sich der Flughafen Hahn zum deutschen Drehkreuz des rapide wachsenden irischen Billigfliegers Ryanair, der Hahn frech als „Frankfurt-Hahn" titulierte, obwohl Hahn im Hunsrück rund 125 km von der Mainmetropole entfernt ist. Die gerichtlich von der Lufthansa vorgetragene Forderung, auf den Zusatz „Frankfurt" zu verzichten, teilten Richter nicht. Dazu die englischsprachige Wikipedia-Seite: „Despite the name, the airport (Hahn) is about equidistant between Frankfurt and Luxembourg". Der Flughafen nennt sich also weiterhin – mittlerweile in moderner Kleinschreibung – „frankfurt hahn airport".

Einflugschneise des Flughafens Hahn

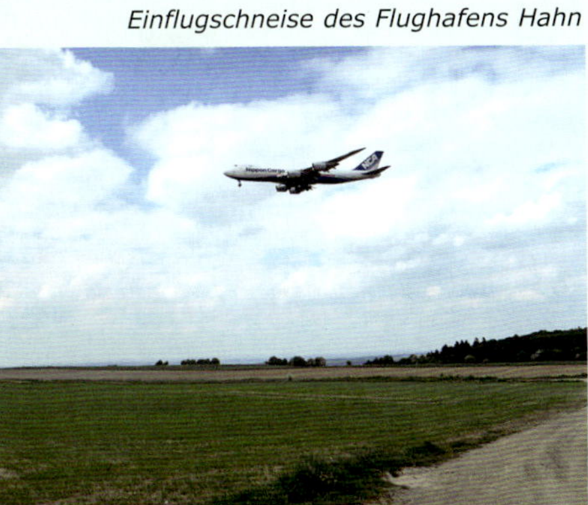

Die Boomzeiten im Personenflugverkehr sind vorbei, seit Ryanair zunehmend etablierte Flughäfen in Stadtnähe ansteuert und jahrelang Flugzeuge vom Hunsrück abzog und weitere Billigflieger gleichzeitig viele Flüge strichen. Vom Maximum mit mehr als 4 Mio. jährlichen Fluggästen im Jahr 2007 sank die Zahl auf heute rund 2 Mio.: Dafür nahmen (US-)Truppentransporte, also der militärische Bereich, wieder zu. Hahn ist zudem derzeit der sechstgrößte Frachtflughafen Deutschlands mit vielen Verbindungen nach Fernost.

Nach langen Diskussionen und Streitigkeiten verkaufte das Land Rheinland-Pfalz seine (mehrheitlichen) Anteile am Flughafen 2017 an die chinesische HNA Group – nicht ohne die Zusage, bis 2024 rund bis zu € 75 Mio. direkt und indirekt in den Flughafen zu stecken. So gesehen ein echtes Schnäppchen für die Chinesen ...

Kurz nach der Einflugschneise wandern Sie wieder in Wald, oberhalb des Dorfes **Hahn** mit seiner bekannten Simultankirche (km 7,1, ⇧ 445 m), ↳ in das Sie vom SHS in der scharfen Rechtskurve nach links abzweigen können (➲ 0,5 km)

✞ Die **Simultankirche St. Antonius** ist eine von 64 Simultankirchen Deutschlands, in denen gleichermaßen katholische und protestantische Gottesdienste abgehalten werden.

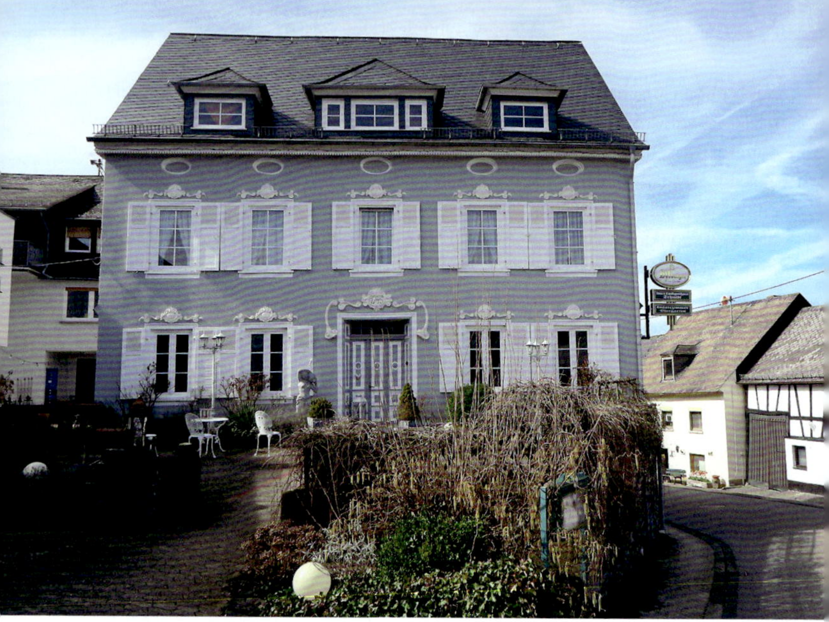

(Ehemaliger) Landgasthof in Altlay

Zum Zielort Altlay wandern Sie in vielen Schleifen nordwärts durch Wald, überwiegend abwärts am Hang eines Baches entlang. Unterwegs passieren Sie mehrere ehemalige Schiefersteinbrüche ❺ (ab km 7,8, ⇧ 410 m) sowie Infotafeln des Schiefergrubenweges, der Sie zwischenzeitlich begleitet. Die Etappe endet oberhalb vom Dorf Altlay.

Abstecher nach Altlay (➲ 0,5 km)

Nach Altlay gehen Sie geradeaus weiter. Nach 100 m geht es am Ende des Waldes zum Hotel Zur Morschbach nach rechts (➲ 0,2 km) und zur Ortsmitte mit dem Gasthaus Schmidt geradeaus auf der kleinen Straße (Kuhdrift).

Altlay

FeWo

Historisches Gasthaus Schmidt, Hauptstr. 20, www.mueller-altlay.de. Die auf der Website angegebenen Kontakte waren Mitte 2019 nicht erreichbar bzw. reagierten nicht. Dieses traditionsreiche Gasthaus in der Ortsmitte wurde 2019 umgebaut und soll Ende 2019 neu eröffnet werden mit. Weitere Infos wie Preise oder Öffnungszeiten waren (auf vielfache Anfragen hin) bei Redaktionsschluss nicht erhältlich.

Hotel-Restaurant Zur Morschbach, Hauptstr. 74, ☏ 065 43/81 83 40, hotel@morschbach.de, www.morschbach.de, ab € 39, Restaurant Mo-Mi und Fr ab 17:00, Sa und So ab 10:00 (Küche 12:00 bis 14:00 und 18:00 bis 21:00), in Wintermonaten tw. geschlossen. 3-Sterne-Haus am Südrand von Altlay, 200 m vom SHS, vor allem von Transitreisenden des Flughafens genutzt

FeWo Bleesmühle, Bleesmühle 1, ☏ 065 43/97 55, www.bleesmuehle.de, € 41 pro Nacht zzgl. € 26 Endreinigung. FeWo in historischem Backhaus aus Fachwerk, nördlich unterhalb von Altlay, etwa 1 km von der Ortsmitte und 200 m vom SHS bei Etappe 19

(sehr wenige) Busverbindungen mit den Linien 321, 669, 723 von/nach Sohren/Trarbach/Zell, www.rnn.info

Der Ortsname verrät die Vergangenheit: „Lay(en)“ steht für Schieferplatten, die in dem Bachtal früher abgebaut wurden. Spuren alter Schieferstollen und Erzgruben sind rund um den Ort zu finden.

18. Etappe: Altlay – Schauren – Blankenrath

16,9 km, 5 Std. 30 Min., ↑ 550 m, ↓ 515 m, ⇧ 215-470 m

0,0 km	⇧ 350 m	Abstecher nach Altlay (0,5 km, FeWo)
1,3 km	⇧ 380 m	Aussicht Altlayer Schweiz
5,4 km	⇧ 315 m	Wallfahrtskapelle Peterswald
16,0 km	⇧ 415 m	Marienkapelle Lourdesgrotte
16,9 km	⇧ 400 m	Blankenrath FeWo

Zunächst umgehen Sie den Ort Altlay auf einer Schleife durch die von Wald, idyllischen Bachtälern und Schieferfelsen geprägte Altlayer Schweiz, ehe Sie dem kurvenreichen SHS Richtung Peterswald an dem Ort Schauren vorbei und zuletzt durch offene Landschaft zum Zielort Blankenrath folgen und dabei weitere Bachtäler passieren. Diese Etappe folgt anfangs der Traumschleife „Altlayer Schweiz“. Die größte Steigung erwartet Sie kurz vor Schauren (↑ 230 m), der längste Abstieg östlich von Peterswald (↓ 180 m).

Der SHS startet südlich von Altlay und macht anfangs eine große – landschaftlich schöne – Westschleife um den Ort, zusammen (auf den ersten 3,2 km) mit der Traumschleife „Altlayer Schweiz“.

↳ Traumschleife „Altlayer Schweiz“

Der 7 km lange Traumschleifen-Rundweg „Altlayer Schweiz“ führt westlich von Altlay durch die von Schieferabbau geprägte Landschaft mit schroffen Felsen und einsamen Bachtälern.

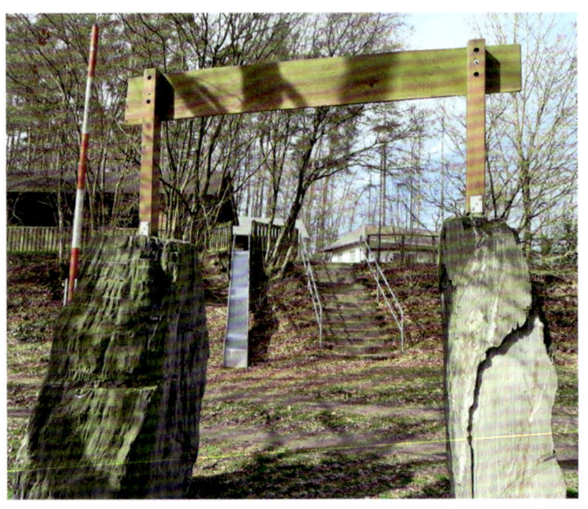

Beginn/Ende der Traumschleife – Wanderportal Altlay

Sie wandern an einem ehemaligen Luftschutzkeller im Felsen vorbei ❶ (km 0,1, ⇧ 360 m), in dem nach dem Zweiten Weltkrieg Sprengstoff für Schiefersteinbrüche gelagert wurde – bis zuletzt 1990. 250 m nach einer Bank wird der Weg deutlich schmaler, ehe Sie einen schönen Aussichtspunkt erreichen ❷ (km 1,3, ⇧ 380 m) und kurz darauf dem SHS in Serpentinen abwärts in das Tal des Hitzelbaches folgen. Nach einem schönen Abschnitt entlang des rauschenden Baches queren Sie eine Straße und kurz darauf den Bach, jetzt Altlayer Bach ❸ (km 3,5, ⇧ 215 m), um sich nach einer Kläranlage links zu halten und wieder aufwärtszugehen, ehe es wieder leicht abwärtsgeht. Sie erreichen einen asphaltierten Weg (km 4,3, ⇧ 240 m) und verlassen diesen gleich wieder auf dem SHS nach

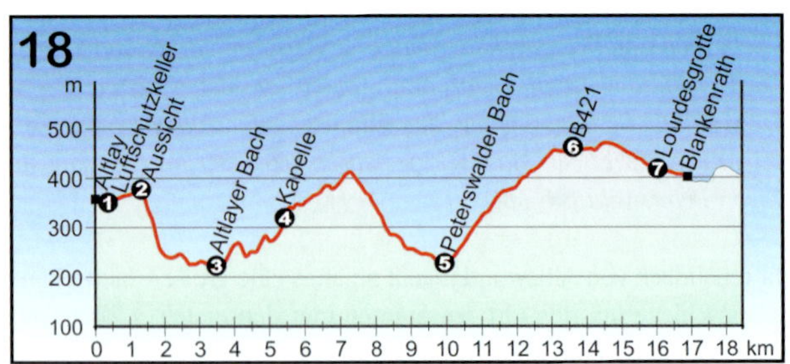

links – ↳ die asphaltierte Straße führt nach 200 m geradeaus zu der Ferienwohnung Bleesmühle (☞ Etappe 18, Altlay). Weiter geht es leicht aufwärts weiterhin an der linken Seite des Altlayer Baches.

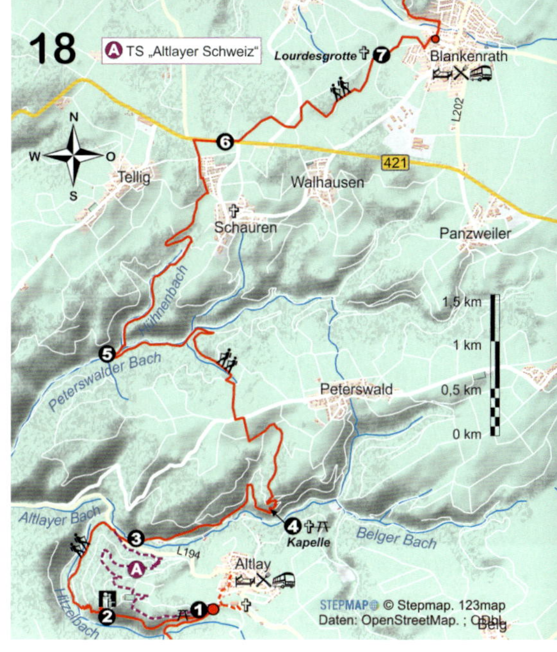

✋ 400 m nach der Bachquerung nehmen Sie den links unvermittelt auftauchenden Pfad und erreichen schon nach wenigen Minuten Anstieg eine kleine **Kapelle** ❹ (km 5,4, ⇧ 315 m).

✝ ⛩ Die Wallfahrtskapelle Peterswald mit ihrem barocken Marienaltar ist Ziel von Prozessionen am 1. Mai und Christi Himmelfahrt. Ideal für eine Rast.

Der SHS führt nordwärts hinauf, zunächst durch Wald, dann über freie Fläche links (westlich) am Dorf Peterswald vorbei. Nach mehreren Abzweigungen queren Sie am höchsten Punkt dieser Hochfläche eine Landstraße (km 7,3, ⇧ 410 m) und tauchen nach 5 Min. in Wald ein. Sie laufen abwärts zu einem idyllischen Bachtal, dessen Felsen an den früheren Schieferabbau erinnern. Vom Rauschen des Peterswalder Baches begleitet führt der SHS durch ein uriges Tal, das Sie nach einer scharfen Rechtskurve und kurz darauf zwei Bachquerungen – zuerst über den Peterswalder Bach ❺ (km 9,9, ⇧ 230 m), dann den Hühnerbach – mit einem Anstieg durch Wald Richtung Schauren wieder verlassen.

Der längste Anstieg dieser Etappe führt durch Wald und westlich an Schauren vorbei. Nördlich von Schauren queren Sie die Bundesstraße ❻ (km 13,8, ⇧ 460 m) und wandern mit einigen Schlenkern über eine Hochfläche mit Windrädern, ehe Sie am Waldrand auf das Etappenziel Blankenrath zugehen. Sie kommen an der **Lourdesgrotte** vorbei ❼ (km 16, ⇧ 415 m).

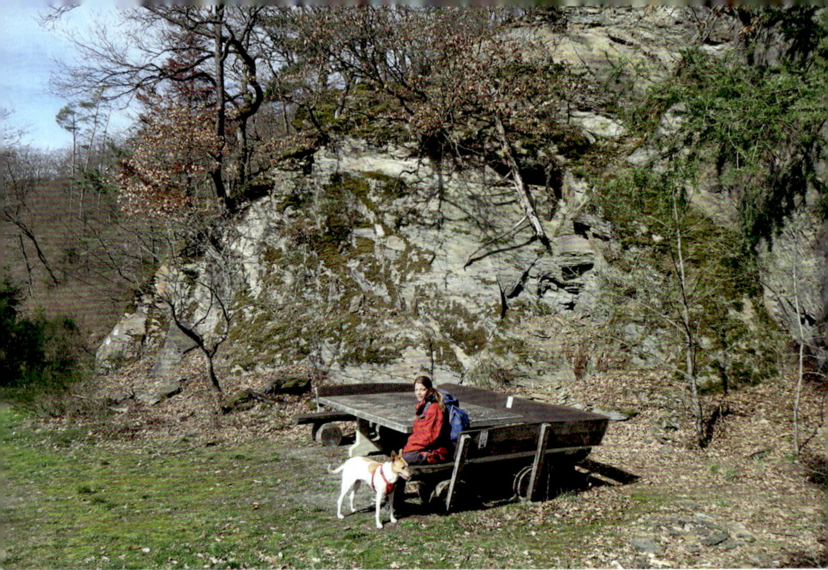

Rastplatz in der Altlayer Schweiz

✝ Die 1974 mit einer Lichterprozession eingeweihte Marienkapelle Lourdesgrotte ist alljährlich Ziel von Fronleichnamsprozessionen.

Von der Kapelle folgen Sie dem Asphaltweg links abwärts, einem Kreuzweg mit Basaltsäulen bzw. Bronzetafeln als Stationen. Im Ort Blankenrath führt der SHS über die Straßen Schulstraße, Im Herrengarten und Hesweiler Straße bis kurz vor die Ortsmitte.

Blankenrath

FeWo

Gasthaus Stein, Hunsrückstraße 18, ☏ 065 45/289, www.gasthaus-stein.de, ab etwa € 45, Mi bis Sa 17:30 bis 23:00, So 11:00 bis 14:00 und 17:30 bis 23:00. Gasthaus in renoviertem Fachwerkgebäude mit kleinem Biergarten, 200 m vom SHS

♦ Gasthof Gräff-Oster, Flaumbachstraße 2, ☏ 065 45/305, www.gasthaus-graeff.de, ab € 43, Restaurant Mo bis Do außer Mi 11:00 bis 13:30 und 16:30-22:00, Fr bis So durchgehend ab 11:00. Gasthof mit Biergarten, 200 m vom SHS

FeWo Lindenhof Hahn, Lindenhof, ☏ 07 11/677 16 31, www.lindenhof-hahn.de, ab € 75 für 2 Personen. Ferienwohnungen auf Hof südlich von Blankenrath, mit Hofladen, 800 m vom SHS

FeWo Wendling, Schwalenhof, ☏ 065 45/13 55, 💻 www.fewo-wendling.de, FeWo und Gästezimmer-Apartment, FeWo für 2 Pers. ab € 52, DZ ab € 26 p. P., 600 m vom SHS

☕ Bäckerei-Café Becker + Reis, Walhausener Str. 1, 💻 www.becker-reis.de, 🚪 Mo und Sa 6:00 bis 14:00, Di bis Fr 6:00 bis 18:00, So 7:30 bis 11:00. Café nahe dem Marktplatz

🛒 Edeka, Hunsrückstraße 23, im Zentrum

⚕ Kirchspiel-Apotheke, Hunsrückstraße 34, ☏ 065 45/337, 💻 www.kirchspielapo.de

🚌 Busverbindungen, u. a. mit Linie 750, tagsüber alle 2 Stunden Richtung Flughafen Hahn und Bullay/Cochem, Linie 634 Mo bis Fr mit wenigen Abfahrten nach Kastellaun, 💻 www.vrminfo.de

19. Etappe: Blankenrath – Mittelstrimmig – Mörsdorf

➲ 13,3 km, ⌛ 4 Std. 30 Min., ↑ 315 m, ↓ 460 m, ⇧ 200-425 m

0,0 km	⇧ 400 m	Blankenrath 🛏 FeWo ✕ ☕ 🛒 ⚕ 🚌
5,4 km	⇧ 400 m	Abstecher zum Gasthaus Zur Buche (➲ 0,2 km, 🛏 ✕)
6,5 km	⇧ 405 m	Abstecher nach Liesenich (➲ 1,7 km, 🛏 ✕ 🚌)
7,7 km	⇧ 370 m	Abstecher nach Mittelstrimmig (➲ 1 km, FeWo ☕ ✉ ⚕ 🚌 ⌘)
13,3 km	⇧ 245 m	Abstecher nach Mörsdorf (➲ 1,7 km, 🛏 B&B ✕ ☕ 🚌), ggf. kombiniert mit Geierlay-Hängebrücke

Auch diese Etappe ist geprägt von viel Wald und mehreren Bachtälern: Ab Mittelstrimmig mit seiner Kapelle wandern Sie entlang des Bildbaches und entlang des Mörsdorfer Baches, wo Sie den Zubringerweg zum Zielort kurz vor der Geierlay-Hängebrücke erreichen. Diese Etappe folgt von Mittelstrimmig bis zum Mörsdorfer Bach der Traumschleife „Layensteig Strimmiger Berg“. Die größte Steigung erwartet Sie nach 2,5 km nördlich von Blankenrath (↑ 85 m), der längste Abstieg nach Mittelstrimmig (↓ 200 m).

In Blankenrath queren Sie den Flaumbach und folgen dem Mühlenweg links, um nach 5 Min. am Ortsende rechts durch Wald aufzusteigen, ehe es wieder in das Flaumbachtal hinuntergeht. Dort halten Sie sich rechts und passieren die restaurierte Hanosiusmühle, heute eine Klinik zur Kurzzeitbehandlung Drogenabhängiger

❶ (km 2,3, ⇧ 340 m). Danach folgen Sie dem SHS wieder aufwärts durch Wald und auf der folgenden Hochfläche am Waldrand entlang. Dort nehmen Sie 5 Min. nach einer Straßenquerung den nach rechts führenden Forstweg (km 4,2, ⇧ 415 m) und steigen kurz darauf in das Tal des Raimundsbaches ab, queren diesen und steigen wieder auf.

Bei einer Kreuzung nach einem Abschnitt entlang an Waldrand und 150 m vor einer Straße folgen Sie dem SHS nach links ❷ (km 5,4, ⇧ 400 m). In diesem Bereich wurde eine römische Festung ausgegraben.

Abstecher zum Gasthaus Zur Buche (➲ 0,2 km)

Wenn Sie bei der Kreuzung nach dem Waldrand geradeaus zur Straße gehen, erreichen Sie auf der anderen Straßenseite eine Übernachtungs- und Einkehrgelegenheit.

Gasthaus Zur Buche, ☏ 065 45/247, Buchung über Portale wie www.booking.com, Ü/F im DZ ab etwa € 43 p. P., Di bis So 9:30 bis 23:00. Lokal mit 10 Zimmern und netter Terrasse

Bei einem Rastplatz informieren Tafeln über die Römerfestung (km 6,4, ⇧ 400 m).

Sie gehen ein kurzes Stück entlang der kleinen Straße und verlassen diese nach 150 m nach rechts. Nach 100 m ist ein Abstecher nach Liesenich mit Übernachtungs- und Einkehrgelegenheiten möglich.

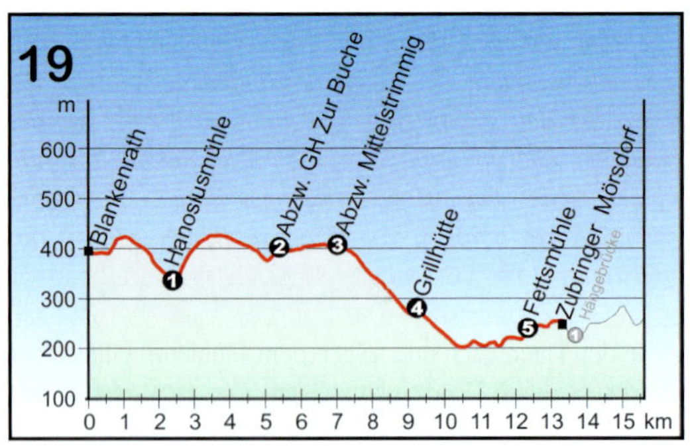

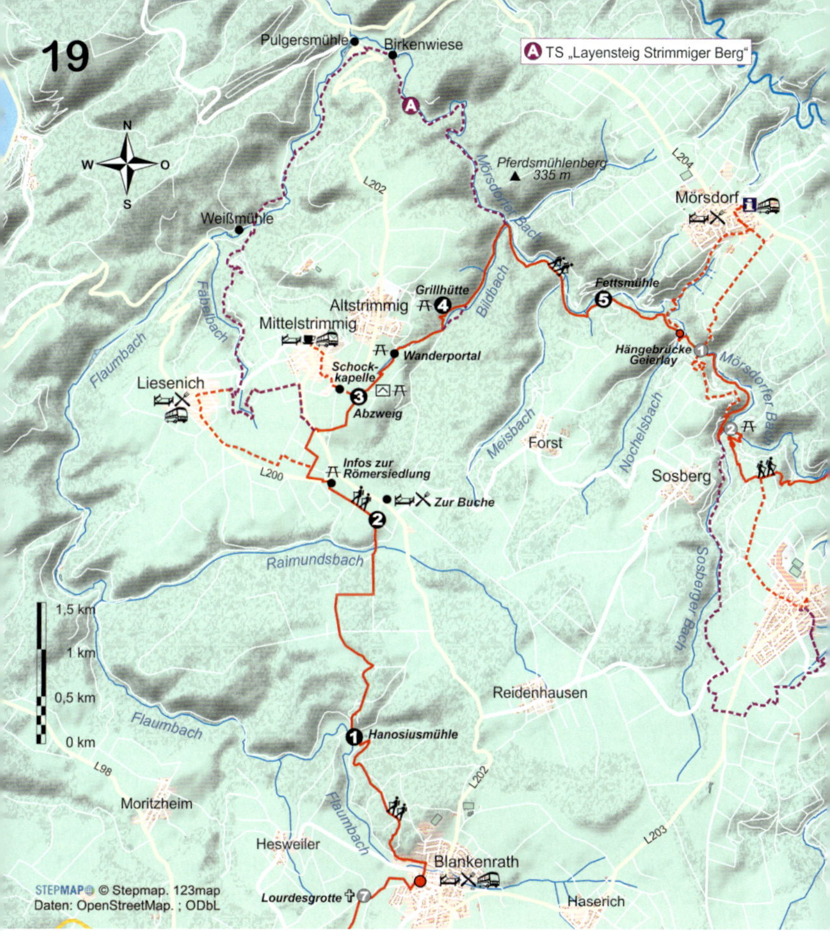

↬ Abstecher nach Liesenich (➲ 1,7 km)

Sie folgen dem links abzweigenden Zubringerweg Richtung Liesenich, gehen am Wegende links und kurz darauf rechts auf den Ort zu. Nahe einer Kapelle (links von der Straße) erreichen Sie die Hauptstraße und folgen ihr geradeaus in den Ort hinein, wo es Einkehr- und Übernachtungsgelegenheiten gibt, beide an der Hauptstraße.

Liesenich 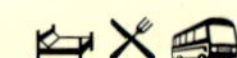

Landgasthaus Moselhöhe, Hauptstr. 30, ☎ 065 45/18 43, www.motorradhotel-moselhoehe.de, Ü/F im DZ ab etwa € 50 p. P., Küche täglich außer Di ab 17:00. Gasthaus mit 18 renovierten Zimmern in Dorfmitte mit Biergarten, laut Eigenwerbung v. a. ein „Motorrad-Landgasthaus, (...) eine Herberge für gesellige Runden und Benzingespräche", aber auch für (Rad-)Wanderer

♦ Restaurant Wellems, Hauptstr. 14, ☎ 065 45/67 89, www.gasthaus-wellems.de, ab € 38, April bis Oktober Rezeption täglich 8:00 bis 22:00, Restaurant So-Mo 11:30 bis 12:30 und 13:30 bis 21:30, November bis März Rezeption Mo bis Fr 16:00 bis 22:00, Sa und So 11:00 bis 22:00, Restaurant Mo, Di, Do und Fr 17:30 bis 21:30, Sa und So 11:30 bis 13:30.

Busverbindungen mit der Linie 719 von/nach Blankenrath Mo bis Fr tagsüber fast stündlich, aber tw. nur als Anruf-Sammeltaxi (telefonische Anmeldung mindestens 60 Min. vor Abfahrt: ☎ 02 61/29 67 03 88), www.vrminfo.de

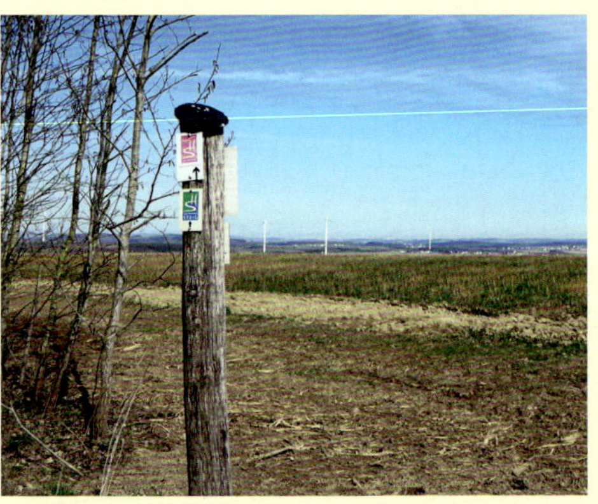

SHS bei Mittelstrimmig

Zurück zum SHS ist die östlich an Liesenich vorbeiführende Traumschleife „Layensteig Strimmiger Berg" eine gute und insgesamt nur geringfügig längere Alternative (➲ 2,4 km): Zu Beginn gehen Sie von der Hauptstraße rechts über die Gartenstraße zum Eingangsportal der Traumschleife und folgen dieser rechts zum SHS. Sie erreichen dabei den SHS nach 2 km auf der Traumschleife, sparen aber 500 m auf dem SHS, den Sie bei km 7 bei der Querung der Landstraße erreichen.

Nach einer Links- und Rechtskurve erreichen Sie die Landstraße südlich von Mittelstrimmig ❸ (km 7, ⇧ 405 m). Nach links bietet sich ein Abstecher nach Mittelstrimmig mit Einkehr- und Einkaufsgelegenheiten an (ein weiterer Abzweig nach 10 Min.).

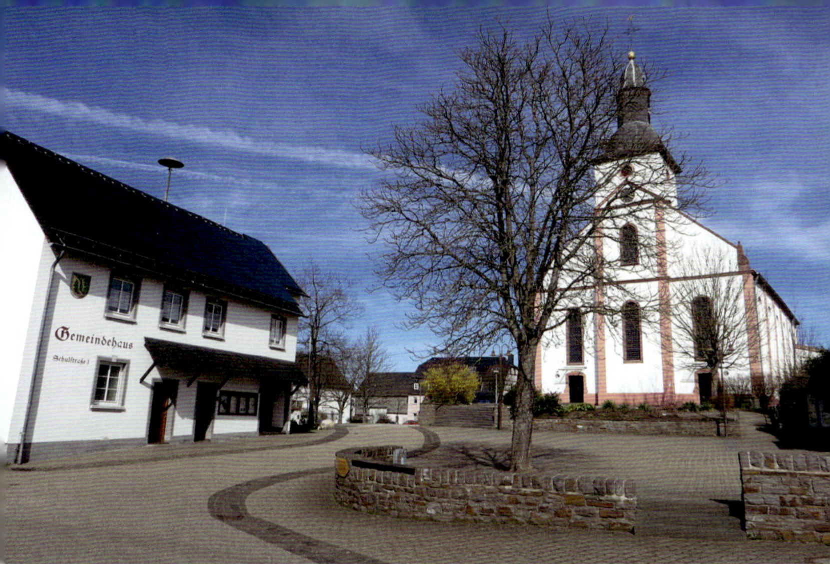

Dorfplatz und Kirche von Mittelstrimmig

Abstecher nach Mittelstrimmig (➲ 1 km)

Sie gehen links, vorbei an der Schockkapelle – früher letzte Station der zum Tode am Galgen Verurteilten – mit Rastgelegenheit und weiter geradeaus zur Dorfmitte von Mittelstrimmig. Rechts von Mittelstrimmig liegt der Ortsteil Altstrimmig.

Mittelstrimmig

FeWo

Fehlanzeige. In älteren Verzeichnissen sind noch Gasthäuser aufgeführt, von denen das letzte 2019 geschlossen hat.

FeWo Altes Zehnthaus, Schulstraße 15, 01 72/661 70 89, lucky6565@gmx.de, www.altes-zehnthaus-mittelstrimmig.de, FeWo für bis zu 8 Personen, für 2 Pers. ab € 45 pro Nacht zzgl. € 30 für Endreinigung, . In Fachwerkhaus von 1590, 1,1 km vom SHS

Aroniacafé, Flurstr. 16, 065 45/480, www.aroniacafe-terrawalli.de, April bis Oktober Mi bis So 15:00 bis 19:00. Café mit Aroniabeeren zum Selbstpflücken

Café-Bäckerei Theisen, Pöhlstraße 4 in Mittelstrimmig, Mo bis Fr 6:30 bis 12:00 sowie außer Do 14:00 bis 18:00, Sa 6:30 bis 12:30

Busverbindungen mit der Linie 719 von/nach Blankenrath Mo bis Fr tagsüber fast stündlich, aber tw. nur als Anruf-Sammeltaxi (telefonische Anmeldung mindestens 60 Min. vor Abfahrt: 02 61/29 67 03 88), www.vrminfo.de

Mittelstrimmig und Altstrimmig mit seinen Fachwerkhäusern liegen auf dem Strimmiger Berg. Unterhalb fließt der Flaumbach, der auf dem Abschnitt bis Pulgersmühle früher 32 Wassermühlen antrieb. Eine davon, die Weißmühle, war 1958 einer der Drehorte des Kinofilms „Schinderhannes" mit Curd Jürgens und Maria Schell in den Hauptrollen.

Die Mühlen wurden später von einer elektrischen Mühle oberhalb am Ortsrand von Mittelstrimmig ersetzt (1949-78), in der heute ein ⌘ Heimatmuseum untergebracht ist (🚪 So 14:30 bis 16:30).

Der SHS quert die Landstraße und führt östlich am Ort vorbei – auf derselben Trasse wie die Traumschleife „Layensteig Strimmiger Berg".

↳ Traumschleife „Layensteig Strimmiger Berg"

Der 14 km lange Traumschleifen-Rundweg „Layensteig Strimmiger Berg" führt rund um den Strimmiger Berg an ehemaligen Schieferabbaugruben vorbei auf abwechslungsreichen Wegen, darunter drei Klettersteigen.

Nach 100 m passieren Sie eine ⌂ Schutzhütte mit ⩫ Rastgelegenheit und gehen danach geradeaus über die Hochebene.

Der SHS und die Traumschleife „Layensteig Strimmiger Berg" führen noch kurz über die offene Hochfläche des Strimmiger Bergs und dann hinunter zum Bildbach. Sie queren diesen vor dem Wanderportal Altstrimmig mit ⩫ Rastgelegenheit (km 8,4, ⇧ 320 m) und passieren bei der Abzweigung eines Weges aufwärts nach Altstrimmig eine Hütte ❹ (km 9,2, ⇧ 275 m).

⩫ Rastgelegenheit bei Grillhütte unterhalb von Altstrimmig

Sie folgen dem SHS bzw. der Traumschleife durch das Bildbachtal bis zu dessen Mündung in den Mörsdorfer Bach, wo die Traumschleife nach links abzweigt. Sie wandern auf dem SHS nach rechts, rechts vom Mörsdorfer Bach. Nach knapp 2 km passieren Sie die Fettsmühle mit Infotafel ❺ (km 12,4, ⇧ 245 m). Weiter geht es rechts neben bzw. oberhalb von dem Mörsdorfer Bach zum Zubringerweg nach Mörsdorf noch vor der Geierlay-Hängebrücke, wobei Sie an einem alten Holzkohlenmeier vorbeikommen und stellenweise auf schmalem Pfad am Hang entlanglaufen, der eine gewisse Trittsicherheit voraussetzt.

Abstecher nach Mörsdorf (1,7 km)

Nach Mörsdorf gehen Sie unten im Tal scharf links, queren den Mörsdorfer Bach und folgen dem Pfad aufwärts durch Wald nach Mörsdorf; der Weg ist stellenweise rechts zum bewaldeten Abhang mit einer Kette gesichert. Erschrecken Sie in Mörsdorf nicht! Das einstmals eher einsame und idyllisch-bäuerliche Dorf ist seit der Einweihung der Hängebrücke Geierlay einer der touristischen „Hotspots" im Hunsrück – mit Massen an Besuchern und einem Parkleitsystem, das eher an einen Flughafen erinnert (trotzdem erstickt der Ort oft im Verkehr ...). Das erklärt auch die für 600 Einwohner erstaunlich hohe Dichte an Übernachtungs- und Einkehrgelegenheiten.

Mörsdorf

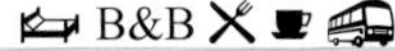

Informationspunkt am Besucherzentrum Geierlay, Kastellauner Str. 23, 56290 Mörsdorf, 067 62/903 40 80, April bis Oktober täglich 10:00 bis 16:00, im Winterhalbjahr 10:30 bis 15:00. Kleines Infobüro am Dorfeingang

Landgasthof Wickert, Kirchstraße 2, 067 62/79 10, www.landgasthof-pension-wickert.de, ab € 39, Restaurant täglich 9:00 bis 17:00. Zimmer im Haupthaus und im 5 Gehminuten entfernten Gästehaus am (ruhigen) Ortsrand, Haupthaus 1,7 km vom SHS.

Pension Wendling, Bucher Weg 4, 067 62/16 59, gerd_wendling@t-online.de, www.gasthaus-wendling.de, ab etwa € 34. Unterkunft mit Zimmern, Gaststube und Liegewiese, 1,9 km vom SHS

B&B Hunsrück-Treff, Treiser Str. 17, 067 62/410 92 58, 01 57/34 36 85 30, www.hunsrueck-treff.de, ab € 34. Kleine Privatunterkunft mit 3 Zimmern

♦ Pension Platten, Pohlstraße 9, 067 62/16 81, www.pension-platten.de, ab € 39, . Kleine Unterkunft (wd) mit 11 Betten, mit Sonnenterrasse und Garten, März bis November, 1,8 km vom SHS

♦ Pension Platten, Pohlstraße 9, 067 62/16 81, www.pension-platten.de, ab € 39, , März bis November. Kleine Unterkunft (wd) mit 11 Betten, mit Sonnenterrasse und Garten, 1,5 km vom SHS

Bangkok Thai-Restaurant, Lahrer Straße 1, täglich 11:00 bis 22:00. Asiatische Küche, eine der beliebtesten Lokalitäten im Ort

♦ Treverer Landgut, Treiser Str. 17, Fr bis Sa 18:00 bis 22:00, So 12:00 bis 22:00. Pizzeria mit Holzbackofen

Rosie's Cafe, Kastellauner Str. 4, Mi bis Sa sowie Mo 6:30 bis 17:00. Café in Bäckerei in Dorfmitte

Museumscafé im Alten Rathaus, Kirchstraße 24, 015 17/003 99 83, Sa, So und Mo 13:30 bis 17:30. Café von 2015 im ältesten Gebäude des Ortes, dem Rathaus von 1645 mit Backhaus

Bushaltestelle am Geierlay-Besucherzentrum: Linie 634 Mo bis Fr etwa alle 2 Stunden (unregelmäßig) nach/von Blankenrath und Kastellaun, www.vrminfo.de

20. Etappe: Mörsdorf – Bell – Kastellaun

14,8 km, 5 Std., 435 m, 290 m, 220-485 m

0,0 km	245 m	Zubringerweg nach/von Mörsdorf (1 km, B&B)
0,4 km	230 m	Geierlay-Hängebrücke (Froschperspektive)
2,0 km	250 m	Rastplatz Herzenauer Hannes
3,3 km	355 m	1. Abstecher nach Mastershausen (1 km)
4,7 km	290 m	Burgruine Balduinseck
7,1 km	325 m	Rastplatz Katzenloch und 2. Abstecher nach Mastershausen (1 km,)
9,4 km	380 m	Diellaysteig
10,0 km	440 m	Bell B&B
11,6 km	465 m	(alter) Beller Bahnhof
14,8 km	410 m	Kastellaun B&B

Tal des Mörsdorfer Baches bei Hängebrücke Geierlay

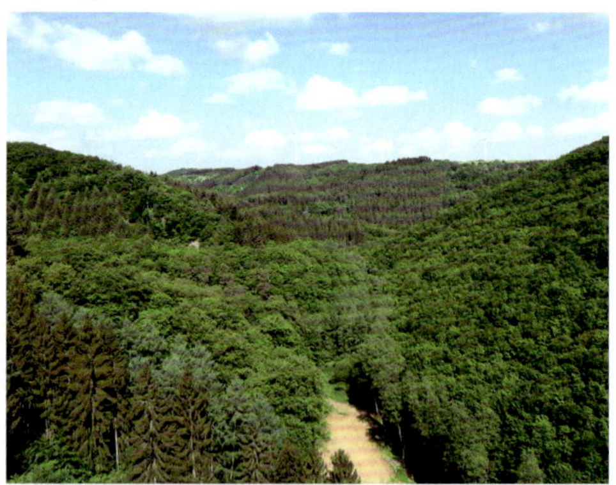

Auf dieser Etappe erleben Sie mehrere Höhepunkte, angefangen beim Start mit der bekannten Hängebrücke Geierlay. Auf dem Weg durch ein idyllisches Bachtal passieren Sie mehrere Mühlen, einen römischen Brunnen und als Höhepunkt die Ruine der bischöflichen Burg Balduinseck mit einem einladenden Rastplatz. Nach etlichen Bachwindungen

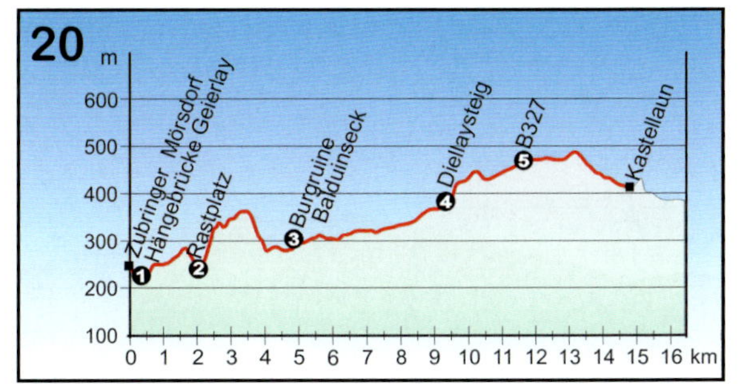

und Mühlen erreichen Sie Bell und kurz darauf den Zielort Kastellaun. Diese Etappe folgt stellenweise der Traumschleife „Masdascher Burgherrenweg", 2018 als schönste Rundwanderung Deutschlands gekürt. Die größte Steigung erwartet Sie nach der Burg Balduinseck (↑ 135 m), der längste Abstieg vor der Kaspersmühle (↓ 80 m).

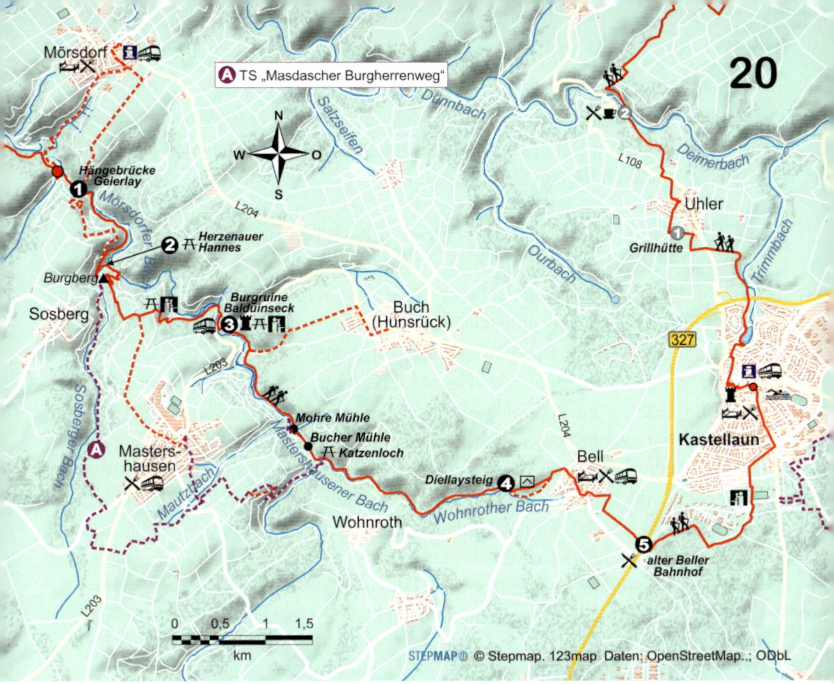

Der SHS führt nach der Querung des zufließenden Nochelsbaches durch das tief eingeschnittene Tal des Mörsdorfer Baches unter der bekannten **Hängebrücke Geierlay** hindurch ❶ (km 0,4, ⇧ 230 m).

↳ Zubringer aus Mörsdorf über die Hängebrücke (➲ 1 km bis zum SHS bei km 1,6)

Von Mörsdorf ist auch ein anderer Weg zum SHS als der bei der 19. Etappe beschriebene Zubringer möglich. Dabei gehen Sie über die bekannte Hängeseilbrücke – eine gewisse Schwindelfreiheit vorausgesetzt:

Ab Mörsdorf folgen Sie der Beschilderung zur Hängebrücke: Vom Besucherzentrum Geierlay am Dorfanfang folgen Sie der kleinen Straße Bucher Weg aus dem Ort heraus und halten sich 200 m nach dem Ort bei der Kreuzung auf der freien Fläche rechts, um auf aussichtsreichem Weg in südwestliche Richtung zu gehen, mit Blick nach Mörsdorf und auf Windräder (Infotafeln). Nach 1,3 km erreichen Sie das Tal mit der Hängebrücke Geierlay (☞ Info S. 191), über die Sie zur anderen Talseite wechseln. Dort halten Sie sich links und folgen dem Weg in einer Serpentine und weiter am Hang entlang hinunter in das Tal, wo Sie 1,5 km nach der Hängebrücke auf den SHS treffen (bei km 1,6), dem Sie geradeaus folgen.

Luftiges Wandern in ca. 100 m Höhe (über dem Tal) – Hängebrücke Geierlay

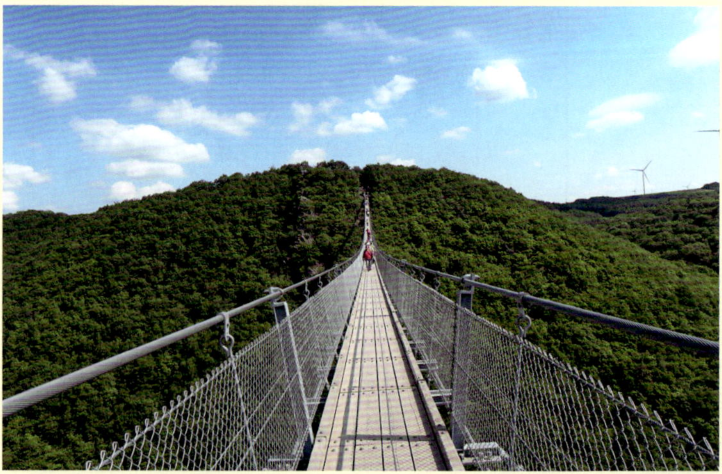

Hängebrücke – Highlight im Hunsrück

Die Hängebrücke Geierlay galt zu ihrer Eröffnung 2015 als größte des Landes, mittlerweile abgelöst von der Harzer Hängeseilbrücke Rappbode-Talsperre. Touristiker bewerben die Geierlay-Hängebrücke daher nur noch mit dem Attribut „Deutschlands schönste Hängeseilbrücke".

Die Brücke überspannt den Mörsdorfer Bach mit einer Länge von 360 m, die Verankerungen sind an den Seiten bis zu 25 m tief in den Fels gebohrt. Die Tragfähigkeit ist offiziell auf Infotafeln mit 50 t angegeben (bei Wikipedia mit 76,5 t), das entspricht 600 Personen mit einem Durchschnittsgewicht von 80 kg – kurz: Alle Einwohner von Mörsdorf passen auf die Brücke.

Die Hängebrücke wurde in sechs Monaten von einer Schweizer Firma für Kosten in Höhe von € 1,2 Mio. erbaut, getragen von der EU, Mörsdorf (Windkraft-Einnahmen) und dem Land. Wegen der öffentlichen Fördergelder ist (zum Glück) eine Eintrittsgebühr nicht erlaubt, dafür wird indirekt abkassiert: Die Parkgebühren betrugen anfangs € 2 pro Tag, drei Jahre später (2018) waren es € 2 für 2 Std. Bei den derzeitigen Besucherzahlen können damit gut die jährlichen Unterhaltskosten von rund € 15.000 bestritten werden – derzeit sind es rund 200.000 Besucher pro Jahr und bis zu 5.000 am Tag (in einem Dorf mit 600 Einwohnern!), von denen etwa 20 % die Brücke nur anschauen, ohne sie über die druckimprägnierten Douglasienholzbretter zu begehen.

Der Hängebrückenboom hält an; im Gespräch waren bzw. sind für künftige Bundesgartenschauen Hängebrücken bei der Loreley über den Rhein oder in Wuppertal.

1,2 km nach der Hängebrücke mündet von rechts der oben beschriebene Zubringer aus Mörsdorf über die Hängebrücke ein (km 1,6, ⇧ 280 m). Sie folgen dem SHS geradeaus auf der rechten Bachseite und queren nach 250 m und einer Linkskurve den zufließenden Sosberger Bach – ab hier laufen Sie auf derselben Trasse wie die Traumschleife „Masdascher Burgherrenweg" –, ehe Sie den ⩸ Rastplatz Herzenauer Hannes erreichen ❷ (km 2, ⇧ 250 m).

↬ Traumschleife „Masdascher Burgherrenweg"

Der 11,3 km lange (mit Zubringer aus Mastershausen 13,7 km) Traumschleifen-Rundweg „Masdascher Burgherrenweg" umrundet den Ort Mastershausen und verläuft vom Herzenauer Hannes bis zur Bucher Mühle entlang des SHS. Im Süden von Mastershausen führt er am Masdascher Galgenturm vorbei, einem Nachbau der Limes-Wachtürme aus römischer Zeit. Der Masdascher Burgherrenweg wurde 2018 als schönster Rundwanderweg Deutschlands ausgezeichnet.

Der SHS folgt dem Bach noch wenige Minuten, ehe es nach rechts aufwärtsgeht. Nach einigen Kurven erreichen Sie im Wald erst einen römischen Brunnen und dann kurz die Kuppe des alten Burgbergs: Von der alten römischen Verteidigungsanlage aus dem 1. Jh. n. Chr. ist nichts mehr zu sehen, dafür lädt eine ⛩ Hütte zur Pause ein (km 2,7, ⇧ 240 m).

Vom Burgberg geht es weiter am Höhenrücken entlang, erst durch Wald, dann am Waldrand entlang. Am Ende des Waldrands (km 3,3, ⇧ 355 m) ist nach rechts ein Abstecher nach Mastershausen möglich.

↳ Abstecher nach Mastershausen (➲ 1 km)

Nach Mastershausen folgen Sie dem Weg rechts am Waldrand entlang und kurz darauf über freie Fläche. Am Dorfanfang gehen Sie rechts am Friedhof vorbei und folgen der Raiffeisen- und Kirchstraße bis zur Ortsmitte mit Einkehr- und Einkaufsgelegenheit.

Mastershausen

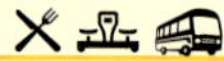

✕ Pfälzer Stube, Johann-Steffen-Straße 5, ☏ 065 45/91 22 71, 💻 www.pfaelzer-stube.eu, nur am Wochenende: Fr 16:00 bis 20:00, Sa 14:00 bis 20:00, So 11:00 bis 20:00. Gasthaus (wd) in Ortsmitte

♦ Mastershausener Hof Zum Toni, Kirchstraße 1, ☏ 065 45/18 56, 💻 www.mastershausenhof.com, täglich 11:30 bis 14:00 und 17:00 bis 23:30. Pizzeria in Dorfmitte

Bäckerei Bertgen, Johann-Steffen-Straße 7. Kleine Bäckerei in Ortsmitte

Bushaltestelle in der Dorfmitte: Linie 634 Mo bis Fr etwa alle 2 Stunden (unregelmäßig) nach/von Blankenrath und Kastellaun, 💻 www.vrminfo.de

Zurück zum SHS gehen Sie entweder auf demselben Weg, den Sie gekommen sind, oder nehmen den zweiten Zubringerweg (➲ 3 km), der zusammen mit dem Traumschleifen-Rundweg „Masdascher Burgherrenweg" südöstlich von Mastershausen bei der Bucher Mühle bei km 7,1 wieder auf den SHS trifft.

Der SHS führt zusammen mit dem Masdascher Burgherrenweg geradeaus über die freie Hochfläche und nach einem ⛩ Rastplatz mit dem Namen „Herges Garten" (km 3,5, ⇧ 355 m) wieder abwärts durch Wald in das Bachtal – es ist derselbe Bach wie zuvor, jetzt Mastershausener Bach genannt, an dem entlang Sie die Kaspersmühle und 200 m danach den ⛩ Rastplatz „In der Au" passieren. Nach einer Straßenquerung erreichen Sie die markante Burgruine Balduinseck ❸ (km 4,7, ⇧ 290 m).

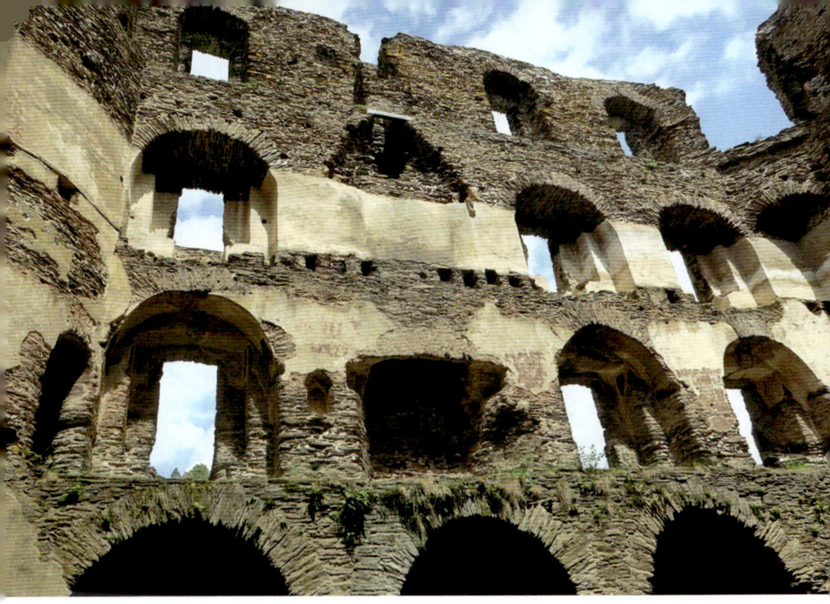

Mächtige Mauern erinnern an die ehemalige bischöfliche Burg Balduinseck

Die **Burg Balduinseck** wurde im 14. Jh. von dem machthungrigen Trierer Erzbischof Balduin von Luxemburg erbaut. Die Mauern des 18 m hohen Wohnturmes mit seinen vier Etagen und durchgehendem Kamin sind noch gut erkennbar.

♦ frei zugänglich, netter Rastplatz in der Burg mit schöner Aussicht

Bushaltestelle an der Burgruine: Linie 634 Mo bis Fr etwa alle 2 Stunden (unregelmäßig) nach/von Blankenrath und Kastellaun.

www.vrminfo.de

Der SHS führt links an der Ruine vorbei – mit links einem kurzen Abstecher zum Hexentürmchen mit schönem Blick auf die Burgruine Balduinseck (➲ 50 m) – weiter durch das früher mühlenreiche Bachtal mit stellenweise noch erkennbaren Kanälen für das zugeführte Wasser. 5 Min. nach der Burg zweigt nach links der 1,7 km lange Zubringer nach Buch ab (zwischen Weihermühle und Schweitzermühle), während der SHS und der Traumschleifen-Rundweg weiter geradeaus durch das idyllische Bachtal führen, nach 20 Min. vorbei an der früheren Mohre Mühle.

200 m nach der früheren Bucher Mühle zweigt beim ⛩ Rastplatz Katzenloch (km 7,1, ⇧ 325 m), mit links einem alten (vergitterten) Bergbaustollen, der Masdascher Burgherrenweg nach rechts ab und führt auf 3 km nach Mastershausen. Der SHS führt geradeaus weiter durch das mäandrierende Tal des Baches, der jetzt nach dem bald rechts oberhalb liegenden Weiler Wohnroth benannt ist.

Kurz vor Bell erwartet Sie eine fast alpine Herausforderung ❹ (km 9,4, ⇧ 380 m): Der 2015 eröffnete, mit Seilen gesicherte und Tritten unterstützte Diellaysteig führt kurz steil am Fels aufwärts, kann aber auch umgangen werden.

↳ Leichtere Variante durch das Tal statt auf dem Diellaysteig (➲ ähnliche Entfernung)

Falls Sie nicht schwindelfrei oder trittsicher sind oder bei feuchtem Wetter, empfiehlt sich die ausgewiesene leichtere Variante des SHS durch das Tal (orange Markierung), die nach 700 m kurz vor Bell wieder auf den SHS trifft.

Erholung nach Kletterpassage: die Diellayhütte bei Bell

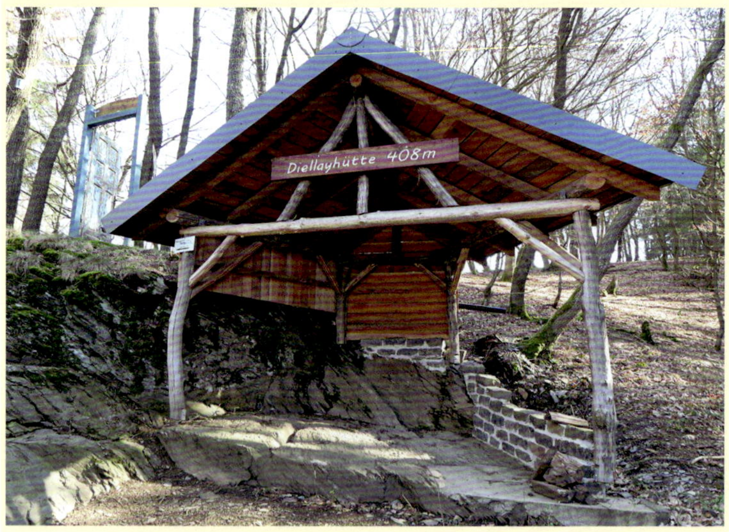

⛩ Nach dieser felsigen Passage lädt ein Rastplatz an einer Hütte zur Pause ein (km 9,6, ⇧ 405 m).

Der SHS führt am Waldrand entlang und zuletzt über freie Hochfläche nach Bell, dem nächsten Punkt der Zivilisation (km 10, ⇧ 440 m), wo Sie sich am Ortsrand halb rechts halten.

Bell

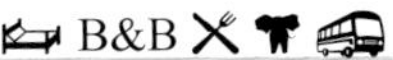

Gasthaus und Pension Gass, Bachgasse 1, ☎ 067 62/65 48, Ü/F im DZ € 32 p. P, Gasthaus Fr-Mi 10:00 bis 13:00 und ab 15:00. Gasthaus mit Biergarten und 5 Zimmern, direkt am SHS

B&B Biergarten und Gästezimmer Petry, Bucher Weg 1, ☎ 067 62/27 92, petrybirgit@web.de, www.biergarten-petry.de, ab € 35, Biergarten Sa und So bei schönem Wetter ab 13:00. Unterkunft mit kleinem Biergarten am Ortsanfang auf der linken Seite, direkt am SHS

Bushaltestelle am Abzweig nach Bell an der L204: Linie 634 Mo bis Fr etwa alle 2 Stunden (unregelmäßig) nach/von Blankenrath und Kastellaun, www.vrminfo.de

Der Marktplatz von Bell ist bekannt für den traditionsreichen (seit 700 Jahren!) Beller Markt im Juli mit mehr als 400 Ständen (fast einer pro Einwohner), heute gleichermaßen Jahr- und Handels- bzw. Verkaufsmarkt.

Etwas außerhalb von Bell gibt es einen Tier-Erlebnispark.

Der Tier-Erlebnispark Bell, Am Markt 1, ist ein 2015 eröffneter kleiner Tierpark mit nach eigenen Angaben artgerechter Tierhaltung und als spektakulärste Art gibt es Sibirische Tiger. Schwerpunkt sind Huskys.

♦ www.tier-erlebnisparkbell.de, Mi bis So 10:00 bis 18:00, Eintritt € 7,50, (angeleint)

Der SHS verlässt Bell in südöstliche Richtung (An der Bleichen, Quellenweg). Nach geradlinigem Abstieg queren Sie erst die Hauptstraße ❺ (km 11,6, ⇧ 465 m) und kurz darauf links des alten Beller Bahnhofs den Schinderhannes-Radweg, der entlang der alten Hunsrückbahnstrecke verläuft.

Gasthaus Beller Bahnhof, Am Bahnhof 2, ☎ 067 62/72 22, Di bis Sa 16:30 bis 21:30, So 11:30 bis 14:00 und 17:00 bis 22:00. Guter Service und faire Preise, im alten Bahnhof

Anschließend wandern Sie aufwärts durch Wald, rechts oberhalb einer Bundeswehrkaserne, wo „Cybersoldaten" des Informationstechnikbataillons 282 stationiert sind.

Bei der Querung der Graf-Moltke-Straße bietet sich beim Panorama Hohe Buch (km 13,3, ⇧ 480 m) ein schöner Blick auf Kastellaun.

Nach dem Abstieg hinunter nach Kastellaun folgt der SHS rechts der zuvor gequerten Radroute bzw. ehemaligen Bahnlinie, um nach 5 Min. bei einem Park links in die Bahnhofstraße zu biegen. Auf der anderen Seite des Parks beginnt der Traumschleifen-Rundweg „Burgstadt-Pfad".

Traumschleife „Burgstadt-Pfad" (auf Karte 2, S. 20)

Der etwa 7 km lange Traumschleifen-Rundweg „Burgstadt-Pfad" führt südöstlich von Kastellaun durch Wald und über alte Postwege und bietet Ausblicke bis zum Soonwald. Auf dem Weg liegt der Sturmerlebnispfad, der mit einer 1,5 ha großen Windwurffläche an den Orkan Kyrill aus dem Jahr 2007 erinnert.

Sie folgen der Bahnhofstraße, rechts an einem Gewerbegebiet mit u. a. Super- und Drogeriemarkt vorbei, zur Stadtmitte von Kastellaun.

Die Kirche erhebt sich oberhalb von Kastellaun

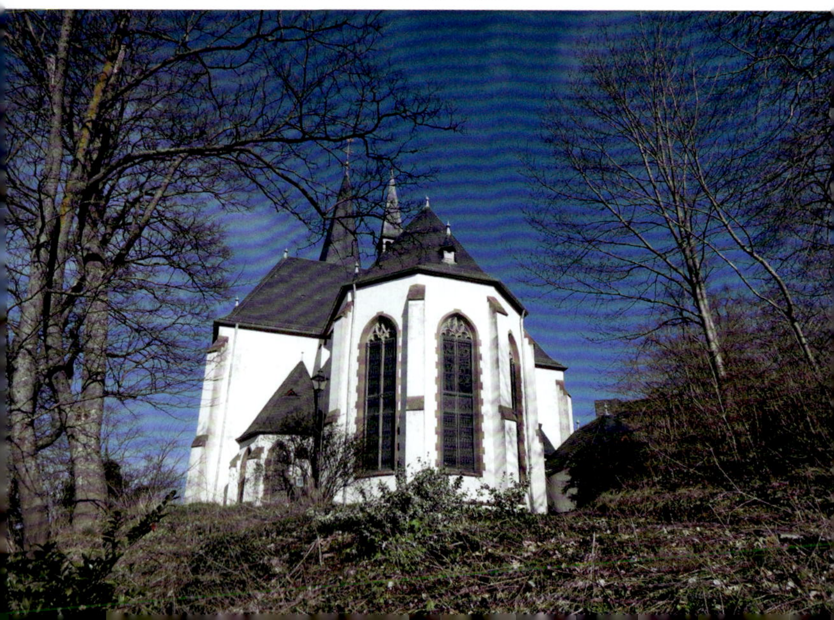

Kastellaun

Touristinfo Ferienregion Kastellaun, Marktstraße 16, 56288 Kastellaun, 067 62/40 18 73, info@kastellaun.com, www.kastellaun.de, Mai bis Oktober Mo bis Fr 9:00 bis 17:00 und Sa 9:30 bis 13:00, November bis April Mo bis Do 9:00 bis 17:00 und Fr 9:00 bis 13:00

Landgasthof & Hotel Altes Stadttor, Marktstraße 4a, 067 62/931 30, www.altesstadttor.de, ab € 45, , Küche täglich ab 17:00, Fr bis So auch 11:30 bis 14:30. 3-Sterne-Hotel (wd) mit 10 Zimmern, 50 m vom SHS

♦ Badische Kellerey, Schloßstraße 18, 067 62/401 90, www.badische-amtskellerey.de, ab € 43, , , Küche täglich außer Di 11:30 bis 14:00 und 17:30 bis 22:00. 3-Sterne-Hotel (wd) mit 16 Zimmern, Restaurant, Biergarten und Kulturscheune in historischem Ambiente: in dem im 17. Jh. erbauten Verwaltungssitz des Markgrafen von Baden, 100 m vom SHS

BurgStadt-Hotel und CampingPark, Südstraße 34, 067 62/408 00, www.burgstadt.de, ab € 70, , Restaurant Di bis So 11:00 bis 14:30 und 17:00 bis 23:00. 4-Sterne-Hotel (wd) mit 59 Zimmern und griechischem Restaurant Afroditi, 800 m vom SHS am südöstlichen Ortsrand. Direkt am Hotel ist der BurgStadt CampingPark, € 10 pro Zelt zzgl. € 7 p. P., www.burgstadt.de/reisethemen/camping

Hotel zum Rehberg, Mühlenweg 1, 067 62/408 30, www.hotel-rehberg.de, ab € 45, , . Größeres 3-Sterne-Hotel (wd) mit 100 Betten, nördlich der Altstadt, 600 m vom SHS

B&B Schlummerkiste Kastellaun, Marktstraße 7, 01 57/58 54 47 39, www.schlummerkiste-kastellaun.de, ab € 30 p. P. im DZ ohne Frühstück, zentral gelegene, günstige Unterkunft, 50 m vom SHS

Taverne auf der Burg, Schloßstraße 13, 067 62/96 32 38, www.taverne-kastellaun.de, Mai bis September Mi bis So ab 11:00, sonst Mi bis Sa ab 17:00, So ab 11:00. Mittelalterliches Ambiente in der Burg, O-Ton der Werbung: „Bei Kerzenschein umsorgen euch unsere Mägde und Knechte mit Speis und Trank.“

Kunst- und Kulturcafé Maull, Marktstraße 4, 01 74/319 53 42, www.werkraum-schaugenau.de, Mi bis Sa 10:00 bis 18:00, Di 15:00 bis 18:00, So im Sommerhalbjahr geschlossen, sonst So 14:00 bis 18:00. Café mit überwiegend Bio-Zutaten

Hallenbad Aqua-Fit, 067 62/90 92 60, www.hallenbad-aqua-fit.de. 250 m² große Wasserfläche sowie Außenterrasse, reguläre Öffnungszeiten Di 9:00 bis 12:00 und 14:00 bis 16:30, Mi 15:00 bis 21:15, Do 6:30 bis 12:00 und 14:00 bis 21:15, Fr 15:00 bis 21:15, Sa 12:00 bis 16:45, So 8:00 bis 16:00, in Sommerferien abweichend, Eintritt € 3

mehrere Einkaufsgelegenheiten, etwa Super- und Drogeriemarkt entlang der Bahnhofstraße und Bäckereien im Zentrum; weitere Supermärkte nördlich von der Ortsmitte

zwei Apotheken in der Ortsmitte: Flora-Apotheke am Spesenrother Weg 1 (☏ 067 62/82 42) und Schloss-Apotheke in der Marktstraße 2 (☏ 067 62/73 85)

Burgstadt Taxi, ☏ 067 62/963 27 80, City Taxi Wolf, ☏ 067 62/89 23, oder Taxi Huet, ☏ 067 62/89 23

gute Busverbindungen, u. a. Linie 610 6-mal täglich Richtung Koblenz und Flughafen Hahn, Linie 620 4- bis 8-mal täglich Richtung Simmern und Koblenz und Linie 634 Mo bis Fr etwa alle 2 Stunden (unregelmäßig) nach/von Blankenrath, www.vrminfo.de

Weg durch Kastellaun

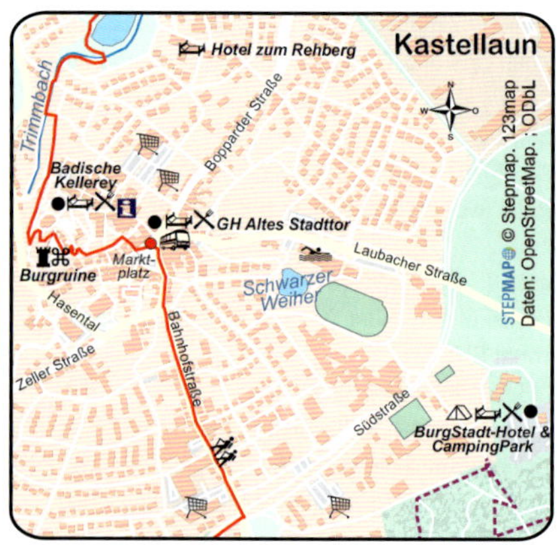

Kastellaun ist das Zentrum im nördlichen Hunsrück und besticht durch seine malerische Altstadt mit viel Fachwerk und schiefergedeckten Häusern. Der Ort wurde erstmals 1226 urkundlich als „Kestilun" erwähnt. Burgherr war der Graf von Sponheim. Die Stadt wurde mitsamt der Burg 1776 durch die Truppen Ludwigs XIV. im Pfälzischen Erbfolgekrieg zerstört.

In der Zeller- und Marktstraße, im Hasental sowie im Spesenrother Weg erinnern auf dem Bürgersteig „Stolpersteine" an die jüdischen Opfer des Nationalsozialismus.

Die Ruine der im 13. Jh. errichteten Burg von Kastellaun erhebt sich auf einem Felsen mitten in der Stadt. Die Burg war einst Sitz der Grafen von Sponheim. Im 19. Jh. erwarb die Stadt das Burggelände und sanierte es mehrmals. Das Burggelände ist (frei) begehbar; die nächste Etappe des SHS führt anfangs durch die Burganlage.

⌘ **Haus der regionalen Geschichte**: Das Museum in der Unterburg dokumentiert auf vier Etagen das Leben der Kelten und Römer im Hunsrück sowie in der Stadt und Burg. Die Abteilung zum Kalten Krieg informiert über die frühere Raketenstationierung im Hunsrück und die dagegen gerichtete Friedensbewegung der 1980er-Jahre sowie die heutige Nutzung als Festivalstandort (Nature One, Techno-Festival im August).

♦ www.kastellaun.de/burg, März bis Oktober Do bis So 12:00 bis 17:00, Eintritt € 2,50

✞ Die evangelische Kirche aus dem 14. Jh. überstand die Zerstörungen im Pfälzischen Erbfolgekrieg weitgehend unbeschadet. Grabplatten erinnern an den ehemaligen Burgherrn, den Grafen Simon II.

21. Etappe: Kastellaun – Mannebach – Schmausemühle

17,7 km, 5 Std. 30 Min., ↑ 310 m, ↓ 520 m, ⇧ 210-435 m

0,0 km	⇧ 410 m	Kastellaun B&B ✞
6,8 km	⇧ 360 m	Erlebnisfeld Mannebach
7,3 km	⇧ 365 m	Mannebach FeWo
15,1 km	⇧ 355 m	Abstecher nach Heyweiler (0,3 km)
16,2 km	⇧ 235 m	Mündung Frankweiler Bach in Baybach
17,7 km	⇧ 210 m	Schmausemühle

Diese abwechslungsreiche Etappe bietet Erlebnis pur, angefangen von der Altstadt Kastellauns mit der Burg bis wörtlich genommen zum Erlebnisfeld Mannebach, das zu einer Rast einlädt. Der SHS führt abwechselnd durch Wald, Bachtäler und über aussichtsreiche Höhen mit Blick bis zur Vulkaneifel. Dramatisch ist das letzte Teilstück mit der Baybachklamm, wo die Etappe der gleichnamigen Traumschleife folgt und dann bei der Schmausemühle endet. Die größte Steigung erwartet Sie bei Mannebach (↑ 110 m), der längste Abstieg am Ende hinunter in die Baybachklamm (↓ 120 m).

Burgruine in Kastellaun

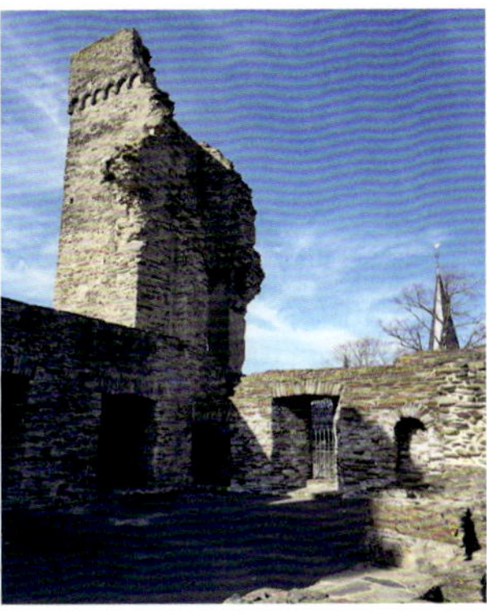

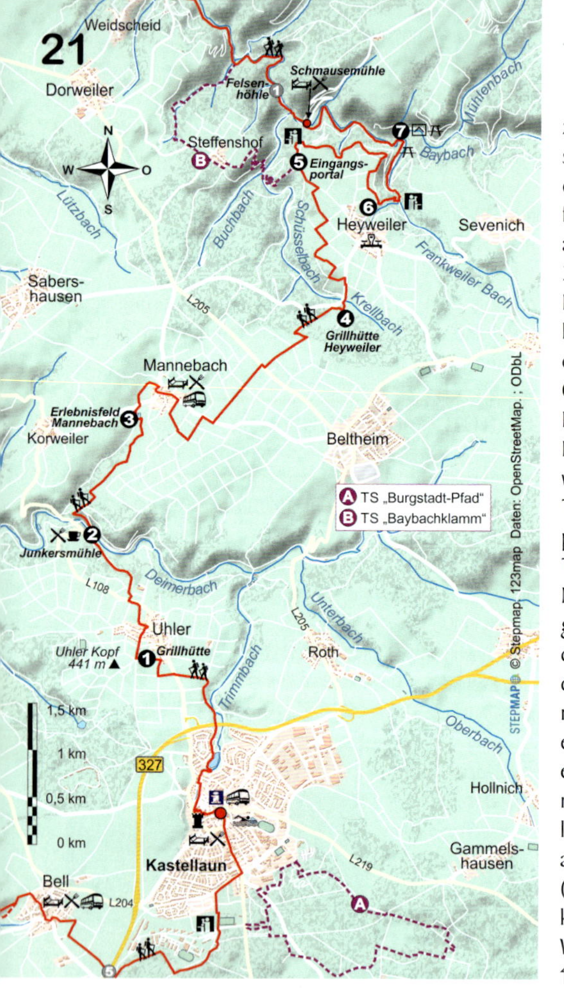

Der SHS führt zunächst durch die Altstadt von Kastellaun. Von der Vorderen Eifelstraße folgen Sie dem SHS hinauf zur ♜ Burg (Info ☞ 20. Etappe), durch den Burghof und im Bogen hinunter links an der Kirche vorbei. Nach der Querung der Straße Am Hintertor folgen Sie dem Fußweg geradeaus und wandern neben dem Trimmbach zum Stadtpark, wo Sie links am Teich entlanggehen. Nach dem Park geht es geradeaus weiter. Nach der Querung der Bundesstraße wandern Sie noch ein kurzes Stück entlang des Baches, ehe es links auf die Hochebene nördlich von Kastellaun aufwärtsgeht, vorbei an einer Grillhütte ❶ (km 3,1, ⇧ 435 m) und kurz darauf durch den Weiler Uhler (km 3,4, ⇧ 410 m).

Nach dem folgenden Abstieg queren Sie den Dünnbach bei der (bewirtschafteten) Junkersmühle ❷ (km 4,9, ⇧ 305 m).

✕ ☕ Junkersmühle, Uhler 1, ☏ 067 62/84 53, 🚪 werktags außer Di ab 14:00, So ab 10:00. Urige Lokalität u. a. mit hausgemachtem Kuchen sowie Terrasse

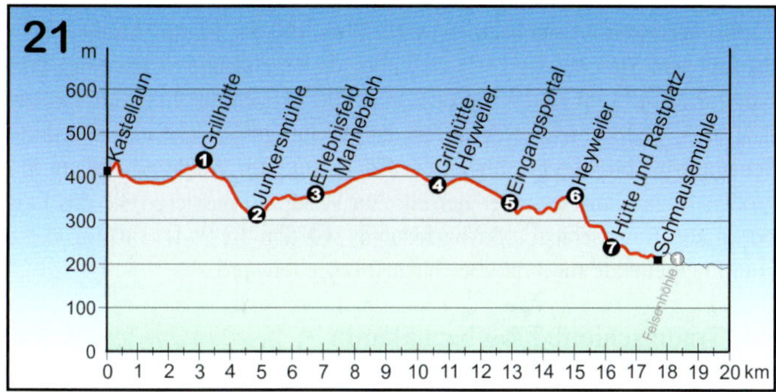

Weiter geht es erst durch Wald und später über freie Landschaft hinauf zur Hochfläche von Mannebach. Kurz vor dem Ort Mannebach passieren Sie das sogenannte „Erlebnisfeld Mannebach" ❸ (6,8 km, ⇧ 360 m).

Das **„Erlebnisfeld Mannebach"** am Ortsausgang von Mannebach spricht mit verschiedenen Stationen alle Sinne an und bietet nette Gelegenheiten zum Ausruhen bzw. für ein Picknick am Weiher. Es erwarten Sie u. a. Windharfe, Klangstein, Medizinrad, Summstein, Wackelsteg, Partnerschaukel.

www.erlebnisfeld-mannebach.de

Der SHS führt nach einer Rechtskurve durch das 100-Einwohner-Dorf Mannebach hindurch (km 7,3, ⇧ 365 m).

Mannebach

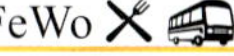

FeWo Hunsrücker Hexenhaus, St. Martin Straße 7, ☎ 067 62/75 10, www.hunsruecker-hexenhaus.de, Mi bis Sa ab 16:30, So ab 12:00. Lokalität in altem Pferdestall mit nettem Garten und ursprünglicher Küche, auch vegetarisch, direkt am SHS. Ferienwohnung „Rabenhorst" für bis zu 4 Pers. im Obergeschoss des restaurierten Fachwerkhauses, ab € 50 für 2 Pers. (ab 2 Nächten)

Gasthaus Nikolay, St. Martin Straße 28, ☎ 067 62/61 34, Di, Do und Sa ab 17:00. Kleine Kneipe in Ortsmitte

City Taxi Wolf, ☎ 067 62/89 23

sehr wenige Busverbindungen Mo bis Fr mit den Linien 625 und 635 Richtung Beltheim und Emmelshausen sowie Kastellaun, www.vrminfo.de

Sie verlassen Mannebach ostwärts über die St. Martin Straße und folgen danach dem SHS mit viel Zickzack über die Hochfläche. Nach einer Windfarm (km 9,5, ⇧ 425 m) geht es abwärts und 100 m nach der Grillhütte Heyweiler ❹ (km 10,7, ⇧ 380 m) über den Krellbach. Weiter geht es erst auf- und später wieder abwärts abwechselnd über freie Fläche und am Waldrand entlang in einem großen Bogen um Heyweiler herum. Am Waldrand passieren Sie das Eingangsportal zur Traumschleife „Baybachklamm" ❺ (km 12,9, ⇧ 340 m), die Sie bis zum Etappenende (und darüber hinaus) begleiten wird.

↳ Traumschleife „Baybachklamm"

Der 10,5 km lange Traumschleifen-Rundweg „Baybachklamm" verläuft großteils entlang des SHS, und zwar am Ende der 21. und am Anfang der 22. Etappe. Höhepunkte sind die spektakuläre Baybachklamm-Felsformationen und tolle Aussichtspunkte. Der 2016 vom Deutschen Wanderinstitut mit 93 Erlebnispunkten bewertete Rundweg ist damit einer der erlebnisreichsten Rundwege des Landes.

Baybachtal – Wildnis, Wald und Wasserfälle

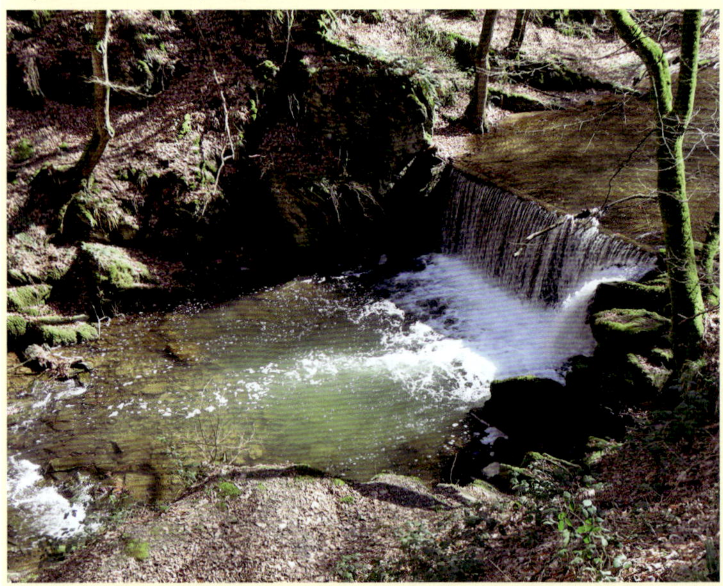

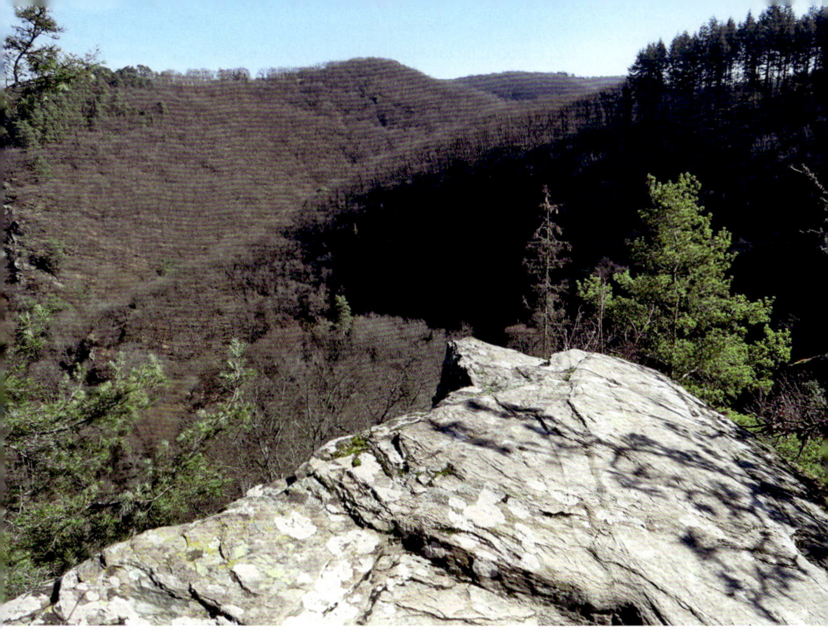

Schöner Aussichstspunkt vor Heyweiler oberhalb vom Baybachtal

Bei dem Bogen nördlich von Heyweiler sind an zwei Punkten – bei km 13,3 und 14,4 (Barreterlei) – nach links kurze lohnende Abstecher zu schönen Aussichtspunkten mit Blick hinunter zum Etappenziel Schmausemühle mit seinen Fischteichen möglich. Nach dem zweiten Aussichtspunkt mit Tisch und Bank folgen Sie dem Pfad links aufwärts.

Rund 10 Min. nach dem Aussichtspunkt liegt vor Ihnen das rund 200 Einwohner zählende Dorf **Heyweiler** ❻ (km 15,0, ⇧ 355 m), geradeaus ist dorthin ein kurzer Abstecher möglich (➲ 0,3 km).

Heyweiler

Dorfladen Typ Tante Emma in Heyweiler in der Brunnenstraße 1, Mo bis Sa 8:30 bis 12:30, 300 m vom SHS

Vor Heyweiler beginnt links der Abstieg in das bewaldete Tal des Frankweiler Baches. Nach 200 m kommen Sie an einem Rastplatz vorbei (km 15,2, ⇧ 330 m).

Im Tal folgen Sie links dem Frankweiler Bach bis zu dessen Mündung in den Baybach bei einer Holzbrücke, zunächst auf der rechten und kurz darauf nach einer weiteren Holzbrücke auf der linken Seite. Nach einem ⛩ Rastplatz (km 16, ⇧ 270 m) erwartet Sie eine seilgesicherte Kletterstelle und 150 m danach bei einer Brücke und Hütte ein weiterer ⛩ Rastplatz ❼ (km 16,3, ⇧ 235 m). Hier mündet der Frankweiler Bach in den Baybach, dem Sie links folgen.

Sie laufen über die (zweite) Brücke und weiter durch die obere Baybachklamm mit kleinen Kletterpassagen und einem Wasserfall sowie den Resten der alten Heyweiler Bauernmühle, ehe Sie das Etappenziel **Schmausemühle** erreichen.

🛏 ✕ Hotel-Restaurant Schmausemühle, ☏ 067 45/270, 💻 www.schmausemuehle.de, ab € 50, 🐕, 🚪 Restaurant Mai bis Ende Oktober täglich, Küche 12:00 bis 14:00 sowie 18.:00 bis 21:00, dazwischen gibt es Kleinigkeiten, November bis Januar Mo und Di Ruhetag, März bis Mai Di Ruhetag. Die 350 Jahre alte Schmausemühle (wd) ist für ihre Küche, vor allem Forellen, bekannt. Auch der legendäre Schinderhannes soll hier früher Unterschlupf gefunden haben. Geboten werden 11 DZ und eine Hütte für 2-6 Personen.

22. Etappe: Schmausemühle – Morshausen

➲ *10,2 km,* ⌛ *4 Std.,* ↑ *320 m,* ↓ *220 m,* ⇧ *130-320 m*

0,0 km	⇧ 210 m	Schmausemühle 🛏 ✕
2,7 km	⇧ 205 m	Abstecher Burgruine Waldeck (➲ 0,2 km, ♜ 🖼)
6,9 km	⇧ 135 m	Brücke/Rastplatz vor Felsformation Perdskimbel ⛩
7,6 km	⇧ 195 m	Felsformation Murscher Eselsche 🖼
9,3 km	⇧ 295 m	Wurzelbank ⛩ 🖼
10,2 km	⇧ 320 m	Morshausen 🛏 ✕ 🚌 ⌘

Diese kurze, aber nicht einfach zu gehende Etappe führt durch die Klamm des Baybaches, auch als „Grand Canyon des Hunsrücks" bekannt, in der früher mehr als 30 Mühlen Getreide und Ölsaaten gemahlen haben sollen. Urige Pfade und kleine Kletterpassagen mit Seilen erfordern ein Mindestmaß an Trittsicherheit und Schwindelfreiheit. Oberhalb thront die Burg Waldeck, Symbol kritischer Jugendrevolten: in den 1920ern Treffpunkt für Wandervögel, in den 1960ern Veranstaltungsort der ersten Open-Air-Festivals. Der SHS verlässt das Baybachtal beim Felsrücken Murscher

Eselsche, der einen schönen Blick bietet, und erreicht kurz darauf den Zielort Morshausen – zum Schluss auf derselben Trasse wie die Traumschleife „Murscher Eselsche". Die größte Steigung erwartet Sie beim Anstieg auf den Felsrücken Murscher Eselsche (🡅 180 m), der längste (gemäßigte) Abstieg im Baybachtal nach der Ruine Waldeck (🡇 30 m).

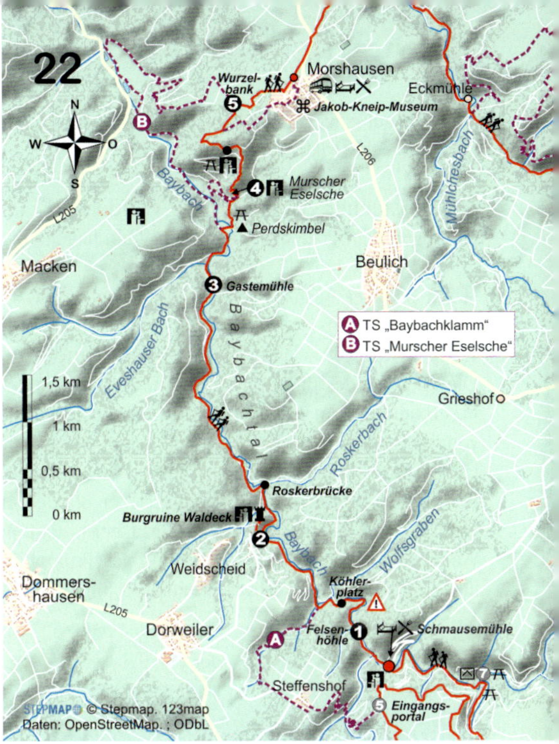

Zu Beginn folgen Sie dem SHS durch die schmale Schlucht des Baybaches, anfangs zusammen mit dem Traumschleifen-Rundweg „Baybachklamm" (Info ☞ Tour 21), bis dieser nach 1,6 km links in ein Seitental abzweigt. Davor passieren Sie im **Baybachtal** zwei Sehenswürdigkeiten, ergänzt mit Infotafeln: eine von Fledermäusen genutzte Felsenhöhle ❶ (km 0,5, ⇧ 215 m) und einen früheren Köhlerplatz (km 1,3, ⇧ 205 m).

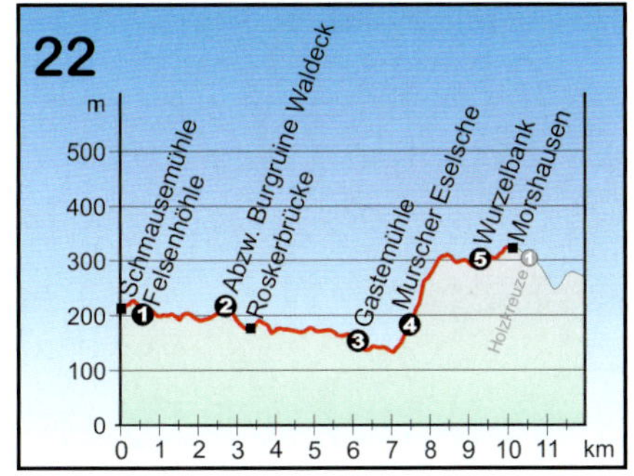

✋ In diesem Bereich sollte der – gesicherte – Pfad durch die Baybachklamm mit äußerster Vorsicht begangen werden, v. a. bei bzw. nach nassem Wetter.

Nach gut einer Stunde ist nach links ein Abstecher hinauf zur Burgruine Waldeck möglich ❷ (km 2,7, ⇧ 205 m).

↳ Abstecher zur Burgruine Waldeck (➲ 0,2 km)

Sie folgen dem Pfad steil links durch Wald hinauf zur Burgruine.

schöner Ausblick von der Burgruine auf das Tal

Burg Waldeck – Wandervogel-Treff und Woodstock des Hunsrücks

Die oberhalb des Baybaches gelegene Burg(ruine) Waldeck geht auf eine im 13. Jh. erbaute und im 17. Jh. zerstörte Burganlage zurück, die im 20. Jh. mehrfach von breiten Jugendbewegungen neu belebt wurde. Hier bzw. auf dem Festivalgelände etwas oberhalb trafen sich in den 1920er-Jahren die Wandervögel und in den 1960er-Jahren kritische Liedermacher bei den ersten deutschen Open-Air-Festivals mit mehreren Tausend Besuchern, darunter Reinhard Mey, Hannes Wader und Franz Josef Degenhardt. In geschrumpfter Form gibt es heute alljährlich zu Pfingsten ein Festival mit zumeist jüngeren Künstlern aus aller Welt.

www.burg-waldeck.de

Festival-Areal bei Burg Waldeck

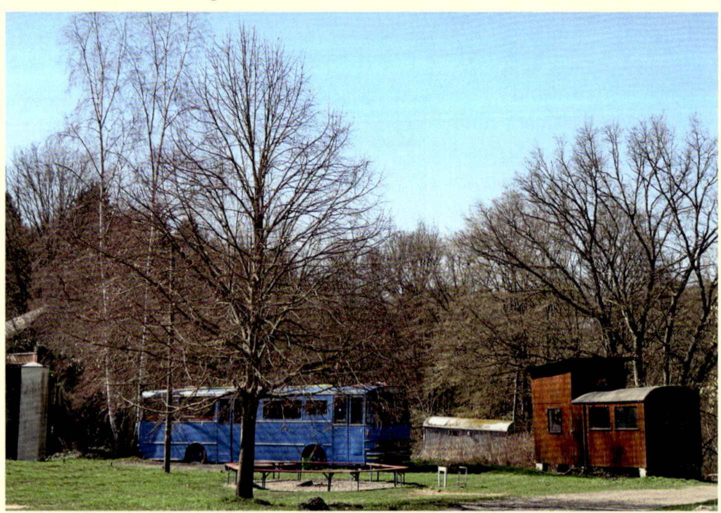

Der SHS führt rechts unterhalb der Burgruine Waldeck weiter durch das Baybachtal. Bei der nach 300 m folgenden Roskerbrücke gehen Sie links weiter auf der linken Bachseite.

Rastplatz rechts von der Roskerbrücke auf der anderen Bachseite mit Blick auf die Burg Waldeck

Das folgende Teilstück führt über viele Felsen und Steine, die stellenweise mithilfe von Seilen zu meistern sind. Von zwei früheren Mühlen ist nur noch die zweite erhalten: die Gastemühle ❸ (km 6,1, ⇧ 145 m), wo der Moselhöhenweg auf den SHS trifft. Bei der nach 15 Min. folgenden Brücke (km 6,9, ⇧ 135 m) gehen Sie rechts über den Baybach bei den aufragenden Felsen des Perdskimbel, ab jetzt auf derselben Trasse wie die Traumschleife „Murscher Eselsche".

Traumschleife „Murscher Eselsche"

Der 10,8 km lange, aussichtsreiche Traumschleifen-Rundweg „Murscher Eselsche" führt östlich von Morshausen teilweise durch das Baybachtal und durch Wald mit schönen Felsformationen, davon für fast 3 km entlang des SHS. Der Name geht auf einen Felsen zurück, dessen frühere Form an einen Esel erinnerte.

Rastplätze unter dem Felsen Perdskimbel nach der Brücke

Es folgt wieder ein Abschnitt mit alpinen Ansprüchen: steil auf- und später abwärts, über Felsen, stellenweise seilgesichert. Nach 300 m Anstieg folgen Sie dem SHS an einer Gabelung nach rechts, während die Traumschleife „Murscher Eselsche" einen Schlenker nach links macht. Nach weiterem Anstieg führt der Rundweg wieder von links heran und Sie passieren den markanten Felsen namens **Murscher Eselsche** mit tollem Talblick ❹ (km 7,6, ⇧ 195 m).

Es folgt der längste Anstieg der Tour durch Wald.

Aussichtspunkt nach 15 Minuten (km 8,3, ⇧ 305 m) mit Rastplatz und Sinnesbank. Kurz darauf folgen zwei weitere schöne Aussichtspunkte.

Kurz nach dem Austritt aus dem Wald passieren Sie auf freier Fläche die sogenannte **Wurzelbank** aus Birnbaumholz mit tollem Ausblick ❺ (km 9,3, ⇧ 295 m).

Der SHS führt Sie weiter an den Ortsrand von Morshausen mit Einkehr- und Übernachtungsgelegenheit. Rechts geht es über den Engen Weg oder vorher den Emmrigen Weg in die Dorfmitte.

Morshausen

Gasthaus Schmitt, Jakob-Kneip-Straße 1, ☏ 026 05/44 79, wisjes@gasthausschmitt.de, www.gasthausschmitt.de, ab € 40, Küche Do bis Sa ab 18:00, So durchgehend ab 10:00. Gasthaus (wd) mit 7 Zimmern am Ortsrand direkt an der Landstraße, 200 m vom SHS. Die bisherigen Inhaber betreiben das Hotel nur bis Ende 2019, bei Redaktionsschluss war unbekannt, ob es Nachfolger geben wird.

Linie 626 mit (wenigen) Verbindungen von/nach Emmelshausen und Brodenbach, überwiegend an Schultagen, Haltestelle am Gasthaus Schmitt, www.vrminfo.de

Das 360 Einwohner zählende Dorf Morshausen gehört zur Verbandsgemeinde Emmelshausen. Der **Schwengelbrunnen** in der Brunnenstraße wurde im 15. Jh. von der Gräfin der Ehrenburg an das zu Frondiensten verpflichtete Morshausen gestiftet – zum Gedenken an die ungarische Heimat der Gräfin im Stil der Pustabrunnen. Die hölzerne Konstruktion wurde seitdem mehrfach erneuert. Im Volksmund hieß/heißt der Brunnen „Maria Buar" in Anlehnung an den Vornamen der Gräfin.

Morshausen ist Geburtsstadt des Schriftstellers **Jakob Kneip** (1881-1959).

⌘ Das Jakob-Kneip-Museum in der Kornstr. 8 dokumentiert im ehemaligen Backhaus Leben und Wirken des Schriftstellers.

♦ ☏ 026 05/18 65, Besichtigung nach Absprache, Eintritt frei

23. Etappe: Morshausen – Oppenhausen

16,2 km, 5 Std. 30 Min., ↑ 435 m, ↓ 420 m, ⇧ 90-345 m

0,0 km	⇧ 320 m	Morshausen ⌘
4,7 km	⇧ 90 m	Abstecher zur Historischen Mühle Vogelsang (0,6 km, FeWo)
5,7 km	⇧ 210 m	Ehrenburg
12,3 km	⇧ 195 m	Daubisberger Mühle
14,3 km	⇧ 325 m	Rastplatz bei/nach Schloss Schöneck
16,1 km	⇧ 335 m	Abstecher nach Oppenhausen vor Sportplatz (0,8 km,)
16,2 km	⇧ 340 m	Parkplatz bei Oppenhausen (nach Brodenbach B&B)

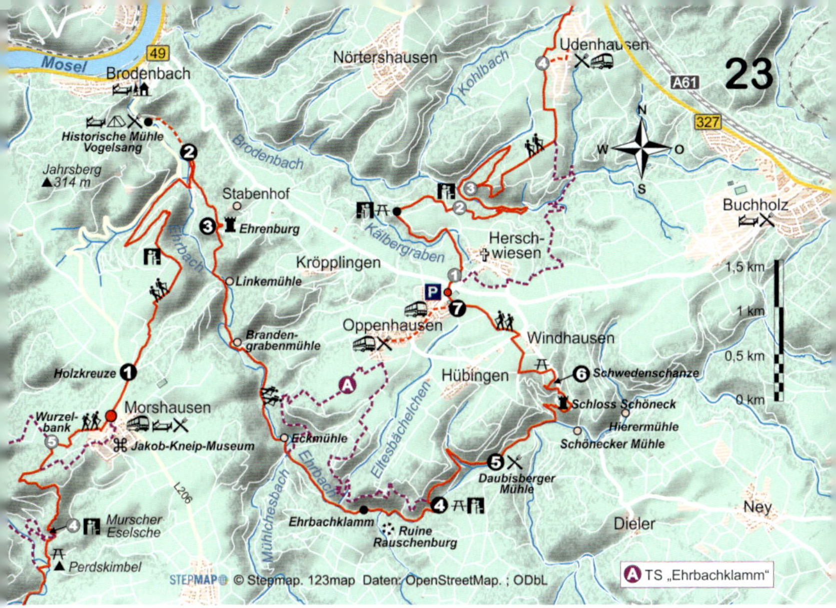

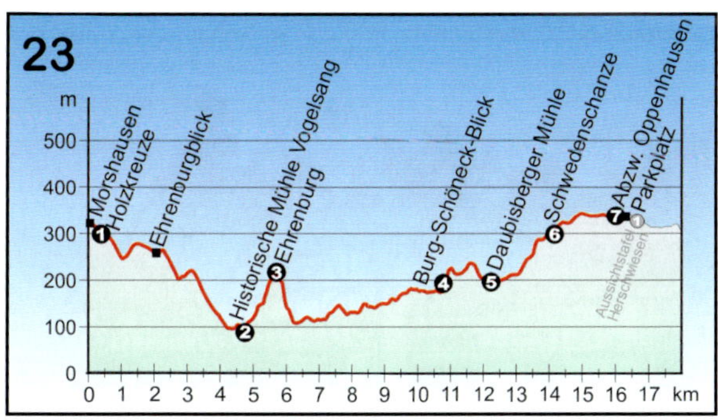

Diese Etappe entführt Sie in das wildromantische und mühlenreiche Ehrbachtal, auf dem Weg dorthin mit weiten Blicken auf Eifel, Ehrenburg und Mosel und an der mittelalterlichen Ehrenburg vorbei. In der kurzweiligen Klamm des Ehrbaches erwarten Sie Wasserfälle, Felsformationen, Brücken und wie in der Baybachklamm seilgesicherte Teilstücke – Trittsicherheit ist auch hier nötig. Vorbei am Schloss Schöneck und Windhausen geht es aufwärts und auf aussichtsreichen Wegen zum Etappenziel Oppenhausen. Diese Etappe folgt stellenweise der alten Römerstraße

Ausoniusweg und der Traumschleife „Ehrbachklamm“. Die größte Steigung erwartet Sie beim Aufstieg aus der Ehrbachklamm vor Windhausen (🡅 150 m), der längste Abstieg nach der Ehrenburg (🡇 105 m).

☝ *Bei Eis, Schnee und Hochwasser kann bzw. sollte diese Etappe nicht gegangen werden!*

Der SHS verlässt Morhausen nordwärts und führt an die Rhein-Mosel-Straße heran, die Sie bei Holzkreuzen nach rechts queren ❶ (km 0,3, ⇧ 300 m), um dann rechts am Waldrand entlang aufwärtszuwandern.

100 m vor dem Eintritt in den Wald schöner Blick über das Tal hinüber auf die Ehrenburg (km 2,1, ⇧ 260 m)

In Serpentinen führt der SHS abwärts durch Wald in das Tal des Ehrbaches, den Sie queren, um danach links zu gehen. Vor einem Campingplatz ❷ (km 4,7, ⇧ 90 m) folgen Sie dem SHS scharf rechts wieder durch Wald aufwärts.

Gasthaus bei Campingplatz Mühle Vogelsang

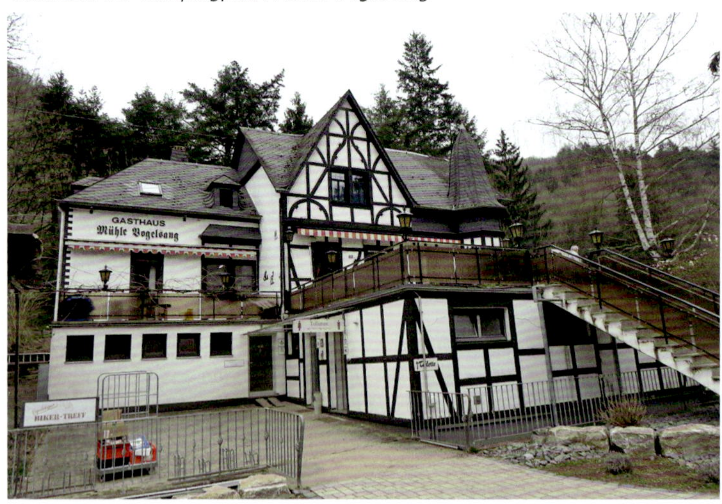

🛏 ⛺ FeWo ✕ Historische Mühle Vogelsang, Rhein-Mosel-Straße 63, ☏ 026 05/14 37, 💻 www.muehle-vogelsang.de, DZ ab € 41 p. P., FeWo für 2 Pers. ab € 68 pro Nacht, Camping ab € 9,50 für den Stellplatz und € 5,50 p. P., 🐕, 🗓, 🚪 Camping und FeWo ganzjährig, Gasthaus in Sommersaison (Ostern bis Allerheiligen) Mo, Mi, Do 17:00 bis 22:00, Fr 15:00 bis 22:00 sowie Sa und So 12:00 bis 22:00, Wintersaison Do bis Sa 17:00 bis 22:00 und So 12:00 bis 22:00. Gasthaus in altem Fachwerkhaus mit Mühlen-Biergarten und vielseitigen Übernachtungsmöglichkeiten: Zimmer, Ferienwohnungen bzw. -häuser, darunter tiny houses – gefördert vom Europäischen Landwirtschaftsfonds – sowie 3-Sterne-Campingplatz im Tal des Ehrbaches. Der lang gestreckte Campingplatz liegt mit seiner Südseite direkt am SHS, zum Eingang bzw. dem Gasthaus sind es noch etwa 600 m (rechts am Campingplatz entlang).

Nach längerem Anstieg erreichen Sie die oberhalb des Ehrbachtals liegende Ehrenburg ❸ (km 5,7, ⇧ 210 m).

♜ Die **Ehrenburg** wurde erstmals im 12. Jh. urkundlich erwähnt und diente den Ehrenberger Herren bis zu deren Aussterben im 14. Jh. als Wohnsitz. Im 17. Jh. kam es zu zwei Besetzungen: im Dreißigjährigen Krieg durch Spanier (1640-51) und im Pfälzischen Erbfolgekrieg durch Franzosen (ab 1688) unter Ludwig XIV. Nachdem Letztere Teile der Burg gesprengt hatten, wurde diese im 18. Jh. aufgegeben. Seit 1992 wird die Burg durch einen Freundeskreis erhalten bzw. wiederaufgebaut; heute ist hier ein Hotel untergebracht.

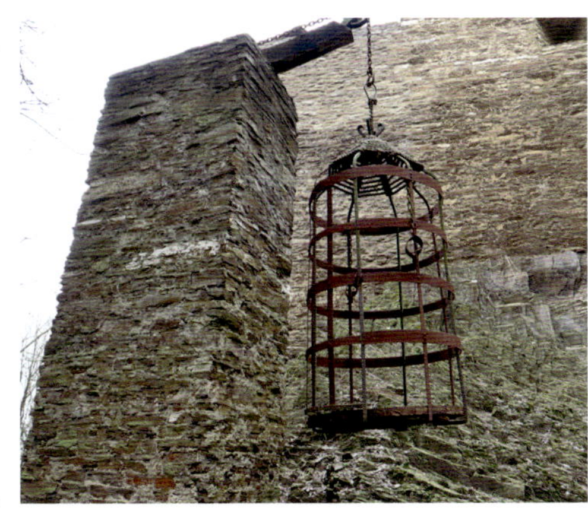

Am Eingang zur Ehrenburg

♦ 💻 www.ehrenburg.de, 🚪 Ostern bis 1. November Mo bis Sa 10:00 bis 18:00, So 11:00 bis 18:00, Eintritt € 3,50, genannt „Brückenzoll"

Schöne Aussicht vom Bergfried. Der aus zwei Türmen bestehende, 20 m hohe Bergfried diente neben der Verteidigung der Lagerhaltung.

Burghotel, ☏ 026 05/30 77, kontakt@ehrenburg.de, www.ehrenburg.de, ab € 65, , ganzjährig, Restaurant Mo bis Sa 12:00 bis 18:00, So 11:30 bis 17:00 sowie täglich ab 19:00. Kleines Hotel-Restaurant in der Ehrenburg mit Zimmern im Neubau und unter dem historischen Rittersaal

Von der Ehrenburg nehmen Sie den SHS südwärts durch Wald wieder hinunter in das Ehrbachtal mit mehreren Mühlen. Im Tal folgen Sie dem asphaltierten Weg nach links. Nach 150 m kommen Sie zu Ihrer Linken an der Linkemühle vorbei. Bei der folgenden Mühle, der Brandengrabenmühle (km 7, ⇧ 115 m), beginnt der urige Teil: Der Asphalt endet und Sie folgen dem SHS rechts um die Mühle herum und auf kleinem Pfad durch das bewaldete Bachtal. Der Weg ist gelegentlich mit Seilen gesichert und nach einem kleinen Wasserfall stellenweise mit Holzstegen versehen.

Nach der folgenden (dritten) Mühle, der heute als Tierpension genutzten Eckmühle, trifft bei dem von rechts einmündenden Mühlchesbach (km 8,7, ⇧ 140 m) von links der Traumschleifen-Rundweg „Ehrbachklamm" auf den SHS, die beide gemeinsam weiter flussaufwärts durch das Tal führen, das zusehends schmaler wird.

Entsprechend wird der Weg abenteuerlicher bzw. steiniger und bei nassem Wetter rutschiger. Trittsicherheit und Vorsicht sind ein Muss!

Traumschleife „Ehrbachklamm"

Der rund 9 km lange Traumschleifen-Rundweg „Ehrbachklamm" führt südlich von Oppenhausen teilweise durch das Ehrbachtal, davon 2,2 km entlang des SHS. Diese mit 93 Erlebnispunkten bewertete Traumschleife wurde 2015 als zweitschönster Rundwanderweg Deutschlands ausgezeichnet. Eine Verlängerung mit der 6,3 km langen Schöneckschleife ist möglich.

Nach etwa einer halben Stunde Wandern mit wegen der Wegbeschaffenheit relativ langsamem Tempo passieren Sie die schmalste Stelle, die Ehrbachklamm (km 9,7, ⇧ 175 m). Sicherungsseile sowie nach einem Wasserfall Holzstege erleichtern stellenweise das Vorankommen.

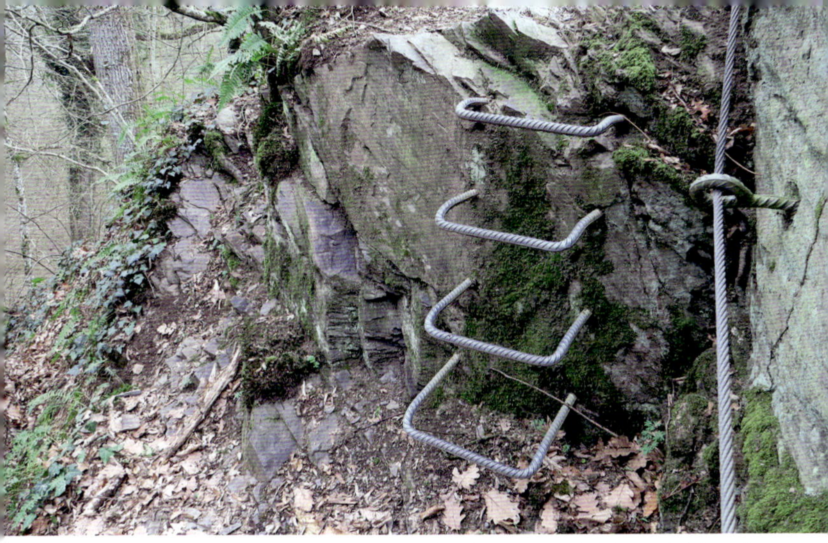

Kletterpassage bei Burg Schöneck

Der SHS und der Traumschleifen-Rundweg folgen dem Tal noch etwa 1 km, ehe es links auf steilem Felspfad, der sogenannten Rauschenburger Stiege, mit vielen Kurven aufwärtsgeht.

⛼ 🚻 Rastplatz mit schönem Blick hinüber zur Burg Schöneck ❹ (km 10,8, ⇧ 185 m)

50 m nach dem Rastplatz trennen sich die Wege: Der Traumschleifen-Rundweg führt links weiter, während Sie dem SHS nach rechts folgen – zusammen mit dem Rundweg Schöneckschleife; ohne den Titel „Traumschleife", aber auch sehr schön. Nach zwei Zwischenabstiegen erreichen Sie wieder den Ehrbach bei der bewirtschafteten **Daubisberger Mühle** ❺ (km 12,3, ⇧ 195 m).

✕ Daubisberger Mühle, ☏ 067 45/267, 🚪 ganzjährig täglich 8:00 bis 21:00. Einfacher und günstiger Biergarten mit kleiner Auswahl an Snacks (Brötchen)

Sie wandern durch das Tal, das Sie beim nächsten linken Seitental bei einem ehemaligen Schieferstollen verlassen (km 13,1, ⇧ 210 m). Zunächst durch das Seitental und später in Serpentinen folgen Sie dem SHS aufwärts durch Wald.

30 m nach einem Brunnen, dessen Wasser der Sage nach die Sehkraft verbessern soll, folgen Sie dem SHS auf kleinem Pfad scharf rechts aufwärts zum Schloss Schöneck. Auf dem Weg passieren Sie eine Bank mit Blick auf die Ruine der im 14. Jh. erbauten **Rauschenburg** (km 13,6, ⇧ 260 m). Danach gehen Sie geradeaus und rechts um das Schloss Schöneck herum, mit kleinen Klettereinlagen (Stufen und Seile).

Das um 1200 unter Konrad von Boppard erbaute Schloss Schöneck thront über der Ehrbachklamm.

Das Schloss ist seit 1910 im Besitz der Familie des Malers Wilhelm Steinhausens bzw. deren Stiftung und ist der Öffentlichkeit mit Ausnahme des zweiten Sonntags im September nicht zugänglich.

www.schloss-schoeneck.de

Der SHS quert die Zufahrtsstraße zum Schloss und zweigt 150 m danach scharf rechts ab und führt an der **Schwedenschanze** vorbei ❻ (km 14,2, ⇧ 300 m), wo die Schweden bei der Belagerung der (katholischen) Burg Schöneck im Dreißigjährigen Krieg ihr Lager aufgeschlagen hatten. Beim Wanderparkplatz gehen Sie links (km 14,3, ⇧ 325 m), vorbei an einem großen Rastplatz mit Grillhütte.

Am Waldrand entlang und später über freie Fläche folgen Sie dem SHS nach Windeshausen und von dort weiter zum Etappenziel **Oppenhausen** mit Einkehrgelegenheit. Unterhalb vom Sportplatz ❼ (km 16,1, ⇧ 340 m) ist geradeaus ein Abstecher nach Oppenhausen möglich.

Abstecher nach Oppenhausen (➲ 0,8 km)

Der günstigste und kürzeste Abstecher nach Oppenhausen beginnt vor dem Sportplatz des SV Eintracht Oppenhausen ❼ (km 16,1, ⇧ 340 m), wo Sie geradeaus gehen statt rechts aufwärts zum Sportplatz. Nach 50 m wandern Sie über einen Parkplatz und erreichen kurz darauf die Zufahrtsstraße nach Oppenhausen (Pastor-Wiegand-Straße)

Oppenhausen

Gasthaus Tenne, Mittelstraße 35, ☏ 067 45/18 28 28, www.gasthaus-tenne.de, 1. Juli bis 30. September Di bis Sa durchgehend ab 14:00, So ab 10:00, 1. Oktober bis 30. Juni Mo bis Fr ab 16:30, Sa ab 14:00 und So ab 10:00

mit den Buslinien 613 & 614 ab den zwei Haltestellen („Tenne" und „Pastor-Wiegend-Straße") Mo bis Fr wenige Verbindungen von/nach Buchholz, dort Bahnanschluss Richtung Boppard, www.vrminfo.de

Der SHS führt rechts an Oppenhausen vorbei und über den Sportplatz. Das offizielle Etappenende ist kurz dahinter bei der Zufahrtsstraße nach Oppenhausen, wo sich ein Parkplatz für Wandertransfers befindet.

Oppenhausen bietet keine Übernachtungsgelegenheit. Die nächstgelegenen Orte mit Übernachtungsmöglichkeiten sind Brodenbach an der Mosel (mehrere recht günstige Gästehäuser/Pensionen, Kasten unten) sowie Buchholz an der Hunsrückbahn, beide jeweils etwa 6 km entfernt und mit dem Taxi erreichbar.

nach Brodenbach Taxi Ewald, 026 05/47 00, nach Buchholz Taxi Manfred Zimmermann, 067 42/33 56

Buchholz

Hotel Tannenheim in Buchholz, Bahnhof Buchholz 3, 067 42/22 81, HotelTannenheim@aol.com, www.hotel-tannenheim.de, DZ mit serviertem Frühstück ab € 48 p. P., Transfer von/nach Oppenhausen für Hotelgäste gratis, Restaurant Mi bis Sa ab 18:00, So ab 17:00, Mo und Di Ruhetage. Hotel mit 12 Zimmer und Gartenterrasse

Brodenbach an der Mosel bietet mehrere Übernachtungsgelegenheiten.

Brodenbach

B&B

Romantisches Hotel zur Post, Rhein-Mosel-Str. 21, 026 05/514 42 77, www.romantisches-hotel-zur-post.de, ab € 40, . Restauriertes historisches Gebäude im Zentrum mit 12 Zimmern

B&B Mosel-Pension Gästehaus Christiane (wd), Salzwiese 27, 026 05/962 74 50, www.haus-christiane.de, ab € 37. Etwas oberhalb des Ortes gelegen

♦ Pension Haus am Walde, Salzwiese 16, 026 05/23 31, www.haus-am-walde.info, ab € 65. Ruhige Lage am Waldrand

Waldherberge-Moselblick, Im Moorkamp 5, 01 76/22 52 48 25, waldherberge-moselblick@web.de, www.waldherberge-moselblick.de, ab € 22 p. P. im DZ, (Transfer nach/von Oppenhausen für Hausgäste € 10 € pro Fahrt). Einfache Unterkunft am Waldrand

24. Etappe: Oppenhausen – Udenhausen – Boppard

17,9 km, 6 Std., ↑ 500 m, ↓ 750 m, ⇧ 75-463 m

0,0 km	⇧ 340 m	Wanderparkplatz Oppenhausen (mit nach Brodenbach B&B)
2,4 km	⇧ 305 m	Aussicht (Große) Kanzel
5,6 km	⇧ 290 m	Aussicht Buchöller Kopf
7,8 km	⇧ 370 m	Abstecher nach Udenhausen (0,3 km,)
12,2 km	⇧ 295 m	Hexentanzplatz
16,5 km	⇧ 270 m	Vierseenblick
16,8 km	⇧ 280 m	Gedeonseck , mit Abkürzungsmöglichkeit per Sessellift (0,2 km,)
17,9 km	⇧ 80 m	Mühltal am Anfang von Boppard (ca. 1 km nach Boppard, Rheinpromenade B&B)

Die nördliche Schlussetappe führt Sie zurück in die Zivilisation bei Boppard im UNESCO-Weltkulturerbe Oberes Mittelrheintal. Auf der ersten Hälfte – vor der Autobahnquerung – wechseln sich Höhenzüge und Bachtäler ab, während Sie im zweiten Teilstück überwiegend durch Wald wandern, ehe sich oberhalb des Rheintals ein tolles Panorama auf den Rhein bietet, dessen Windungen aus dieser Perspektive wie mehrere Seen aussehen. Diese Etappe folgt am Schluss dem RheinBurgenWeg und stellenweise den Traumschleifen „Hasenkammer" und „Mittelrhein-Klettersteig". Die größte Steigung erwartet Sie nach 6 km vor Udenhausen (↑ 160 m), der längste Abstieg am Ende hinunter nach Boppard (↓ 200 m), allerdings kann hier optional auch die Seilbahn genommen werden.

Vom Parkplatz beim Ort Oppenhausen kommend queren Sie kurz nach dem Sportplatz die Brodenbacher Straße und folgen dem SHS links am Friedhof vorbei. Hinter dem Friedhof zeigt eine Infotafel beim Aussichtspunkt mit Bank, was wo zu sehen ist ❶ (km 0,3 ⇧ 330 m). Ab hier begleitet Sie geradeaus der Traumschleifen-Rundweg „Hasenkammer" für 6,4 km.

Traumschleife „Hasenkammer"

Der 10,4 km lange Traumschleifen-Rundweg „Hasenkammer" führt als verwinkelter Rundweg zwischen Oppenhausen und Udenhausen durch mehrere Bachtäler und verläuft bis kurz vor Udenhausen auf demselben Weg wie der SHS.

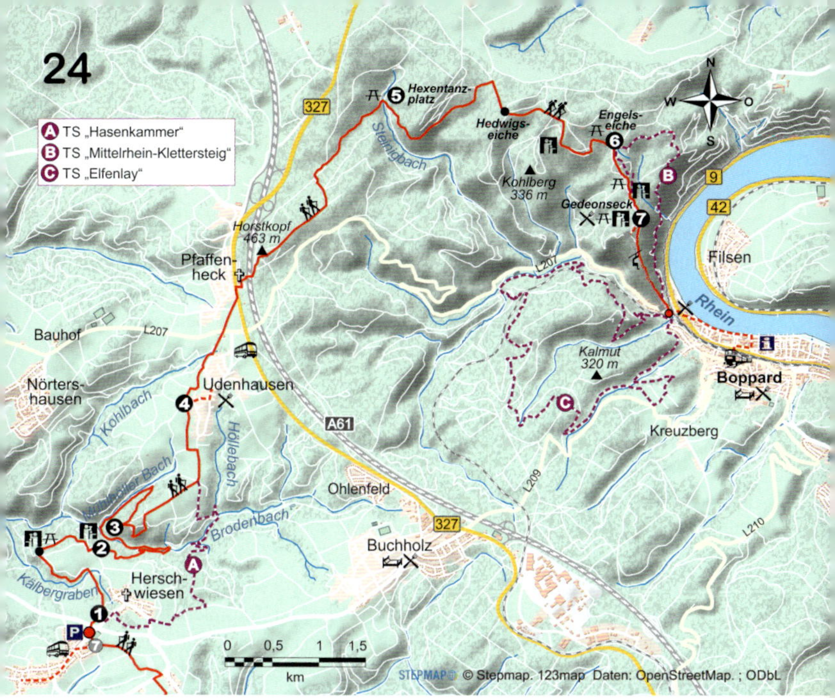

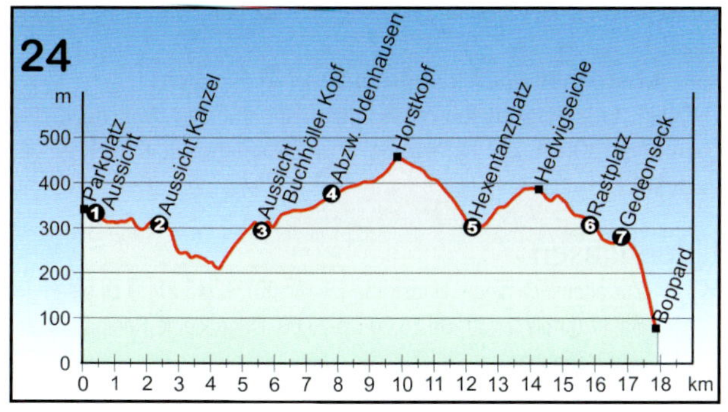

Am Waldrand entlang geht es westlich an **Herschwiesen** vorbei und abwärts. Nach der Querung des Baches Kälbergraben halten Sie sich links und passieren nach knapp 5 Min. einen alten Schiefersteinbruch.

Nach rund 10 Min. Rastgelegenheit bei der (2019 sehr vermüllten) Grillhütte „Auf dem Eichels“ und Infotafel mit schöner Aussicht über das Brodenbachtal (km 1,5, ⇧ 315 m).

Es folgt ein großer Bogen mit mehreren Rechtskurven, ehe Sie den Aussichtspunkt „(Große) Kanzel“ erreichen ❷ (km 2,4, ⇧ 305 m). Kurz darauf führen Sie SHS und Traumschleifen-Rundweg hinunter zum Elmgraben und weiter in das Tal des Brodenbaches, dem Sie links flussabwärts folgen. Beim ersten Seitental zur Rechten (km 4,2, ⇧ 205 m) folgen Sie dem SHS entlang des Mühlhöller Baches.

Nach 700 m müssen Sie scharf rechts aufwärts durch Wald!

600 m weiter erreichen Sie in einer scharfen Linkskurve einen Aussichtspunkt auf dem **Buchhöller Kopf** ❸ (km 5,6, ⇧ 290 m).

Nach einigen Kurven im Wald führt der SHS am Waldrand entlang und kurz darauf rechts geradlinig über freie Fläche und unter Stromleitungen hindurch. Anschließend wandern Sie rechts neben der Stromtrasse – mit etwas „Elektrosmog“ – westlich am Ort Udenhausen vorbei.

Bei der Kreuzung mit einem asphaltierten Weg kurz vor der Kirche (rechts) ist ein Abstecher nach Udenhausen möglich ❹ (km 7,8, ⇧ 370 m).

Abstecher nach Udenhausen (➲ 0,3 km)

Nach Udenhausen folgen Sie dem asphaltierten Weg nach rechts und erreichen nach 200 m die Udostraße. Zur Ortsmitte mit Einkehrgelegenheit geht es nach links.

Udenhausen

Zur alten Schmiede, Udostraße 28, ☏ 067 42/45 27, Di bis Fr 18:00 bis 0:00, Sa 17:00 bis 21:30, So 15:00 bis 23:00. Urige kleine Kneipe, bekannt für Fassbiere und Hähnchen

Nordwestlich von Udenhausen liegt an der B327 die Haltestelle „Udenhausen Bundesstraße“ für die Buslinien 620 und 621 Richtung Koblenz und Emmelshausen/Kastellaun/Simmern, Verbindungen täglich tagsüber alle 1 bis 2 Stunden, www.vrminfo.de.

Der SHS führt Sie nördlich von Udenhausen auf die Straße Auf dem Balkan, auf der Sie den Kohlbach queren und weiter in nordöstliche Richtung gehen, dem Straßenlärm entgegen: Erst geht es über eine Landstraße (km 8,8, ⇧ 400 m), nach 500 m rechts auf einem Zebrastreifen über die Bundesstraße 327, rechts an der St.-Nikolaus-Kirche vorbei und schließlich rechts auf einer Fußgängerbrücke über die Autobahn 61.

Anschließend empfängt Sie wieder Waldluft und nach einiger Zeit auch Stille. Nach kurzem Anstieg auf den Horstkopf (⇧ 463 m) folgt ein längerer Abstieg in das Tal des Steinigbaches, den Sie queren. Der Bach ist kurz nach seiner Quelle (links) zu einem kleinen Teich aufgestaut.

Hier befindet sich der Rastplatz **„Hexentanzplatz“** ❺ (km 12,2, ⇧ 295 m). Der Name geht auf einen alten Volksglauben zurück, nach dem Hunsrück-Hexen sich in der Walpurgisnacht (die Nacht vom 30. April auf den 1. Mai) an der Quelle des Steinigbaches versammeln sollen.

Sie gehen bei der Kreuzung nach der Bachquerung geradeaus und steigen wieder an. Nach dem letzten längeren Anstieg dieser Etappe passieren Sie bei einer kleinen Hütte die **Hedwigseiche** (km 14,2, ⇧ 385 m) und gehen dort bei der Kreuzung halb rechts.

Nach 15 Min. passieren Sie einen Panoramapunkt (km 15,2, ⇧ 350 m) mit Ausblick auf Viaduktbögen der Hunsrückbahn.

100 m nach dem Aussichtspunkt zweigen Sie rechts auf einen Pfad ab.

Hedwigs- und Engelseiche

Engelbert Humperdinck, Komponist von Kinderliedern und Märchenopern wie „Hänsel und Gretel“, lebte ab 1897 zusammen mit seiner Frau Hedwig in Boppard und ließ sich bei ausgedehnten Waldspaziergängen inspirieren – ein Chronist bezeichnete Humperdinck als „poesievollen Tonpoet des deutschen Waldes“.

Im Gedenken an den Komponisten und seine Frau tragen zwei Eichen oberhalb von Boppard die Vornamen von ihm und seiner Frau: Hedwigs- und Engelseiche. Das genaue Alter der Eichen ist unbekannt, aber mit Sicherheit standen die beiden massiven Bäume schon zu Lebzeiten der Namensträger.

Bei der Kreuzung mit der **Engelseiche** und einer einfachen Hütte, Sinnesbank und ⛼ Rastgelegenheit ❻ (km 15,9, ⇧ 305 m) gehen Sie auf dem SHS geradeaus und passieren kurz darauf einige Aussichtspunkte, eine rekonstruierte Köhlerhütte mit ⛼ Rastgelegenheit und rechts davon einen MTB-Übungsparcours. Von der Engelseiche bis nach Boppard folgt der SHS dem von links einmündenden Fernwanderweg RheinBurgenWeg sowie der Traumschleife „Mittelrhein-Klettersteig".

Traumschleife „Mittelrhein-Klettersteig" und Klettervariante (➲ 0,8 km länger und technisch anspruchsvoller)

Der 5 km lange Traumschleifen-Rundweg „Mittelrhein-Klettersteig" führt nördlich von Boppard durch das UNESCO-Welterbegebiet Oberes Mittelrheintal am linken Rheinhang entlang. Der alpine Anspruch zeigt sich an 11 optionalen Kletterpassagen. Der SHS folgt auf seinen letzten 2 km dieser Traumschleife.

Wenn Sie auf dem Weg zum Etappenziel Boppard noch eine alpine Herausforderung suchen, können Sie statt der beschriebenen „normalen" Wandervariante via Vierseenblick und Gedeonseck auch dem Mittelrhein-Klettersteig nach Boppard folgen, der „Klettervariante" des SHS. Dazu folgen Sie der entsprechenden linken Abzweigung bei der Engelseiche, die 200 m vor dem Mühltal wieder auf den „normalen" SHS stößt.

Restaurant Gedeonseck

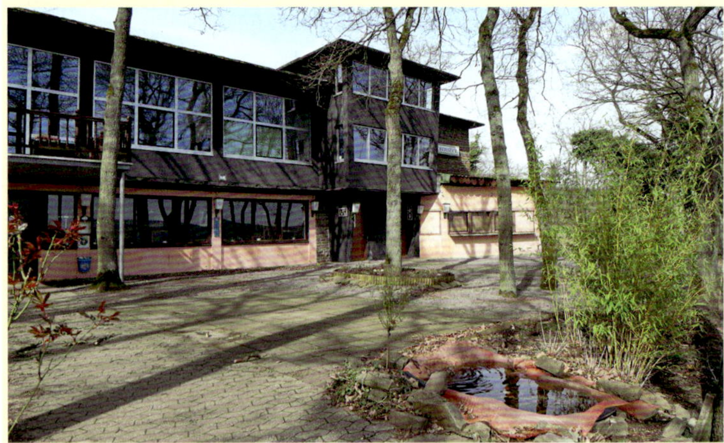

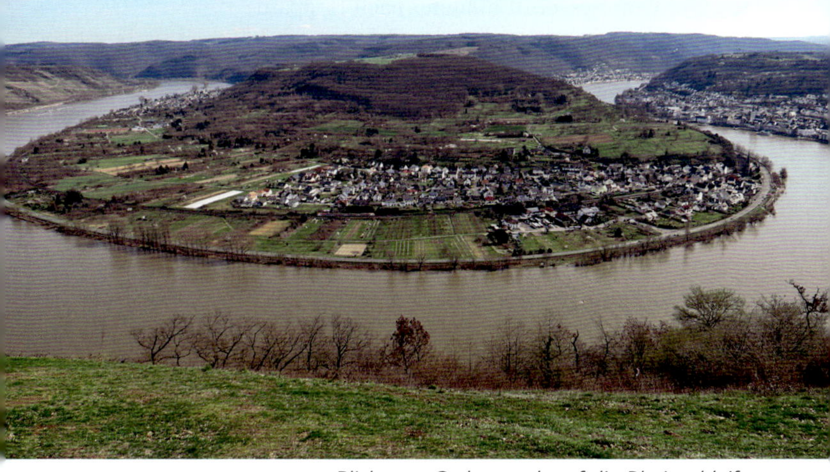

Blick vom Gedeonseck auf die Rheinschleife

Bei einer Einkehrgelegenheit bietet sich ein phänomenaler Blick auf den Rhein (km 16,5, ⇧ 270 m), der **„Vierseenblick"**. Der Name kommt daher, dass Windungen des Rheins von hier aus wie vier Seen aussehen. Die Terrasse darf nur von Hausgästen betreten werden, aber links davon ist ein schmaler „freier Ausblick".

Café-Restaurant Vierseenblick, ☏ 067 42/35 40, etwa April bis Oktober, nach eigenen Angaben keine festen Öffnungszeiten, je nach Wetter und Wasserstand (da kein fester Wasseranschluss). Überschaubare Lokalität mit Aussichtsterrasse

Beim Vierseenblick folgen Sie dem SHS hinter der Lokalität leicht links oberhalb des Rheins Richtung Boppard und erreichen nach 5 Min. den Aussichtspunkt **Gedeonseck** mit Einkehr- und Rastgelegenheit ❼ (km 16,8, ⇧ 280 m).

Restaurant Gedeonseck, ☏ 067 42/26 75, Ende März bis Ende November täglich 10:00 bis 18:00. Gemäß der Höhe etwas höhere Preise als weiter unten im Rheintal, dafür toller Blick

Die folgende Passage führt auf einem steilen Felspfad hinunter in das Mühltal bei Boppard; anstelle des Abstiegs können Sie auch den Sessellift nehmen.

Mit dem Sessellift hinunter nach Boppard

Vom Restaurant folgen Sie rechts dem Zubringerweg 200 m bis zur Bergstation des Sessellifts.

Der 1954 angelegte Doppelsessellift überwindet die 230 Hm Unterschied in wenigen Minuten. Die Talstation befindet sich im Mühltal am Ortsrand, wo der SHS Boppard erreicht.

♦ www.sesselbahn-boppard.de, 1. April bis 31. Oktober täglich 10:00 bis 18:00, am Saisonanfang und -ende bis 17:00, einfache Fahrt € 5,50

Rechts am Restaurant Gedeonseck vorbei folgen Sie dem SHS und dem Mittelrhein-Klettersteig in südliche Richtung, ab einem einladenden Aussichtspavillon parallel zu einer Stromleitung.

Vor einer Bahnbrücke erreichen Sie im Mühltal den Ortsanfang von Boppard. Rechts befindet sich die Talstation des Sesselliftes (km 17,9, ⇧ 75 m) und links zwei Einkehrgelegenheiten, beide in alten Fachwerkhäusern und mit internationaler Küche.

Fondel's Mühle im Mühltal bei Boppard

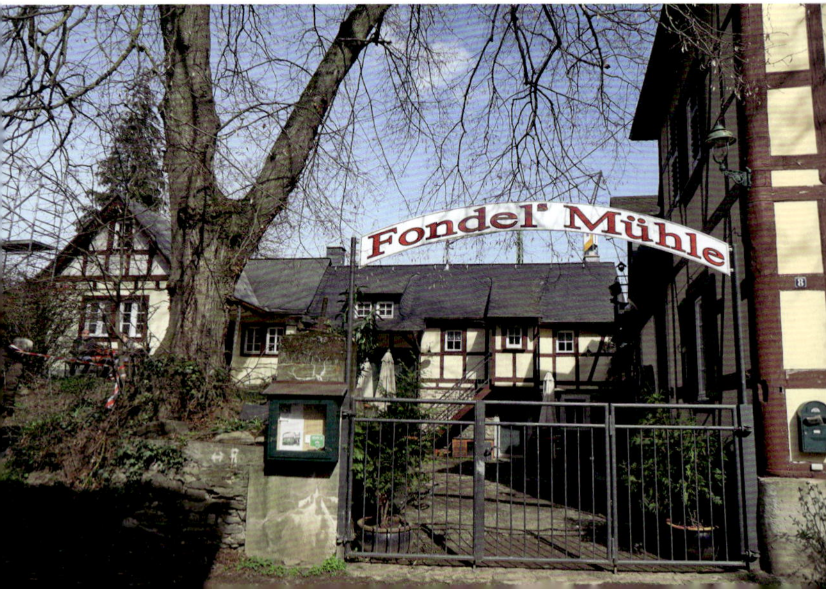

✕ Fondels Mühle, Im Mühltal 8, ☏ 067 42/57 75, 💻 www.fondelsmuehle.de, Di bis Sa ab 17:00, feiertags ab 12:00

✕ Wirtshaus Anders, Im Mühltal 6, ☏ 067 42/89 67 54, 💻 www.wirtshaus-anders.de, Mo, Do-Sa ab 17:00, So ab 12:00. Etwas anderes Gasthaus – auch vegan, ohne Konservierungsstoffe, Geschmacksverstärker, Palmöl

Zur Ortsmitte (noch rund 1 km) queren Sie die Bahnlinie, folgen der Bundesstraße rechts über den Bach und danach links dem Kreuzweg zur Rheinpromenade, auf der Sie sich der Ortsmitte nähern. Nach 600 m biegen Sie nach dem Klinikum und 50 m vor dem Anleger/Fahrkartenhäuschen der Köln-Düsseldorfer rechts in die Karmeliterstraße ab, links an der Karmeliterkirche vorbei. 120 m sind es bis zu einer Kreuzung mit einem Bioladen, wo Sie rechts die Heeresstraße nehmen und nach 200 m links zum Bahnhof abbiegen.

Boppard

B&B ✕

Tourist-Info Boppard, Marktplatz – Altes Rathaus, ☏ 067 42/38 88, Mai bis September Mo bis Fr 9:00 bis 18:30, Sa 10:00 bis 14:00, Oktober bis April Mo bis Fr 9:00 bis 17:00

Boppard bietet als beliebte Bleibe am Rhein eine Reihe von Unterkünften, von denen einige allerdings schon ziemlich in die Jahre gekommen sind. Zu den Übernachtungskosten kommt in jedem Fall eine Gemeindesteuer in Höhe von € 1,50. Besonders auf Wanderer ausgerichtet sind:

✕ Hotel Restaurant Ebertor, Heerstr. 172, ☏ 067 42/80 72 51, 💻 www.ebertor.de, ab € 40, Restaurant täglich 11:00 bis 14:00 und 18:00 bis 20:30. 3-Sterne-Superior-Hotel (wd) westlich der Altstadt direkt am Rhein, 150 m vom Bahnhof

Rheinhotel Baudobriga, Rheinallee 43, ☏ 067 42/805 50, 💻 www.baudobriga.de, ab € 40. 3-Sterne-Hotel (wd) westlich der Altstadt, 250 m vom Bahnhof

♦ Bei Schinderhannes & Julchen, Seminarstraße 9, ☏ 067 42/31 73, 💻 www.schinderhannes-und-julchen.de, ab € 45, , , täglich ab 16:00. 3-Sterne-Haus (wd) mit 38 Betten im Zentrum, 30 vom Rheinufer entfernt

B&B Mittelrhein-Pension Wickert, Antoniusstraße 9a, ☏ 067 42/31 41, 💻 www.mittelrheinpension.de, ab € 40. Pension (wd) mit zeitgemäßen Zimmern in Bahnhofsnähe

FeWo ✕ Campingpark Sonneneck, An der B9, ☏ 067 42/21 21, 💻 www.sonneneck-camping.de, Zelt ab € 3,50, Fewo ab € 30, immer zzgl. ab € 6 p. P., (laut Foto auf der Website auch auf dem Liegestuhl ...), Mitte April bis Mitte Oktober. Mit Ferienwohnungen, Pool und Restaurant, 5 km rheinabwärts auf der linken Rheinseite, zwischen Bahn, Bundesstraße und Rhein

Wie in einem Weinanbaugebiet üblich locken in Boppard zahlreiche Straußwirtschaften zur Einkehr.

Historischer Karmeliterhof, www.karmeliterhof-boppard.de, April bis Dezember täglich 10:00 bis 23:00. Essen in historischem Ambiente, mit guter Auswahl für Vegetarier und einigen Bio-Zutaten

zwei Supermärkte (Rewe, Penny) sowie Bioladen (Blenemeisje) am Bahnhof

Outdoor & Freizeit Reichenbach, Oberstraße 132, Mo bis Fr 9:00 bis 12:30 und 14:00 bis 18:00, Sa 9:00 bis 13:00 – Fachgeschäft für Outdoor-Artikel zwischen Bahnhof und Altstadt. Hilfreich, wenn man die Wanderung in Boppard beginnt und noch etwas vergessen hat ...

zwei Apotheken, beide zwischen Bahnhof und Zentrum: Kreuz-Apotheke an der Oberstraße 136, 067 42/25 50, und Alte Apotheke in Oberstraße 151, 067 42/877 80

Gemeinschaftsklinikum Mittelrhein/Heilig Geist, Bahnhofstr. 7, 067 42/10 10

Bahnhof Boppard mit häufigen Verbindungen mit Regionalzügen (1- bis 2-mal stündlich pro Richtung) entlang der linksrheinischen Bahnstrecke zwischen Koblenz und Mainz, www.bahn.de

St. Severus-Kirche am Marktplatz in Boppard

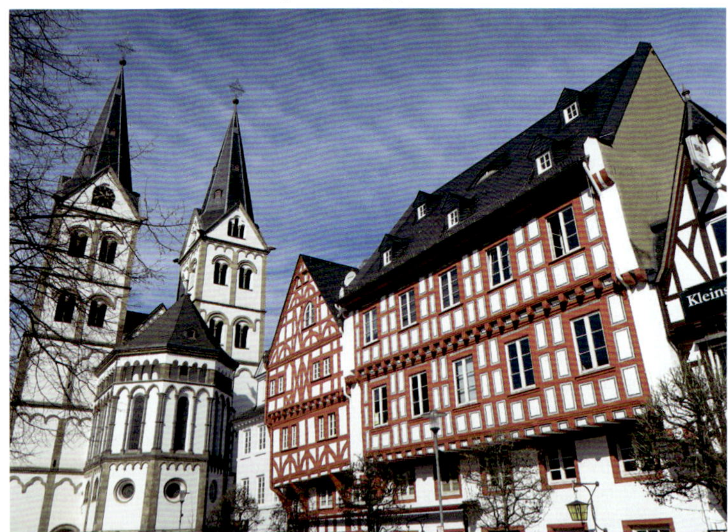

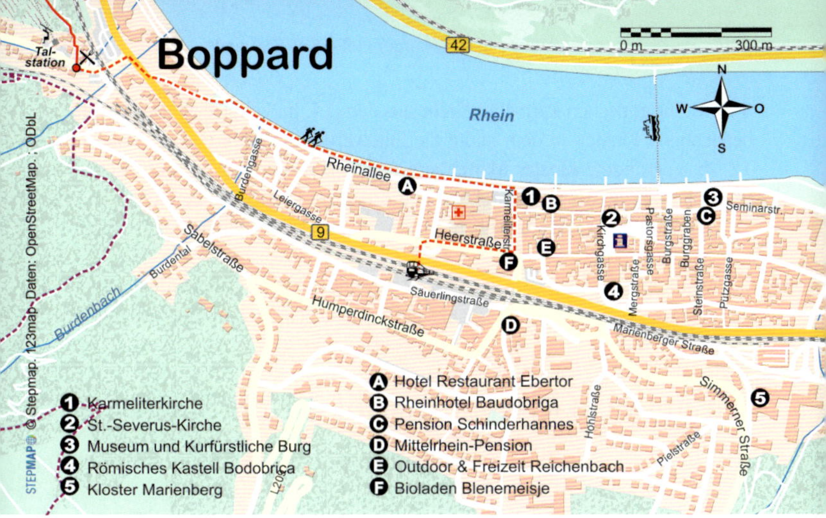

Boppard liegt auf der linken Rheinseite des Oberen Mittelrheintales, das seit 2002 als UNESCO-Welterbe ausgewiesen ist, direkt am Bopparder Hamm, der größten Rheinschleife. Der Ort ist Kreuzungspunkt mehrerer Fernwanderwege: neben dem SHS der Ehrbachklammweg, RheinBurgenWeg, Rheinhöhenweg, Moselhöhenweg, Hunsrückhöhenweg und der Hunsrückbahnweg.

Am Stadtrand erinnern Reste des spätrömischen **Kastells Bodobrica** von 360 n. Chr. an die Zeit der Römer: bis zu 9 m hohe und 3 m mächtige Mauern, die einst den 300 x 150 m großen Militärstützpunkt umgaben.

♜ ⌘ Die **Kurfürstliche Burg** wurde vom Trierer Erzbischof Balduin am Rhein als Zoll- und Zwingburg auf den Resten einer mittelalterlichen Burganlage englischen Ursprungs erbaut. Seit mehr als 100 Jahren dokumentiert das Museum Boppard in der Burg (Burgplatz 2) die Geschichte des Ortes und zeigt Möbel des in Boppard geborenen Stuhldesigners Michel Thonet, der mit seinen Sitzmöbeln im 19. Jh. bei den Habsburgern Karriere macht.

♦ 💻 www.museum-boppard.de, 🚪 Di bis Fr 10:00 bis 17:00, Sa und So 11:00 bis 18:00, Eintritt € 4

✞ Die spätromanische **Kirche St. Severus** am Marktplatz wurde im 12. Jh. auf den Resten der ehemaligen römischen Militärthermen errichtet und wurde 2015 unter Papst Franziskus zur Basilica Minor erhoben.

🚪 täglich 10:00 bis 18:00

✝ Zur gotischen **Karmeliterkirche** aus dem 14. Jh. gehörte ab dem 18. Jh. das benachbarte Kloster, in dem heute die Stadtverwaltung untergebracht ist. Das im 12. Jh. gegründete **Kloster Marienberg** oberhalb von Boppard wurde nach einem Brand im Jahr 1738 als Barockbau neu errichtet. Das Gebäude steht seit 1981 leer. Der 3,3 ha große Landschaftsgarten ist seit 2007 öffentlich zugänglich.

Im Süden von Boppard gedeihen im **Weinbaugebiet „Bopparder Hamm"** an der größten Rheinschleife überhaupt auf 75 ha Fläche Reben, überwiegend Riesling.

Variante 1: Grimburger Hof – Kell-Stausee

➲ 11,7 km, ⧗ 4 Std., ↑ 345 m, ↓ 255 m, ⇧ 380-535 m

0,0 km	⇧ 380 m	Grimburger Hof 🛏 ✕, mit Abstecher zur Grimburg (➲ 0,6 km, ♜)
4,6 km	⇧ 440 m	Rastplatz bei Keller Steg (Gabelung des SHS) ⛩
7,4 km	⇧ 500 m	Rastplatz bei Ruwer-Hochwald-Radweg 3 und Abstecher nach Kell am See (➲ 1,5 km, i 🛏 B&B ✕ 🛒 ⚕ 🚌 ≋ ✝)
9,4 km	⇧ 505 m	Rastplatz an Weiher ⛩
11,7 km	⇧ 475 m	Stausee bei Kell am See 🛏 ✕

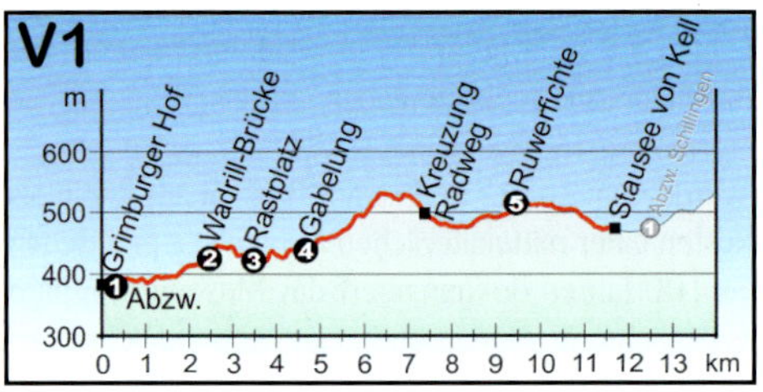

Diese kurze Etappe zweigt bei der 7. Etappe bei Gusenburg vom „originalen" Saar-Hunsrück-Steig ab und führt zum Stausee von Kell, einer beliebten Urlaubsregion. Der erste Teil entspricht noch dem Anfang der 7. Etappe: Vorbei an der Grimburg mit dessen aussichtsreichem Turm und weiter durch das einsame Tal der Wadrill, das Sie westlich von Gusenburg über den Keller Steg verlassen. Durch ebenes Gelände nähern Sie sich dann dem Stausee bei Kell und wandern dabei durch das Quellgebiet der Ruwer, die nördlich von Trier in die Mosel mündet. Am Schluss folgen Sie kurzzeitig der Traumschleife „Hochwald Acht". Die größte Steigung beginnt bei der Abzweigung von der 7. Etappe (↑ 100 m), der längste Abstieg erwartet Sie kurz nach der Querung der Hunsrück-Höhenstraße (↓ 50 m).

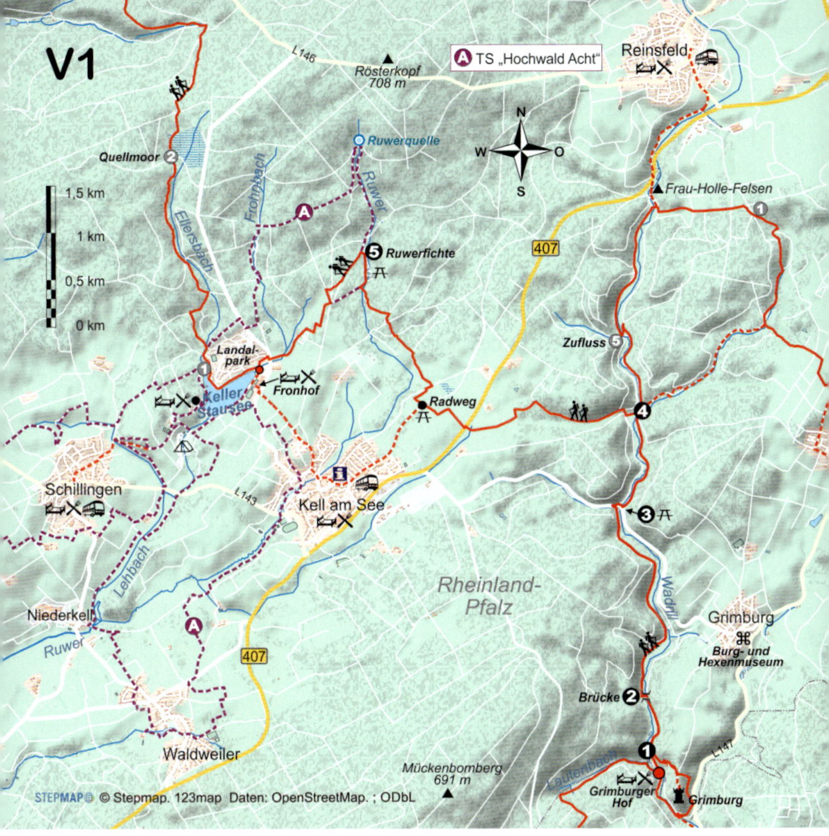

Diese Etappe ist zu Beginn eine verkürzte Variante der 7. Etappe: Sie startet wie jene beim Grimburger Hof, führt aber nicht um die Grimburg herum, sondern direkt nordwärts entlang der Zufahrtsstraße zur Grimburg. Nach 100 m schwenkt die Straße rechts aufwärts zur Grimburg, während Sie dem Weg geradeaus durch Wald folgen (es sei denn, Sie wollen sich vorher noch die Burg anschauen (➲ 0,4 km)), in den nach 40 m der SHS von rechts einmündet ❶ (km 0,2, ⇧ 385 m).

Sie folgen dem Saar-Hunsrück-Steig geradeaus bzw. rechts neben dem Flüsschen Wadrill. Nach 500 m queren Sie die Wadrill links über die Brücke ❷ (km 0,9, ⇧ 395 m). Unmittelbar vor der Querung des Flusses Wadrill zweigt rechts ein ↳ Zubringer in den Ort Grimburg ab(➲ 1 km).

Sie folgen dem Saar-Hunsrück-Steig nach links über die Wadrill und links vom Fluss weiter nordwärts durch das idyllische Wadrilltal, mal auf kleinem Pfad, mal auf Forstweg.

⛼ Rastplatz nach Querung der Kreisstraße und Wadrill ❸ (km 3,5, ⇧ 420 m)

Nach einem weiteren Kilometer erreichen Sie vor einer Stromleitung bei einem ⛼ Rastplatz die **Gabelung des Saar-Hunsrück-Steigs** ❹ (km 4,6, ⇧ 440 m): Geradeaus führt die Hauptvariante durch den Hunsrück, Sie aber nehmen bei dieser Etappe den links abzweigenden Keller Steg Richtung Trier/Kell am See (➲ etwa 42 km bis Trier).

Der Saar-Hunsrück-Steig quert nach 30 Min. die Bundesstraße 407 (km 6,5, ⇧ 525 m) und führt nördlich an Kell vorbei. Nach 10 Min. queren Sie den Ruwer-Hochwald-Radweg bei einem ⛼ Rastplatz (km 7,4, ⇧ 500 m). Der 48 km lange **Ruwer-Hochwald-Radweg** verläuft von Trier durch das Ruwertal über Kell am See nach Hermeskeil auf einer ehemaligen, 1980 stillgelegten Bahntrasse. Entlang der Bahntrasse führt links der Zubringer nach Kell am See.

Aussichtsplattform bei Kell am See

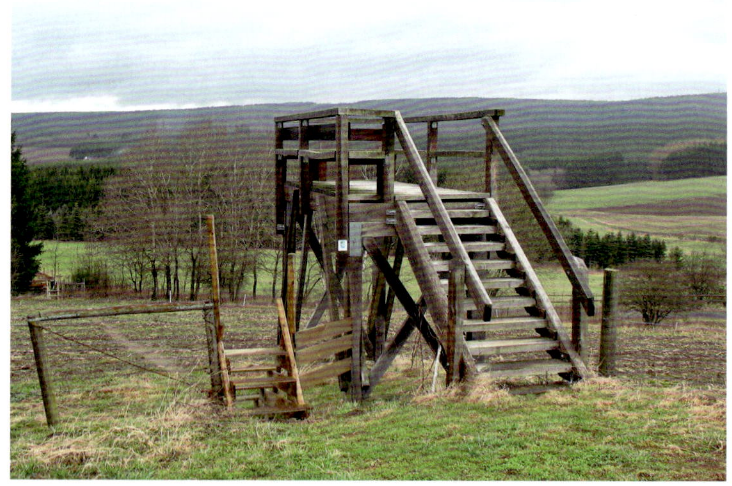

Abstecher nach Kell am See (➲ 0,5 km) oder abgekürzte Variante über Kell (➲ 1,3 km kürzer als SHS)

Der SHS macht einen Bogen um Kell und berührt nur den Stausee. Dieser Abstecher führt links nach 1,2 km auf dem Radweg in die Ortsmitte von Kell am See mit Übernachtungs-, Einkehr- und Einkaufsgelegenheiten. Sie können von Kell auch direkt zum Stausee gehen, überwiegend durch Wohngebiet, statt auf dem SHS durch Wald.

Kell am See

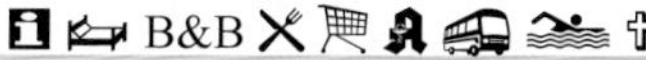

Touristinformation Hochwald-Ferienland, Rathausstraße 2, 54427 Kell am See, ☏ 065 89/10 44, info@hochwald-ferienland.de, www.hochwald-ferienland.de, Mo bis Fr 9:00 bis 13:00 und 14:00 bis 17:00, Juli bis Oktober auch Sa 10:00 bis 12:00

Kell bietet mehrere Hotels:

- Hotel-Restaurant Zur Post, Hochwaldstraße 2, ☏ 065 89/917 10, info@postkueche.de, www.postkueche.de, ab € 48, Restaurant Mo, Di und Do bis Sa 12:00 bis 14:00 und 18:00 bis 21:00, So 12:00 bis 14:00, Terrasse Ostern bis Oktober während der Küchenzeiten, sonst (O-Ton) „Versorgung über Frischeautomat". 3-Sterne-Hotel (wd) mit 20 Betten, 1,1 km vom Saar-Hunsrück-Steig
- Hotel Typisch, Hochwaldstraße 1, ☏ 065 89/346, info@hoteltypisch.de, www.hoteltypisch.com, ab etwa € 46, Brasserie/Restaurant täglich außer Mi ab 17:30. Hotel/Brasserie (wd) in Ortsmitte neben dem alten Bahnhof, 1,1 km vom Saar-Hunsrück-Steig
- Landhotel Haus Doris, Nagelstraße 8, ☏ 065 89/71 10, hausdoris-kell@t-online.de, www.landhotel-haus-doris.de, ab € 40, Küche Mo bis Sa außer Mi 18:00 bis 22:00, So 12:00 bis 14:00 und 18:00 bis 22:00. 2-Sterne-Hotel (wd) mit 16 Zimmern in ruhiger Lage mit Biergarten und Weinlaube, 1,3 km vom Saar-Hunsrück-Steig

B&B Privatzimmer sind über die Touristinformation buchbar.

Supermarkt Rewe in der Ortsmitte, Kapellenstraße 44

Hochwald Apotheke Kell am See, Bahnhofstraße 6, ☏ 065 89/10 15, www.hochwald-apotheke.com

Baden im Stausee ist nicht möglich, aber es gibt am Campingplatz zwischen Kell am See und Schillingen das Freibad Hochwald, ☞ Abstecher nach Schillingen bei nächster Etappe.

Busverbindungen mit Linie 33 sowie im Sommer RR200 von/nach Trier und Hermeskeil Mo bis Fr mehrmals am Tag, www.vrt-info.de

Das idyllisch am 1972 fertiggestellten Stausee gelegene Kell bietet viele Freizeitmöglichkeiten. Der staatlich anerkannte Luftkurort gehört mit seinen rund 1.900 Einwohnern zur Verbandsgemeinde Saarburg-Kell. Kell am See wurde um 634 erstmals urkundlich erwähnt, war aber bereits zu Römerzeiten besiedelt, wie Reste von Landhäusern beweisen.

✞ In der Pfarrkirche ist die Krippe sehenswert, an deren 200 holzgeschnitzten Figuren 50 Jahre lang gearbeitet wurde. Die Krippe beschreibt Stationen des Lebensweges Christi.

Von Kell gehen Sie sinnvollerweise direkt zum See (➲ 1,8 km), den Sie an dessen Ostende erreichen, wo die nächste Etappe beginnt. Im Zentrum von Kell nehmen Sie dafür nach der Touristinfo die rechts von der Bahnhofstraße abzweigende Marktstraße und wandern an deren Ende rechts über die Ruwer. Weiter geht es nordwärts geradeaus auf der Trierer Straße, in deren Linkskurve rechts in die Bergstraße und nach 200 m in die Seestraße durch ein neues Wohngebiet. Vor dem Hotel Fronhof erreichen Sie die Kreisstraße und folgen ihr rechts, um gleich darauf links am Gestüt des Fronhofs vorbeizugehen oder danach links abwärts zum Keller See zu wandern. Hinter dem Parkplatz queren Sie links den Bach und erreichen wieder den SHS am Ende der Variante 1 bzw. Beginn der Variante 2.

Der Saar-Hunsrück-Steig führt nördlich um Kell am See herum, wobei Sie großteils durch Wald wandern und erst den Gimpelswiesenbach und später die Ruwer queren. Weiter geht es durch das Ruwertal, geprägt von der Ruwer, einem 46 km langen Fluss, der seine Quelle am 708 m hohen Rösterkopf hat und der bei Trier in die Mosel mündet.

⛩ Rastplatz an kleinem Weiher (km 9,4, ⇧ 505 m)

Begleitet werden Sie auf diesem Teilstück sowie später kurz vor dem Etappenende von dem vor dem Rastplatz links einmündenden Traumschleifen-Rundweg „Hochwald Acht“.

↬ Traumschleife „Hochwald Acht“

Der mit 20 km ausgesprochen lange Traumschleifen-Rundweg „Hochwald Acht“ führt in Form einer weit geschwungenen Acht um den Keller See.

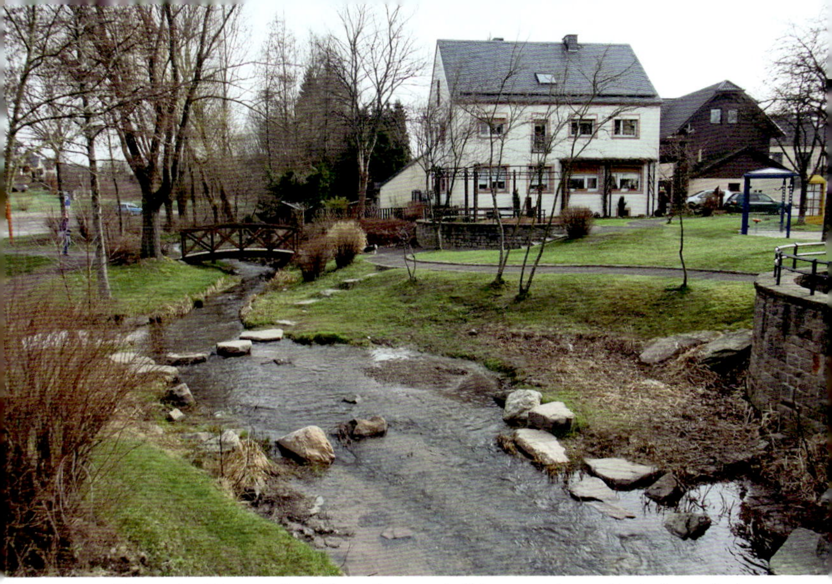

Die erste Etappe des Abzweigs nach Trier endet am Frohnbach beim Keller Stausee

Nach wenigen Minuten passieren Sie die 1850 gepflanzte **Ruwerfichte** ❺ (km 9,6, ⇧ 515 m), die eine Höhe von 40 m und einen Umfang von mehr als 3,50 m erreicht und damit gemäß Schild als „stärkster Baum im Keller Wald“ gilt.

Der SHS führt Sie weiter durch den Osburger Hochwald, ehe Sie kurz vor dem Stausee von Kell eine freie Fläche erreichen. Sie queren die Kreisstraße 75 (km 11,4, ⇧ 475 m) und halten sich kurz rechts, dann links, vorbei an den im Wald verteilten 234 Ferienhäusern der 35 ha großen Urlaubsanlage Landal Greenpark Hochwald, wo Sie den Stausee von Kell erreichen. Links liegt leicht oberhalb des Sees das Pferdegestüt Fronhof mit nett gelegenem Hotel-Restaurant.

Hotel-Restaurant Fronhof, ☏ 065 89/16 41, info@hotel-fronhof.de, www.hotel-fronhof.de, ab € 50, Restaurant Di bis So 9:00 bis 24:00, Küche Di bis So 11:30 bis 14:30 und 17:00 bis 21:00. 3-Sterne-Hotel (wd) mit 10 gut ausgestatteten Zimmern am Stausee, 300 m vom Saar-Hunsrück-Steig entfernt

Weitere Übernachtungsgelegenheiten gibt es in Kell sowie am Anfang der nächsten Etappe.

Variante 2: Kell-Stausee – Riveris – Kasel

20,2 km, 5 Std. 30 Min., ↑ 470 m, ↓ 790 m, ⇧ 150-640 m

0,0 km	⇧ 475 m	Stausee bei Kell am See
0,8 km	⇧ 475 m	Abstecher nach Schillingen (2,5 km) und zu Campingplatz (1,2 km)
3,5 km	⇧ 620 m	Quellmoor Weyrichsbruch
7,5 km	⇧ 495 m	Abstecher nach Holzerath (1,1 km)
14,2 km	⇧ 270 m	Riveris B&B FeWo
18,0 km	⇧ 155 m	Waldrach
20,2 km	⇧ 160 m	Kasel und Abstecher nach Mertesdorf (⇧ 1,7 km)

Vom Stausee geht es schnell aufwärts in den Osburger Hochwald und auf einem Knüppeldamm trockenen Fußes durch das geschützte Quellmoor und den Hochwald zum Ruwertal mit der Riveris-Talsperre. Vorbei an der Felsformation Langenstein wandern Sie durch das Ruwertal mit seinen vielen Mühlen und ab Waldrach an der Ruwer entlang, bis Sie die Weindörfer Kasel und Mertesdorf erreichen. Diese Etappe folgt stellenweise den Traumschleifen „Schillinger Panoramaweg" und „Morscheider Grenzpfad". Die größte Steigung beginnt kurz nach dem Stausee bei Kell (↑ 180 m), der längste Abstieg erwartet Sie vor der Riveris-Talsperre (↓ 190 m).

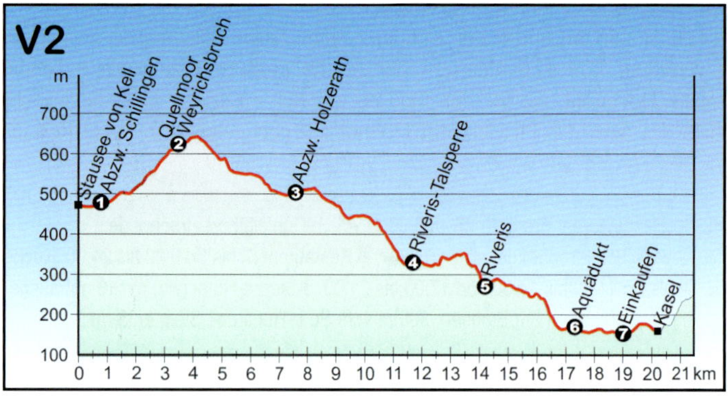

Etwa 10 Min. gehen Sie entlang der Uferpromenade des 14 ha großen und 1972 angelegten Stausees. Schließlich verlassen Sie den Stausee auf dem Saar-Hunsrück-Steig nordwärts (km 0,7, ⇧ 470 m). 50 m nach dem Ende des Sees zweigt links ein Zubringer nach Schillingen ab ❶ (km 0,8, ⇧ 475 m) (➲ 2,5 km), auf dem Sie auch an einem Hotel (➲ 0,6 km) und einem Campingplatz (➲ 1,2 km) vorbeikommen. Der Weg verläuft teilweise entlang des Traumschleifen-Rundwegs „Schillinger Panoramaweg".

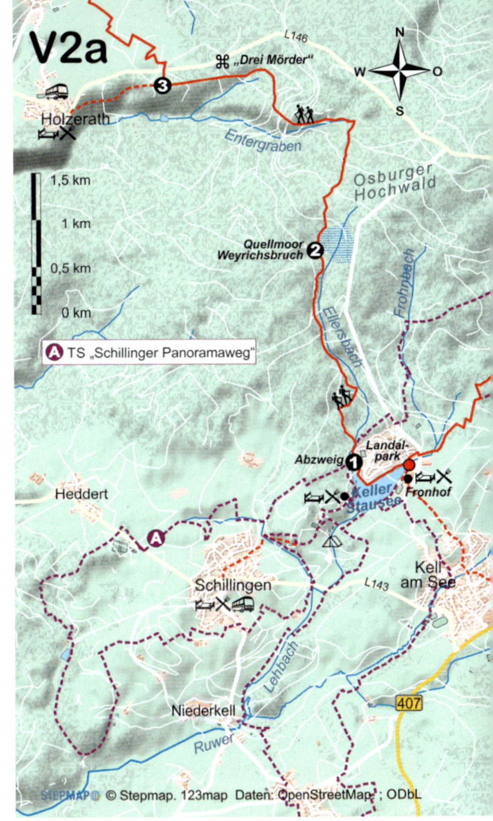

↳ Abstecher nach Schillingen (➲ 2,5 km)

Sie folgen links dem Zubringer nach Schillingen. Nach 70 m bieten sich nach einer Bachquerung zwei etwa gleich lange Optionen bis Schillingen:

▷ geradeaus auf dem Traumschleifenweg (den Sie nach 2,4 km am Ortsrand links Richtung Schillingen verlassen) oder

▷ links am See entlang, nach 600 m vorbei am Seehotel und nach weiteren 600 m vorbei am Campingplatz.

🛏 ✕ Seehotel Kell am See, Seeuferweg 1, ☏ 065 89/180, ✉ info@seehotel-kell.de, 💻 www.seehotel-kell.de, ab etwa € 53, 🐕, 🚪 Bistro mit verschiedenen Tagesangeboten und Kleinigkeiten Mo bis Sa 17:00 bis 21:30, Hotelrezeption ist So ab 16:00 nicht besetzt. 3-Sterne-Superior-Hotel (wd) mit 28 Zimmern, 600 m vom Saar-Hunsrück-Steig entfernt, Terrasse direkt am See

Campingplatz Hochwald-Ferienland, An der L143, ☎ 065 89/16 95, 01 75/586 81 44, camping.hochwald@saarburg-kell.de, www.hochwald-ferienland.de, ab € 8 p. P. zzgl. € 8 pro Zelt, inkl. Freibadnutzung, ganzjährig. Moderner Platz mit 110 Stellplätzen im Wald beim Freizeitzentrum mit Freibad. Der Platz liegt zwischen den Gemeinden Kell am See und Schillinge, 1,2 km vom SHS.

Das Freibad ist auch für Nicht-Gäste des Campingplatzes zugänglich, Eintritt € 4, Mai und Juni täglich 12:00 bis 19:00, im Juli und August täglich 9:00 bis 19:00

10 Min. nach dem Campingplatz halten Sie sich am Waldrand links und folgen dem Weg in das Dorf Schillingen. Gleich zu Beginn passieren Sie die erste Übernachtungsgelegenheit in Schillingen.

Schillingen

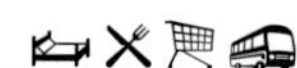

Pension Haus Wildgarten, Marscheider Weg 4, ☎ 065 89/70 42, www.haus-wildgarten.wixsite.com/Schillingen, ab € 26, . Günstige Pension mit 5 Zimmern, Wintergarten und Wildfreigehege, 2 km vom Saar-Hunsrück-Steig

Weiter geht es zur Dorfmitte (Marscheider Weg, Hinter der Burg) mit weiterer Übernachtungs- und Einkaufsgelegenheit.

Gasthaus Metzgerei Pension Maßem, Trierer Str. 1, ☎ 065 89/16 82, info@gasthaus-massem.de, www.gasthaus-massem.de, ab € 40, , . Einfaches Gasthaus (wd) an Durchgangsstraße mit 17 Betten, 2,5 km vom Saar-Hunsrück-Steig. Im selben Haus ist eine (Bio-)Metzgerei, aber die Küche bietet trotzdem vegetarische und vegane Gerichte, Küche Mi bis Mo 17:30 bis 21:00, Fr und So auch 12:00 bis 14:00.

Frischemarkt Heinz, Bahnhofstr. 11, Mo bis Fr 8:30 bis 12:30 und 14:30 bis 18:30, Sa 7:30 bis 12:30

Busverbindungen mit Linie 33 sowie im Sommer RR200 von/nach Trier und Hermeskeil Mo bis Fr mehrmals am Tag, www.vrt-info.de

Traumschleife „Schillinger Panoramaweg“

Der 15 km lange Traumschleifen-Rundweg „Schillinger Panoramaweg“ führt östlich vom Stausee rund um Schillingen.

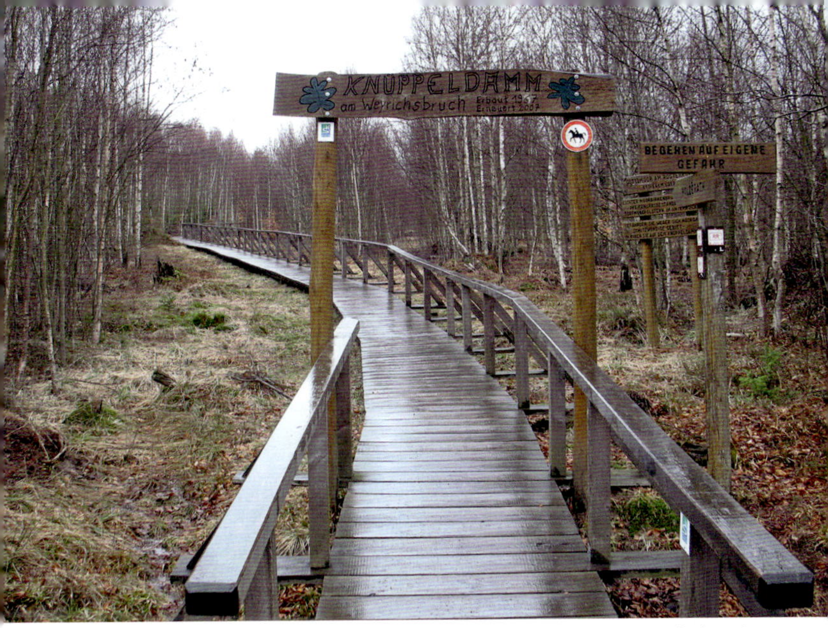

Ein Knüppeldamm führt durch das 7 ha große Quellmoor Weyrichsbruch

Der Saar-Hunsrück-Steig führt nordwärts weiter geradeaus und quert den Ellersbach. Nach einem Aufstieg durch den Osburger Hochwald entlang des Ellersbaches geht es durch das Quellmoor Weyrichsbruch ❷ (km 3,5, ⇧ 620 m) – ein 7 ha großes Moorgebiet, das durch 100 Jahre alte Birken, Pfeifengras und Torfmoose geprägt wird. Eine Besonderheit ist, dass sich an einer besonders stark vernässten und deshalb baumfreien Stelle einige Pflanzen ansiedeln konnten, die sonst eher für Hochmoore typisch sind, etwa das Scheidige Wollgras, die Moosbeere, der Rundblättrige Sonnentau und viel Moos. Der Saar-Hunsrück-Steig führt auf einem in den 1960er-Jahren angelegten Knüppeldamm durch dieses Naturschutzgebiet, ehe es nach kurzem Anstieg wieder abwärts durch den Osburger Hochwald geht, der eine Fläche von 75 km² einnimmt.

10 Min. vor der Querung der Landstraße 146 liegt rechts oberhalb das Denkmal „Drei Mörder“. Der Sage nach sollen hier Wegelagerer Maria aufgelauert haben, worauf Maria sie durch ein Kreuzzeichen in Steine verwandelt haben soll. Realistischer ist wohl die Annahme, dass es sich bei diesen drei großen Quarzitblöcken um ein keltisches Grab handelt.

In der Rechtskurve des Saar-Hunsrück-Steigs zweigt 150 m vor der Querung der Landstraße 146 links (bzw. geradeaus) ein ↳ Abstecher nach **Holzerath** ab ❸ (km 7,5, ⇧ 495 m) (➲ 1,1 km).

Holzerath

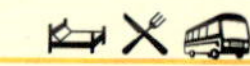

Berghotel Becker, Römerstraße 34, ☎ 065 88/71 46, info@berghotel-holzerath.de, www.berghotel-holzerath.de, ab € 36, April bis Oktober täglich, Küche außer Di ab 15:00. Einfaches Hotel mit 25 Betten, 1,1 km vom Saar-Hunsrück-Steig

Mo bis Fr etwa alle 2 Stunden mit der Linie 30 von/nach Trier sowie Hermeskeil und Waldrach, am Wochenende Linie 85 von/nach Trier mit wenigen Verbindungen täglich, www.vrt-info.de

Sie folgen dem Saar-Hunsrück-Steig über die Landstraße 146 und wandern über Wiesen und Felder abwärts. Kurz vor dem Dorf Bonerath folgen Sie der Straße 5 Min. nach links und kurz nach der linken Zufahrt nach Bonerath dem

SHS im Wald nahe dem Quellmoor

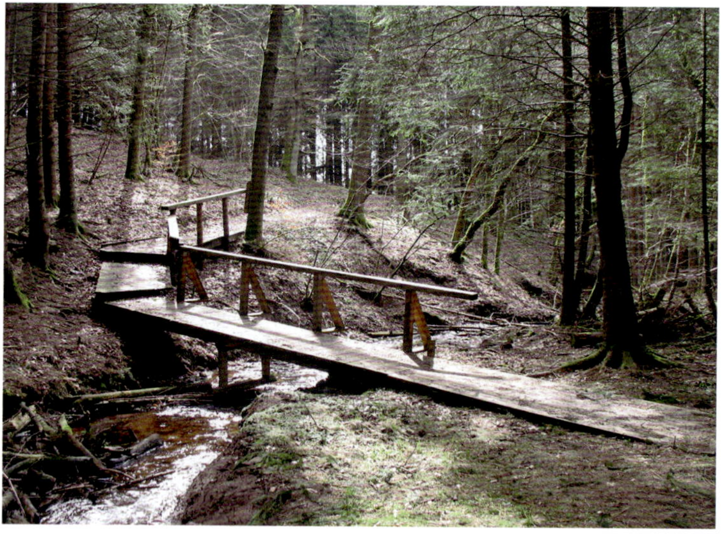

rechts abwärts führenden SHS. Nach 5 Min. geht es durch Wald und hinunter zur Riveris-Talsperre ❹ (km 11,6, ⇧ 325 m).

❳ Die **Riveris-Talsperre** mit ihrem 50 m hohen und 178 m breiten Damm wurde 1954-58 als Trinkwasserreservoir für das 8 km entfernt liegende Trier angelegt.

Sie folgen dem Saar-Hunsrück-Steig am Westufer des Stausees und laufen an der Talsperre vorbei links oberhalb des Flusses Riveris. Von der Talsperre bis Morscheid werden Sie von der Traumschleife „Morscheider Grenzpfad" begleitet.

⇳ Traumschleife „Morscheider Grenzpfad"

Der 16,4 km lange Traumschleifen-Rundweg „Morscheider Grenzpfad" führt über den Höhenzug zwischen den Tälern von Ruwer und Riveris durch die von Wald und Weinbau geprägte Landschaft südlich von Morscheid.

2 km nach der Talsperre geht es rechts abwärts an den Ortsrand von **Riveris** ❺ (km 14,2, ⇧ 270 m).

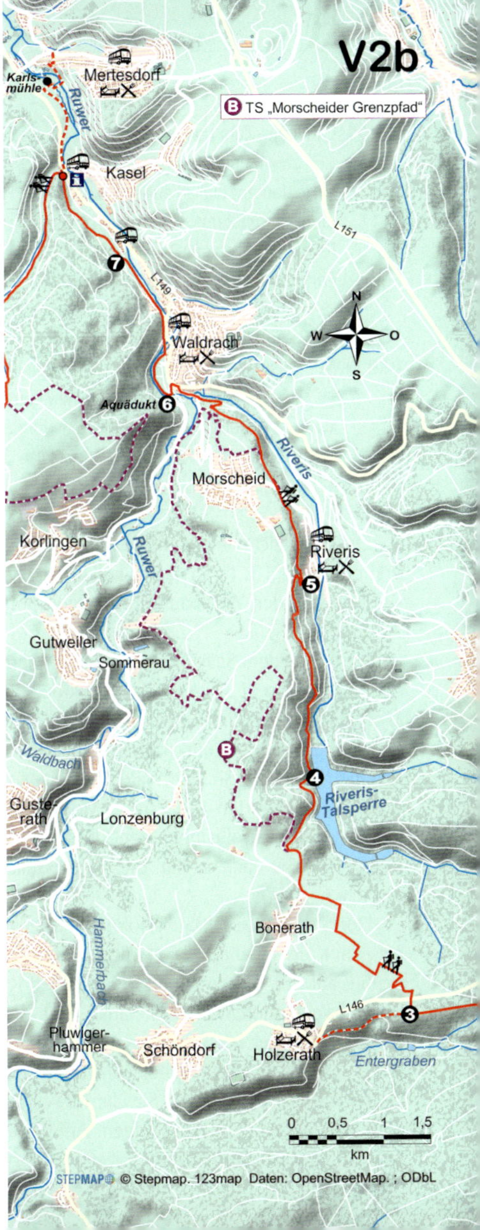

Riveris

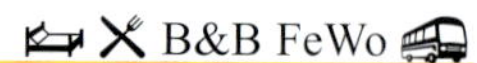

Landhaus Zum Langenstein, Auf dem Eschgarten 11, ☏ 065 00/287, zum.langenstein@t-online.de, www.zumlangenstein.de, ab € 32, Restaurant täglich außer Mo ab 16:30, Küche ab 18:00, So auch 12:00 bis 15:30. Familiär geführtes Haus mit 45 Betten und mit Gartenterrasse südwestlich von Riveris, 400 m vom Saar-Hunsrück-Steig

FeWo Ferienwohnung Mai, Langensteinstraße 27, ☏ 065 00/18 81, Ferienwohnung-Mai@gmx.de, www.ferienwohnung-mai.de, € 45 für 2 Pers. FeWo für bis zu 3 Pers., 400 m vom SHS

B&B FeWo Gasthaus Haus Toskana, Langensteinstraße 20, ☏ 065 00/17 34, fewo@haustoskana.de, www.haustoskana.de, ab etwa € 35, kleine Unterkunft mit 8 Betten und FeWo, 300 m vom SHS

Busverbindungen von/nach Trier mit Linie 30 Mo bis Fr alle 1 bis 2 Std., mit Linie 86 4- bis 6-mal am Wochenende, www.vrt-info.de

Das am gleichnamigen Bach gelegene Riveris (350 Einwohner) wurde erstmals urkundlich im 13. Jh. erwähnt, soll aber schon von den Römern besiedelt gewesen sein, die den Weinbau in die Region brachten.

Sie folgen dem Saar-Hunsrück-Steig oberhalb von Riveris weiter nordwärts auf der linken Talseite. Nach 15 Min. kreuzen Sie die Kreisstraße 65 (km 15,2, ⇧ 260 m). Der Saar-Hunsrück-Steig führt weiter geradeaus am Waldrand östlich an Morscheid vorbei und nach 15 Min. abwärts durch Wald. Unten im Tal angekommen verlassen Sie den Wald und folgen dem Saar-Hunsrück-Steig geradeaus auf der asphaltierten Kreisstraße Morscheider Weg (km 16,8, ⇧ 170 m). Sie laufen auf der Straße über den Fluss Riveris, kurz vor seiner Mündung in die Ruwer, ehe Sie nach 5 Min. die Hermeskeiler Straße am Südrand von Waldrach erreichen.

Der Saar-Hunsrück-Steig folgt ein kurzes Stück links der Hermeskeiler Straße bis zum Kreisverkehr und verläuft von dort im Linksbogen bis kurz vor die Brücke, wo Sie auf der Treppe hinuntergehen, den Radweg queren und unter einer Straßenbrücke hindurchwandern. Links liegt der Nachbau eines römischen Aquädukts, das früher frisches Wasser in die Römerstadt Trier geleitet haben soll ❻ (km 17,4, ⇧ 160 m). Weiter geht es auf dem Weg zwischen Ruwer (links) und Gartenkolonie (rechts), bis Sie die Ruwer queren (km 18, ⇧ 155 m) und dem SHS links neben der Straße folgen. Auf der anderen Straßenseite sind Parkplätze sowie u. a. eine Bäckerei.

Nach rechts ist ein Abstecher nach Waldrach hinein möglich (0,1 km).

Waldrach

Landgasthof Simon, Bahnhofstraße 14, 065 00/677, www.landgasthof-simon.de, ab € 36. 200 m vom Saar-Hunsrück-Steig

♦ Weingut Dawen-Weibler, Thommerstraße 1, 065 00/84 72, info@dawen-weibler.de, www.dawen-weibler.de, ab € 25. Weingut mit 2 Zimmern im Oberdorf, 700 m vom SHS entfernt

Landgasthaus Hühnerstall, Untere Kirchstraße 2, 065 00/680, huehnerstall-waldrach.de, Mo bis Fr ab 16:00, Sa & So ab 11:00. Gasthaus in Ortsmitte mit Biergarten

Waldrach ist bekannt für seine Straußwirtschaften, d. h. Weingüter, wo lokale Weine in authentischem Ambiente probiert werden können, etwa das Weinhaus Dawen-Weibler (s. o. bei Übernachtungen).

Marien-Apotheke, Hermeskeiler Str. 1A, 065 00/915 50, www.marien-apotheke-waldrach.de

Busverbindungen mit den Linien 30 und 86 von/nach Trier täglich 1- bis 2-mal stündlich, www.vrt-info.de

Sie folgen dem Saar-Hunsrück-Steig weiter auf der linken Seite des Ruwertals, zunächst entlang des Ruwer-Radweges auf der alten Bahntrasse. Nach 10 Min. geht es links vor einem Gewerbegebiet mit Einkaufsgelegenheiten etwas aufwärts ❼ (km 19, ⇧ 150 m).

Supermärkte Norma und dahinter Wasgau im Tal rechts des SHS. Von dort entweder zurück zum SHS oder gleich nach Kasel

Busverbindungen ab Gewerbegebiet nach Trier täglich 1- bis 2- mal stündlich mit den Linien 30 und 86, www.vrt-info.de

In einer Linkskurve am Waldrand oberhalb von Kasel (km 20,2, ⇧ 160 m) zweigt rechts der Zubringer in die Weinorte Kasel (0,1 km) und Mertesdorf (1,7 km) ab.

Kasel

Touristinformation Ruwer, Bahnhofstraße 37a, 54317 Kasel, 06 51/170 18 18, touristinfo@ruwer.de, www.ruwer.eu, Mo bis Fr 9:00 bis 12:30 und 14:00 bis 17:00, Juli bis Oktober auch Sa 10:00 bis 12:00

Restaurant-Vinothek Pauliner Hof, Bahnhofstraße 41, Restaurant: 06 51/967 90 90, www.restaurant-paulinerhof.de, Restaurant Di bis So 12:00 bis 22:00. Im Pauliner Hof gibt es auch 4 Zimmer mit historischen Möbeln, ab € 45 im DZ p. P. mit Frühstück, Infos gibt es auf der Website des Restaurants, Buchungen direkt über 06 51/51 80, info@weingut-von-nell.de. Direkt am Saar-Hunsrück-Steig.

♦ Landgasthof Haus der Ruwer, Bahnhofstraße 3, 06 51/995 04 35, www.hausderruwer.de, Mo bis Sa 16:30 bis 21:00 (Küche), So ab 11:30. Restaurant Schnitzelhaus und Biergarten, 100 m vom SHS

Weinhaus Restaurant Neuerburg, Bahnhofstraße 2, 06 51/995 00 88, www.weinhaus-neuerburg.de, Mi bis Fr ab 16:00, Sa und So ab 12:00, Frische regionale Produkte und Weinproben, Sonnenterrasse, 300 m vom SHS

Busverbindungen von „Kasel Bahnhof" täglich mehrmals stündlich mit den Linien 30, 86, 200 und 202 von/nach Trier, www.vrt-info.de

Abstecher nach Mertesdorf (über Karlsmühle, 1,7 km)

Ab der Abzweigung nach Kasel folgen Sie dem Zubringerweg nordwärts, gehen nach 50 m nach rechts und erreichen nach 30 m das Weindorf Kasel mit dem Ruwer-Radweg auf der linken Flussseite, dem Sie links nordwärts Richtung Mertesdorf folgen. Nach 1 km nehmen Sie rechts den Weg zwischen Wein und Wiesen Richtung Karlsmühle, wo schon Römer die Wasserkraft nutzten, um mit deren Hilfe Marmorblöcke zu sägen.

Der Name „Karlsmühle" geht auf Johann Karls zurück, der diese älteste Gesteinsmühle nördlich der Alpen 1803 übernahm, nachdem sie mehr als 1.000 Jahre im Besitz des Klosters St. Maximin in Trier war. Heute befindet sich hier ein Hotel und ein vielfach ausgezeichnetes Weingut.

Hotel Weingut Karlsmühle, Im Mühlengrund 1, 06 51/51 23, www.karlsmuehle.de, ab € 40, Restaurant täglich 17:30 bis 22:00, Weingut Mo bis Fr 8:30 bis 17:00. 3-Sterne-Hotel (wd) mit 42 Zimmern, Biergarten, Forellen und Wein aus eigener Zucht bzw. Produktion, 1,2 km vom Saar-Hunsrück-Steig

Um nach Mertesdorf zu kommen, queren Sie hinter der Karlsmühle die Ruwer, halten sich links, dann rechts (Auf Krein), wieder links (Gartenstraße) und erreichen die Hauptstraße mit Bushaltestelle nahe einem Weingut.

Mertesdorf

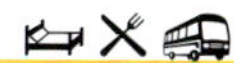

Hotel Weingut Weis in Mertesdorf, 06 51/916 10, www.hotel-weis.de, ab € 48, Restaurant täglich 12:00 bis 14:00 und 18:00 bis 22:00, Vinothek täglich 10:00 bis 23:00. 4-Sterne-Hotel (wd) in Mertesdorf mit 84 Betten, 1,7 km von Kasel und damit dem Saar-Hunsrück-Steig entfernt

Busverbindungen von „Mertesdorf Dorfbrunnen“ täglich 1- bis 2-mal stündlich mit den Linien 30 und 86 von/nach Trier, www.vrt-info.de

Variante 3: Kasel – Trier

15,4 km, 4 Std., 380 m, 390 m, 130-375 m

0,0 km	160 m	Kasel und Abstecher nach Mertesdorf (1,7 km)
4,3 km	270 m	Abstecher ins Gewerbegebiet Trier-Tarforst (0,5 km oder über Variante 1 km weniger)
8,0 km	240 m	SHS-Ende bei Trimmelter Weg
10,7 km	195 m	Abstecher nach Olewig (0,5 km)
12,6 km	160 m	Amphitheater bei Trier
14,2 km	135 m	Trier, Altstadt
15,4 km	130 m	Trier, Bahnhof

Diese Etappe führt vom Ruwertal entlang des Benninger Baches nach Trier. Die Landschaft ist vom Weinanbau geprägt, in großem Stil vor knapp 2.000 Jahren von den Römern in die Moselregion eingeführt. Die Tour lässt sich auf den Höhen oberhalb der ehemals größten römischen Stadt nördlich der Alpen beenden und mit dem Stadtbus fortsetzen oder Sie wandern an Amphitheater, Kaiserresidenz und Thermen vorbei in das Zentrum mit der Porta Nigra, dem Wahrzeichen von Trier. Oberhalb von Trier folgt die Etappe stellenweise der Traumschleife „Trierer Galgenkopftour". Die größte Steigung erwartet Sie kurz nach Kasel (🡅 210 m), der längste Abstieg nach 9 km kurz vor Filsch (🡇 130 m).

Weinkultur im Ruwertal

Schon seit Römerzeiten wird an Mosel, Ruwer und Saar Wein angebaut. Im Ruwertal werden auf einer Fläche von 200 ha etwa 2 Mio. Flaschen Wein pro Jahr produziert. Für besonders guten Wein sorgen die Schieferböden bei Kasel, etwa der Dominikanerberg mit seinem Riesling. Die ganze Weinbauregion Mosel-Saar-Ruwer ist für ihre gute Qualität bekannt: 27 der 100 besten deutschen Weingüter liegen in diesem Anbaugebiet mit seinen mehr als 5.000 Winzern.

Weintrauben kurz vor der Ernte

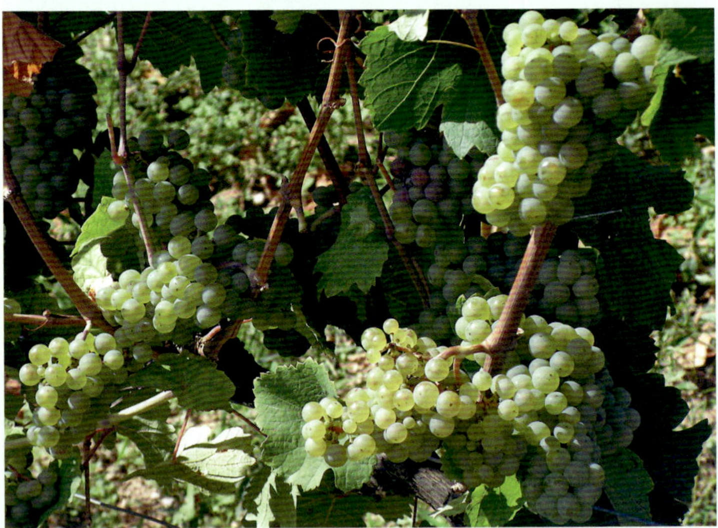

Von Kasel aus führt der Saar-Hunsrück-Steig im überwiegend bewaldeten Tal des Benninger Baches südwestwärts hinauf auf den 400 m hohen Sattel des Schellbergs mit Stromleitung ❶ (km 2,8, ⇧ 375 m) und dort bei der Kreuzung geradeaus wieder hinunter, begleitet von der Traumschleife „Trierer Galgenkopf".

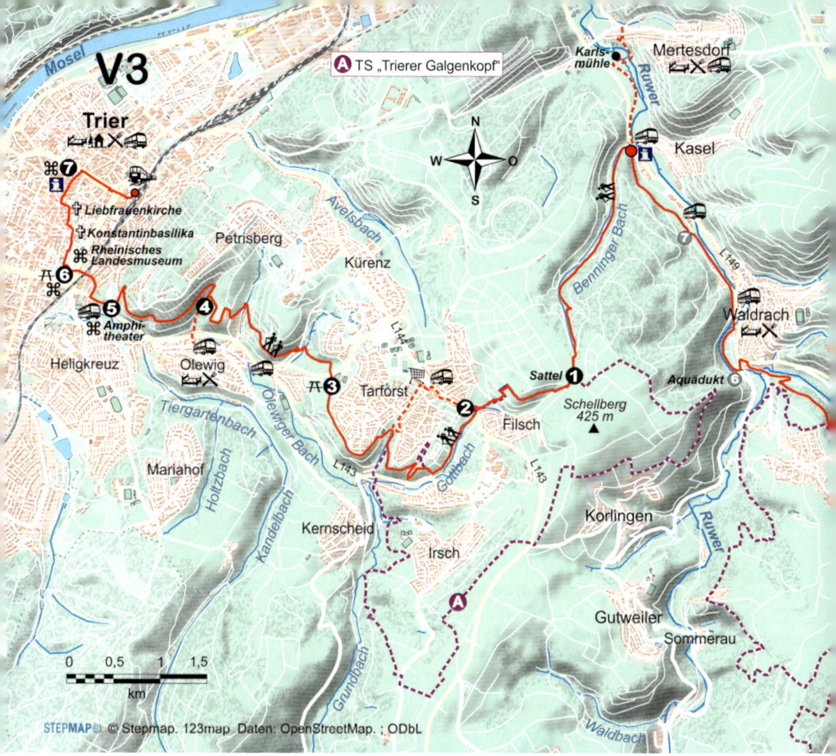

V3

Ⓐ TS „Trierer Galgenkopf“

STEPMAP © Stepmap. 123map Daten: OpenStreetMap. ; ODbL

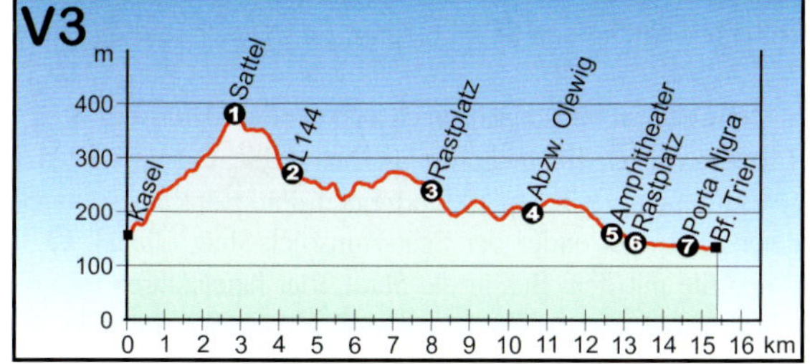

Traumschleife „Trier Galgenkopf“

Die 16,6 km lange Traumschleife „Trier Galgenkopf" umrundet den Schellberg und die Gemeinde Irsch im Südosten von Trier und verläuft dabei 3,5 km entlang des SHS – vom Sattel am Schellberg bis kurz vor die Einmündung der Variante aus Trier-Tarforst.

Vorbei an Filsch wandern Sie in ein dichter besiedeltes Tal, wo Sie sich rechts halten und dann die Landstraße 144 queren ❷ (km 4,3, ⇧ 270 m).

↳ Abstecher zu Einkaufsgelegenheiten im Gewerbegebiet Trier-Tarforst (➲ 0,5 km oder auf Variante 1 km weniger)

Geradeaus (an der L144) gibt es eine Bushaltestelle (➲ 0,2 km) und Einkaufsgelegenheiten im Gewerbegebiet Tarforst (➲ 0,5 km). Zur Bushaltestelle folgen Sie dem Rad-/Fußweg auf der rechten, zum Einkaufen auf der linken Seite der Straße.

häufige Busverbindungen nach Trier mit den Linien den 4 und 85 (täglich: auf der rechten Straßenseite und Mo bis Fr: auch auf der linken Seite),
www.vrt-info.de

Hinter dem Kreisverkehr erreichen Sie das Gewerbegebiet.

Super- und Drogeriemärkte (Edeka, Aldi, dm), Apotheke sowie Restaurant-Café in Gewerbegebiet Trier-Tarforst

Zurück zum SHS gehen Sie entweder wie gekommen entlang der L144 oder Sie nehmen folgende Variante und kürzen damit insgesamt 1 km ab: Das Gewerbegebiet verlassen Sie auf dem Rad-/Fußweg in südwestliche Richtung, links am Spielplatz vorbei. Nach 500 m gehen Sie rechts hinunter in das bewaldete Seitental, wo Sie den SHS bei km 6,6 erreichen und diesem rechts folgen.

Im weiteren Verlauf schlängelt sich der Saar-Hunsrück-Steig um die Vororte von Trier – zwischen Trimmelterhof, Irscher Mühle, Olewiger Bach und Trimmelterberg.

Bei einem Rastplatz und einem Parkplatz am Trimmelter Weg/Hof hinter einer Gärtnerei endet der Saar-Hunsrück-Steig offiziell ❸ (km 8, ⇧ 240 m). Wenn Sie mit dem Bus in die Stadt Trier hineinfahren und damit auf den Weinlehrpfad bei Olewig verzichten wollen, nehmen Sie links den Trimmelter Weg abwärts zur **Bushaltestelle „Kleeburger Weg“** an der Landstraße.

häufige Busverbindungen nach Trier (mind. alle 10 Min.) mit den Linien 6, 16, 30, und 81,
www.vrt-info.de

Alternativ folgen Sie beim Parkplatz am Trimmelter Hof dem Saar-Hunsrück-Steig-Zubringerweg nach Trier geradeaus. Sie queren die Gustav-Heinemann-Straße über eine Brücke und folgen dem Saar-Hunsrück-Steig-Zubringer in einer Linkskurve und am Waldrand aufwärts, vorbei an Wäldchen und Weinbergen, stellenweise begleitet vom Trier-Weinlehrpfad auf der nördlichen Talseite. 45 Min. nach dem Trimmelter Hof ist nach links ein Abstecher nach **Olewig** mit Übernachtungs- und Einkehrgelegenheit möglich ❹ (km 10,7, ⇧ 195 m) (➲ 0,5 km).

Olewig

🛏✕ Hotel Restaurant Blesius Garten, Olewiger Straße 135, ☎ 06 51/360 60, ✉ info@blesius-garten.de, 💻 www.blesius-garten.de, ab € 53, 🐕, 🚗, 🚪 Brauereistube Mo bis Sa von 11:00 bis 24:00, warme Küche Mo bis Sa 12:00 bis 14:15 und 18:00 bis 21:30, So 12:00 bis 21:00, Restaurant Mo bis So 18:00 bis 22:00, Sa und So 12:00 bis 14:00, von Januar bis März sind Mo und Di Ruhetage, tw. bio. 4-Sterne-Hotel (wd) im Ortsteil Olewig oberhalb von Trier mit 61 Zimmern, eigener Brauerei und Biergarten, umgeben von Weingärten

🚌 häufige Busverbindungen ab der Haltestelle „Olewig, Retzgrubenweg" nach Trier mit den Linien 6, 16 und 81, 💻 www.vrt-info.de

Schließlich führt Sie die Sickingenstraße durch die Weinberge zur Olewiger Straße, der Sie 100 m nach rechts zum römischen Amphitheater am Stadtrand von Trier folgen ❺ (km 12,6, ⇧ 160 m).

⌘ Das **Amphitheater** wurde um 100 n. Chr. für 20.000 Zuschauer erbaut und bis zum 5. Jh. n. Chr. genutzt. Später diente es als Steinbruch für mittelalterliche Bauten.

♦ 🚪 täglich 9:00 bis 17:00, im Sommer bis 18:00, Eintritt € 4

🚌 häufige Busverbindungen ab dem Amphitheater nach Trier mit den Linien 6, 7, 16, 81, 84.

💻 www.vrt-info.de

Als Alternative zum Stadtbus können Sie sich auch zu Fuß durch den Großstadtdschungel, der in Trier kein solcher ist, in die Innenstadt schlagen (➲ 2 km bis zur Porta Nigra). Auf dem Weg zur Porta Nigra passieren Sie Sehenswürdigkeiten wie die römischen Kaiserthermen und den Dom.

Dazu folgen Sie der Olewiger Straße geradeaus. 100 m nach dem römischen Amphitheater verlassen Sie die Olewiger Straße, biegen rechts in die Hermesstraße, folgen dieser unter den Bahngleisen hindurch und queren die Hauptstraße (Oststraße). Sie wandern weiter geradeaus, zwischen dem Rheinischen Landesmuseum (rechts) und den römischen Kaiserthermen (links) mit ⛩ Rastgelegenheit ❻ (km 13,3, ⇧ 140 m) zum Palastgarten.

⌘ Die **Kaiserthermen** aus dem 4. Jh. gehörten zu den größten Badeanlagen des römischen Reiches. Das ankommende kalte Wasser wurde in insgesamt sechs Kesselräumen auf etwa 40° C aufgeheizt und in die verschiedenen Becken geleitet, wo Fußbodenheizungen die Wassertemperatur konstant hielten. Der frühere Warmbadesaal (caldarium) bietet heute bei Theateraufführungen Platz für bis zu 650 Personen. Die Gemäuer der Kaiserthermen dienten später als Teil der mittelalterlichen Stadtmauer.

🚪 täglich 9:00 bis 17:00, im Sommer auch bis 18:00, Eintritt € 4

⌘ Das **Rheinische Landesmuseum** in der Weimarer Allee 1 dokumentiert verschiedene Aspekte der römischen Epoche in Trier. Zu sehen sind u. a. farbenprächtige Fußbodenmosaike, Grabdenkmäler, Münzen, frühkaiserliche Buntgläser und figürliche Kleinbronzen. Aber auch die fränkische Zeit, das Mittelalter und die Neuzeit werden mit reichen (Kleinkunst-)Sammlungen behandelt.

💻 www.landesmuseum-trier.de, 🚪 Di bis So 9:30 bis 17:30, Eintritt € 5

Im Palastgarten halten Sie sich rechts und gehen auf die Konstantinbasilika zu bzw. links an dieser vorbei.

✞ Die **Konstantinbasilika** „Aula Palatina" gilt mit ihren Ausmaßen als eines der größten Einzelbauwerke der Antike: 67 m lang, 27 m breit und 33 m hoch. Die Römer statteten das Gebäude mit Statuen, Mosaiken und beheizbarem Marmorfußboden aus, was die nachfolgenden Franken im 5. Jh. zerstörten. Sie legten in dem Gebäude eine ganze Siedlung an. Seit dem 19. Jh. befindet sich in der einst heidnischen Basilika die größte protestantische Kirche in dem ansonsten katholischen Trier.

🚪 April bis Oktober Mo bis Sa 10:00 bis 18:00, So 13:00 bis 18:00, im Winterhalbjahr Di bis Sa 10:00 bis 12:00 und 14:00 bis 16:00, So 13:00 bis 15:00

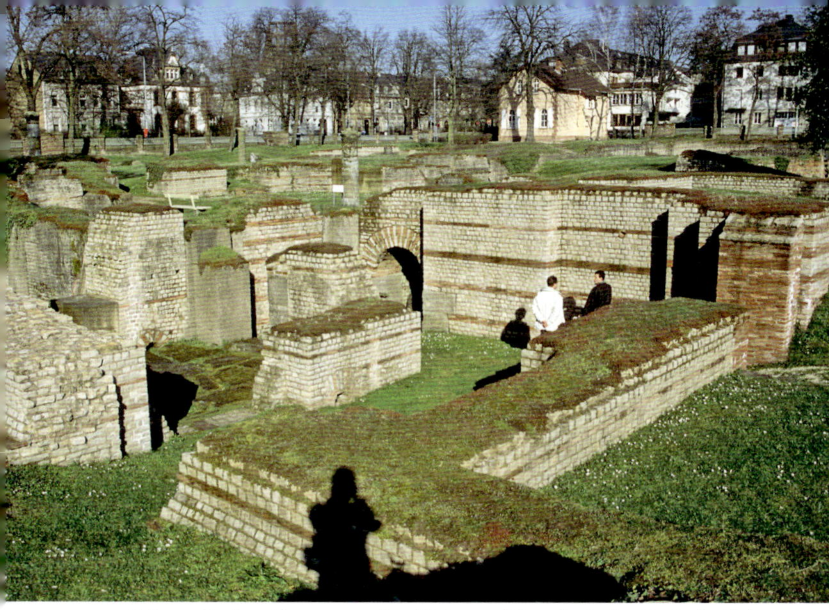

Trierer Barbarathermen - das flächengrößte römische Bad nördlich der Alpen

Nach der Konstantinbasilika geht es links in die Straße An der Meerkatz, die nach 50 m rechts in die Liebfrauenstraße übergeht, der Sie Richtung Zentrum folgen, nach 50 m als Fußgängerstraße. Nach der Liebfrauenkirche gehen Sie auf der Fußgängerstraße Palaststraße zum Alten Markt und dort rechts in die Simeonstraße – (zunächst) ebenfalls Fußgängerzone bis zur Porta Nigra ❼ (km 14,6, ⇧ 135 m), dem Wahrzeichen von Trier, und weiter rechts zum Hauptbahnhof (➲ 0,4 km).

⌘ Die zu Wehr- und Repräsentationszwecken um 180 n. Chr. erbaute **Porta Nigra** ist das am besten erhaltene römische Stadttor nördlich der Alpen. Die max. 6 t schweren Sandsteinquader aus dem nahen Kylltal wurden von mühlengetriebenen Bronzesägen zurechtgeschnitten, ohne Mörtel aufeinandergesetzt und horizontal durch Eisenklammern miteinander verbunden. Der Name „Schwarzes Tor" stammt aus dem Mittelalter. Von der Porta Nigra genießt man eine nette Aussicht.

täglich 9:00 bis 17:00, im Sommer bis 18:00, Eintritt € 4

Trier

Touristinformation Trier, An der Porta Nigra, 54290 Trier, ☏ 06 51/978 08-0, www.trier-info.de, Mo bis Sa 9:00 bis 18:00, So 9:00 bis 15:00, aktuelle Veranstaltungen und Öffnungszeiten: www.heute-in-trier.de

Große Auswahl an Unterkünften, z. B.:

- Hotel Garni Vinum, Bahnhofsplatz 7, ☏ 06 51/99 47 40, www.hotelvinum.de, ab etwa € 45. Integrationshotel (wd) des Diakonischen Werks am Bahnhof
- Schroeders City-Style-Hotel, Johannisstraße 16, ☏ 06 51/99 49 96 10, www.citystylehotel.de, ab etwa € 38. 3-Sterne-Hotel mit 30 Zimmern und Freiterrasse, 600 m vom SHS
- Hotel Deutscher Hof, Südallee 25, ☏ 06 51/977 80, info@hotel-deutscher-hof.de, www.hotel-deutscher-hof.de, ab etwa € 50. Traditionelles 3-Sterne-Hotel (wd) mit konventionellem Namen und aufmerksamem Service, 400 m von den Kaiserthermen und damit dem SHS entfernt

Jugendherberge Trier, An der Jugendherberge 4, ☏ 06 51/14 66 20, trier@diejugendherbergen.de, www.diejugendherbergen.de, ÜF im Mehrbettzimmer ab € 25,50, im DZ ab € 31. JH mit 228 Betten in 1- bis 4-Bett-Zimmern, alle Zimmer mit Du/WC. Zentrumsnah an der Mosel gelegen, 900 m von der Porta Nigra und damit dem SHS entfernt

Camping- und Reisemobilpark TREVIRIS, Luxemburger Str. 81, ☏ 06 51/820 09 11, info@camping-treviris.de, www.camping-treviris.de, ab € 5,20 pro Zelt und € 6 pro Person, , Ende März bis Ende Oktober. Campingplatz mit 150 Stellplätzen mit Terrasse, Kiosk, Biergarten. Der 4-Sterne-Campingplatz ist parkähnlich angelegt und liegt zwischen der Konrad-Adenauer-Brücke und der Römerbrücke – trotz der zentralen Lage ruhig am Westufer der Mosel. Zur Altstadt sind es ca. 20 Min. zu Fuß.

Die Stadt Trier erhebt seit 2018 eine Übernachtungssteuer – nicht wie andernorts als Pauschale, sondern 3,5 % des Übernachtungspreises (ohne Frühstück).

Im Zentrum gibt es einige kleine Supermärkte, außerdem einen größeren am Bahnhof (Kaufland). An der Porta Nigra können Sie plastikfrei und Bioprodukte einkaufen: Unverpackt, Simeonstraße 3, www.unverpackt-trier.de

mehrere Apotheken im Zentrum, außerdem am Bahnhof

mehrere (drei) Krankenhäuser in der Stadtmitte

Taxizentrale Trier, ☏ 065 00/120 12, www.taxi-zentrale-trier.de

gutes Busnetz im Ort sowie viele Verbindungen ins Umland: www.vrt-info.de

Bahnhof Trier mit häufigen Regionalbahnverbindungen Richtung Köln, Koblenz, Mannheim, Perl sowie Luxemburg, www.bahn.de

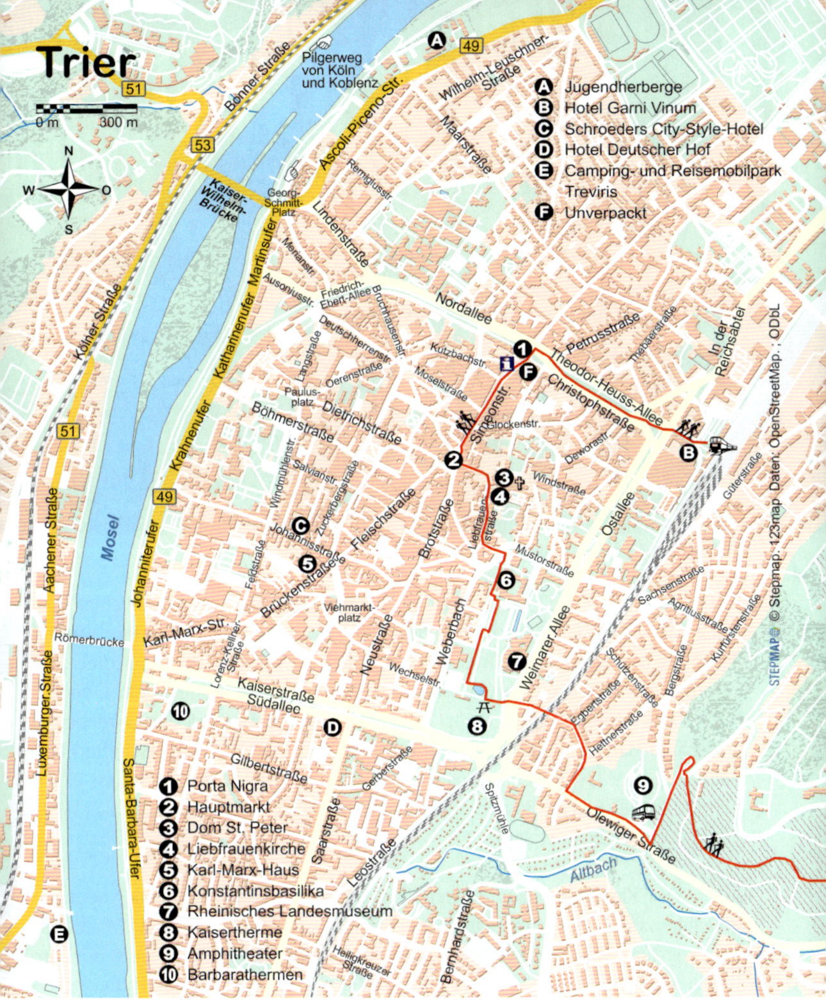

Trier wurde um 16 v. Chr. von den Römern als „Augusta Treverorum" gegründet und gilt damit als älteste Stadt Deutschlands. Zu Römerzeiten war Trier mit rund 90.000 Einwohnern die zweitgrößte Stadt nördlich der Alpen, heute rangiert Tier mit ein wenig mehr Einwohnern (110.000) knapp oberhalb der Schwelle zur Großstadt.

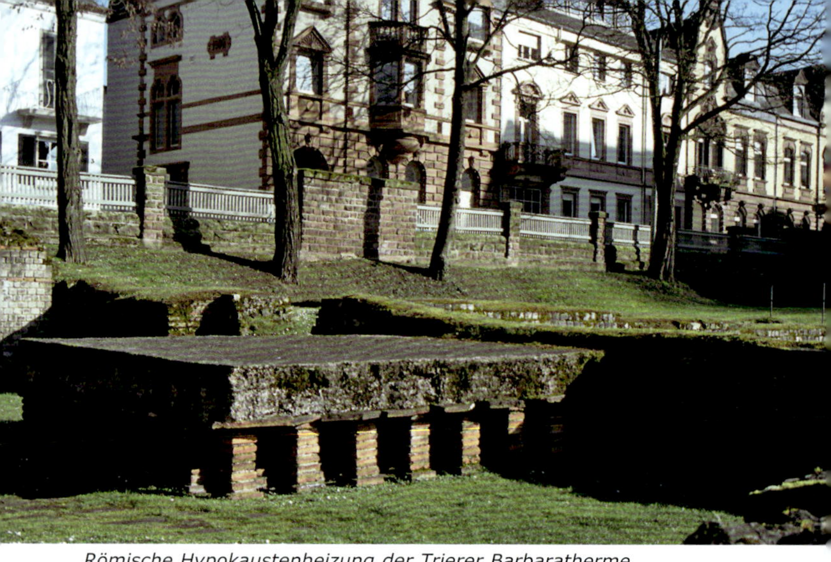

Römische Hypokaustenheizung der Trierer Barbaratherme

Die vielen gut erhaltenen römischen Sehenswürdigkeiten vermitteln einen Eindruck vom Leben einer hochstehenden Kultur vor 2.000 Jahren. Leider wurden alle römischen Großbauten Triers im Mittelalter als Steinbruch ausgebeutet. Das Zentrum mit seinen engen Gassen erstreckt sich um und hinter dem Dom St. Peter. Das Straßenbild ist geprägt von hohen Mauern aus wiederverwendetem römischem Baumaterial, verzierten Toren, Wappen, lateinischen Inschriften und Gemäuern bzw. Gebäuden aus zwei Jahrtausenden. Kein Wunder also, dass gleich mehrere (nämlich acht) Bauten Triers seit 1986 auf der UNESCO-Liste des Weltkulturerbes verzeichnet sind.

⌘ Das **Karl-Marx-Haus**: In der Brückenstraße 10, am Rande der heutigen Fußgängerzone mit ihrem „kapitalistischen Konsumrausch", steht das Geburtshaus von Karl Marx. Der Begründer des modernen Sozialismus wurde dort am 5. Mai 1818 geboren und ließ sich bei der Formung seines sozialökonomischen Weltbildes wohl von der seinerzeit kritischen wirtschaftlichen Lage Triers beeinflussen. Heute dient das Karl-Marx-Haus als Museum und als Forschungsstelle der SPD-nahen Friedrich-Ebert-Stiftung für historisch-kritische Marx-Engels-Forschung.

♦ April bis Oktober täglich 10:00 bis 18:00, sonst Di bis So 11:00 bis 17:00 und Mo 14:00 bis 17:00, Eintritt € 5 – ein für „Proletarier (aller Länder)" nennenswerter Betrag

✞ Der im Kern römische **Dom St. Peter** gilt als ältester Dom Deutschlands (seit dem 4. Jh.). Im 11. bis 13. Jh. folgten der Westbau, der Ostchor sowie der Domkreuzgang. Jünger ist die Schatzkammer aus dem Jahr 1716.

6:30 bis 17:30

✞ Die frühgotische **Liebfrauenkirche** aus dem 13. Jh. ist mit dem Dom durch einen Kreuzgang verbunden. Diese an Stelle einer römischen Basilika erbaute, früheste gotische Kirche Deutschlands hat ein figurenreiches Portal und kühn gewölbtes Schiff.

11:00 bis 17:00

☺ **Geld sparen bei Sehenswürdigkeiten in Trier**

Mit der ***AntikenCard*** lässt sich beim Besuch römischer Sehenswürdigkeiten in Trier Geld sparen. Die Karte bietet freien Eintritt in das Rheinische Landesmuseum sowie je nach Variante in verschieden viele römische Bauten. Basic (2019: € 12) für zwei römische Bauten, Premium (2019: € 18) für alle vier römische Bauten.

Eine andere Option für Sparfüchse ist die Trier-Card, die 25 % Ermäßigung auf die meisten Sehenswürdigkeiten und freie Fahrt in allen innerstädtischen Linienbussen gewährt. Die Trier-Card ist 3 Tage gültig und kostet € 15 pro Person und € 26 für Familien (Stand: 2019).

Erhältlich in der Touristinformation an der Porta Nigra oder online:

www.trier-info.de ☞ Einkaufen ☞ Online-Shop ☞ Eintrittskarten/Trier-Card

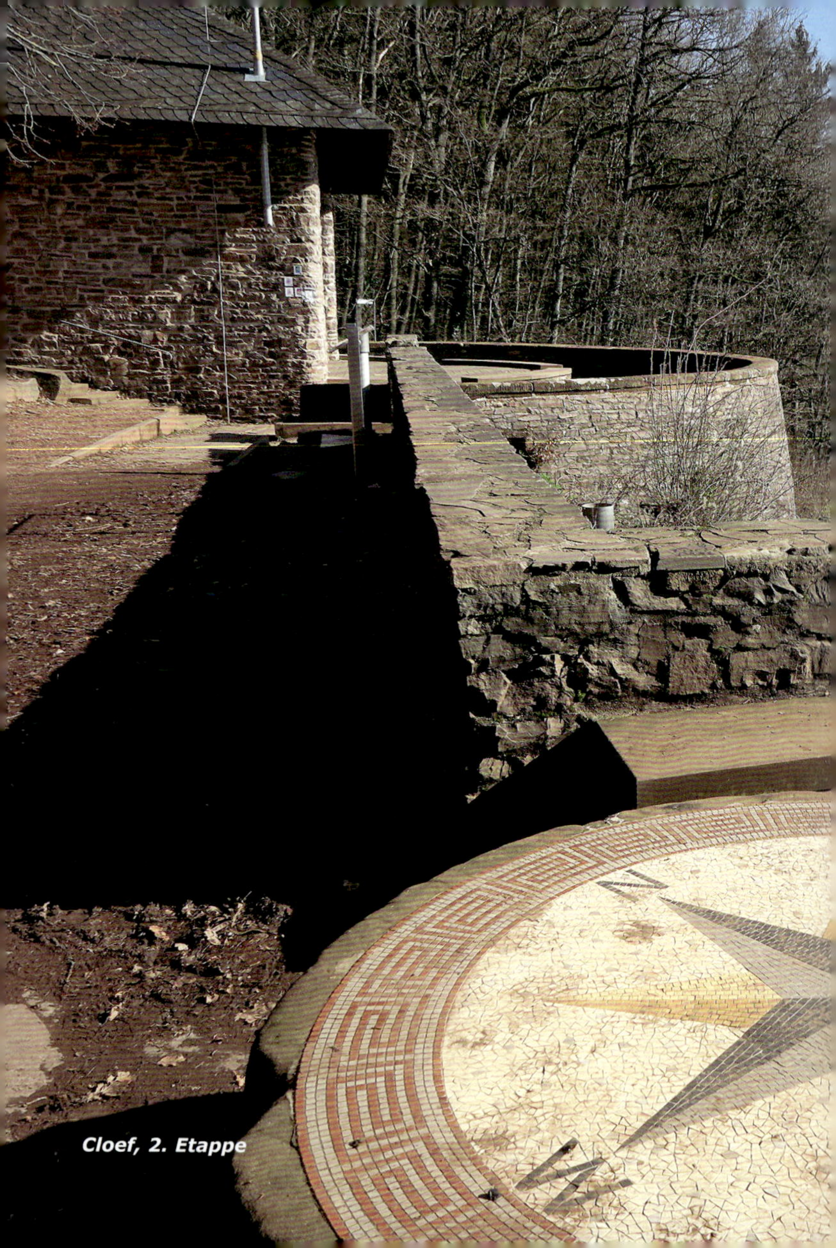

Cloef, 2. Etappe

Index

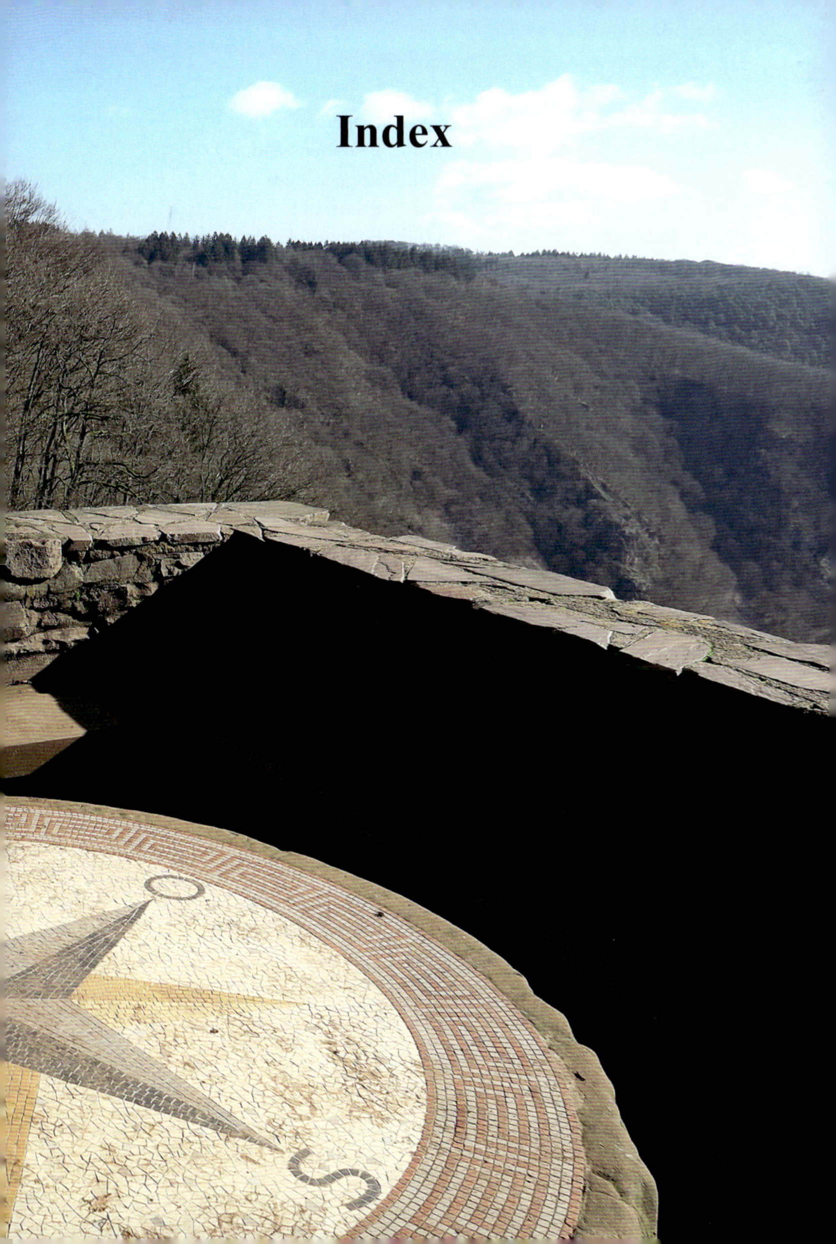

A

B

C/D/E

F

G

H

R

S

T

U/V

W/Z

Z